U0959881

权威·前沿·原创

皮书系列为
“十二五”“十三五”国家重点图书出版规划项目

国家社会科学基金项目资助

网络评论蓝皮书

BLUE BOOK OF ONLINE COMMENTARY

中国网络评论发展报告（2018）

ANNUAL REPORT ON CHINA'S ONLINE COMMENTARY DEVELOPMENT (2018)

“网络评论蓝皮书”编委会／编

社会科学文献出版社
SOCIAL SCIENCES ACADEMIC PRESS (CHINA)

图书在版编目（CIP）数据

中国网络评论发展报告. 2018 / “网络评论蓝皮书”编委会编. -- 北京：社会科学文献出版社，2018. 11
（网络评论蓝皮书）
ISBN 978 - 7 - 5201 - 3865 - 9

Ⅰ. ①中… Ⅱ. ①网… Ⅲ. ①互联网络 - 舆论 - 研究报告 - 中国 - 2018 Ⅳ. ①G206. 2

中国版本图书馆 CIP 数据核字（2018）第 252539 号

网络评论蓝皮书
中国网络评论发展报告（2018）

编　　者 / “网络评论蓝皮书”编委会

出 版 人 / 谢寿光
项目统筹 / 邓泳红　郑庆寰
责任编辑 / 郑庆寰　陈旭泽

出　　版 / 社会科学文献出版社 · 皮书出版分社（010）59367127
地址：北京市北三环中路甲 29 号院华龙大厦　邮编：100029
网址：www. ssap. com. cn
发　　行 / 市场营销中心（010）59367081　59367083
印　　装 / 三河市东方印刷有限公司

规　　格 / 开 本：787mm × 1092mm　1/16
印 张：19. 5　字 数：257 千字
版　　次 / 2018 年 11 月第 1 版　2018 年 11 月第 1 次印刷
书　　号 / ISBN 978 - 7 - 5201 - 3865 - 9
定　　价 / 99. 00 元

皮书序列号 / PSN B - 2018 - 772 - 1/1

网络评论蓝皮书
编　委　会

摘　要

随着互联网技术的发展，网络成为人们交流互动不可或缺的重要平台。2014 年 2 月 27 日，习近平总书记在中央网络安全和信息化领导小组第一次会议上提出了建设网络强国的愿景，并系统阐释了关于网络强国的重要思想的时代背景、形势任务、内涵要求。2016 年 4 月 19 日召开的网络安全和信息化工作座谈会上，习近平总书记强调："我们要本着对社会负责、对人民负责的态度，依法加强网络空间治理，加强网络内容建设，做强网上正面宣传，培育积极健康、向上向善的网络文化，用社会主义核心价值观和人类优秀文明成果滋养人心、滋养社会，做到正能量充沛、主旋律高昂，为广大网民特别是青少年营造一个风清气正的网络空间。"

网络评论是建设网络强国的重要抓手，也是提升网络舆论传播力、引导力、影响力、公信力的关键阵地之一。《中国网络评论发展报告（2018）》由国家互联网信息办公室网络评论工作局发起，南京大学紫金传媒研究院（北京）赵曙光教授主持，联合人民日报新闻研究中心、上海社会科学院新闻研究所、中国人民大学新闻学院、复旦大学新闻学院、北京大学新媒体研究院、中山大学传播与设计学院等机构的专家学者，首次针对网络评论这一领域展开研究，形成对 2017 ~2018 年度网络评论发展状况研究的报告。作为网络评论研究领域的第一本蓝皮书，本报告对 2017 年之前的网络评论发展状况也进行了梳理，以期为今后的研究工作奠定基础。

本报告综合应用文献资料分析、深度访谈、座谈会、抽样问卷调查、大数据抓取等定性和定量方法，充分吸收已有研究成果，注重运用官方和行业研究数据，从中国网络评论发展态势（包括主体、用户、渠道、内容、效果）、政策法规、理论等方面开展研究。

关键词： 网络评论　网络强国　媒介渠道　传播效果

目 录

Ⅰ 总报告

Ⅱ 分报告

Ⅲ 政策法规篇

Ⅳ 理论篇

Ⅴ 附录

皮书数据库阅读使用指南

总　报　告

General Report

B.1 中国网络评论发展态势

赵曙光*

摘　要： 近年来，随着互联网技术的发展和网民队伍的壮大，网络评论在网络舆论中的地位越发突出，受到了学界和业界的高度关注。总报告对本蓝皮书研究的网络评论内涵进行了界定，梳理了网络评论的发展阶段，从不同标准和维度介绍了现阶段我国网络评论的主要类型，从政策、产业、技术和用户角度整体概括了近年来我国网络评论的发展环境、发展现状和特点。

关键词： 网络评论　网络传播　互联网用户　网络综合治理

* 赵曙光，南京大学新闻传播学院教授，博士生导师，南京大学紫金传媒研究院（北京）副院长，中国新闻史学会传播学研究委员会副会长，中国青年报·中青在线全媒体社会调查中心联席主任，主要研究方向为媒介经济、数据挖掘。

随着互联网的发展，网络评论逐渐成为网络舆论引导的重要抓手、用户忠诚度较高的主流内容形态和媒体核心竞争力的关键构成。作为新兴的内容形态，网络评论的内涵和外延成为学界和业界关注的焦点。

作为一个专业术语，“网络评论”在新闻传播学领域和实践中已被广泛应用，但同时“网络评论”的概念也经常与“网络新闻评论”“网络口碑”“网络言论”等交叉混用。许多时候，“网络评论”往往被视为报刊、广播、电视等传统媒体的新闻评论在网络平台的对应概念。但是，国外新闻学界并没有“新闻评论”的概念，经常使用的是“opinion”，一般译为“言论”或“意见”：狭义的“opinion”指社论、短评、专栏评论，广义的“opinion”把政治漫画、民意调查和读者书评都包括进去。[①] 由此，国内学界也开始认同“新闻评论”是与“opinion”意义最接近的概念。[②]

“网络新闻评论”的内涵和外延相对较窄，主要是指在网络媒体上生成或传播的，表达作者对新闻事件或社会现象的判断与思考的文本、图片、音频、视频以及动画、漫画等。[③]

“网络口碑”则更多应用于商业领域，主要是指消费者通过网络论坛、微博等方式将自己与产品或企业的正面或负面经历传播给其他消费者的行为，也被称作电子口碑或在线口碑。[④]

相比较而言，“网络评论”的外延相对更为广泛，主要指网络媒介传递的具有评论性质的观点性信息，包括通过互联网发表的新闻评论，以留言、弹幕等多种形态存在的跟帖评论，以及在微博、微信、论坛、贴吧等社交媒体或其他新媒体平台上以多媒体形态表达的网民意见等。

为了全面、系统地总结网络评论的传播现状和发展趋势，多维

---

① 范荣康：《新闻评论分类》，《新闻战线》1985 年第 1 期。

② 王世华：《网络评论再认识：概念、分类、特征及意义》，《编辑之友》2014 年第 10 期。

③ 王世华：《网络评论再认识：概念、分类、特征及意义》，《编辑之友》2014 年第 10 期。

④ 董大海、刘琰：《口碑、网络口碑与鼠碑辨析》，《管理学报》2012 年第 3 期。

度、立体化地分析网络评论的特点和传播规律，本书采用上述广义意义上的“网络评论”概念，即网络媒介传递的具有评论性质的观点性信息。

一 网络评论的发展阶段

1994年4月20日，中关村地区教育与科研示范网络（NCFC）通过美国斯普林特公司（Sprint）连入国际互联网的64K国际专线开通，标志着我国正式全功能接入国际互联网。自此开始，网络评论所蕴藏的能量不断地释放出来，为评论的发展不断增添新的注脚。总体上，网络评论的发展可以分为网络评论发布、聚合、搜索的Web 1.0阶段，用户分享、社交和生产网络评论的Web 2.0阶段，以及人工智能、大数据、算法技术广泛应用的个性化推荐网络评论的Web 3.0阶段（见图1）。

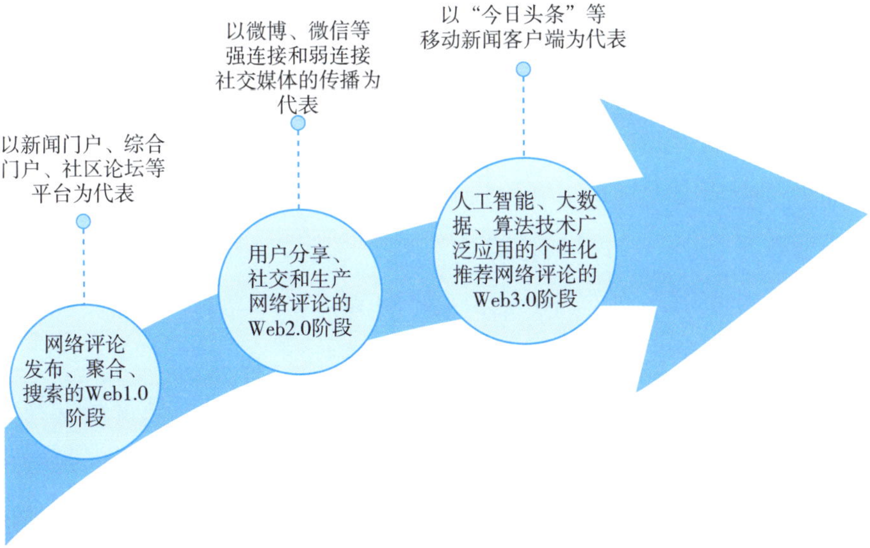

图1 网络评论的发展阶段

在网络评论发布、聚合、搜索的 Web 1.0 阶段，各类综合门户网站、新闻门户网站、社区论坛成为网络评论的主渠道。1995 年 12 月，《中国贸易报》正式发行电子版（www. chinatradenews. com. cn），成为中国第一家在互联网上发行的电子报刊。1996 年 10 月，广东人民广播电台建立网站（www. radioguangdong. com）；同年 12 月，中央电视台也建立了自己的网站（www. cctv. com）。1997 年 1 月 1 日，《人民日报》推出网络版；同年，新华社与中国电信合作建立了新华社网站。随着传统媒体纷纷设立网络版或开设独立网站，原有新闻评论的版面、栏目等也就转移到网络平台，涌现了一批较有影响力的网络评论品牌栏目。由网络新闻从业者或特约专家、学者等作为“评论员”进行专业评论，撰稿后首先通过网络加以传播和扩散。这一阶段的网络评论更接近于传统媒体评论的“数字化”，用网络的形式去传播传统的评论内容。人民网的“人民时评”“清风评论”，光明网的“评论员专栏”等，本身就是传统媒体在网络平台的延伸。1998 年，新浪网、搜狐网等商业性网站建立，纷纷将网民可以直接发表言论的社区论坛作为竞争发力点，激发了网民参与信息传播、发布观点言论的积极性。人民网“强国论坛”等社区论坛在网上产生了广泛的影响，时任中共中央总书记、国家主席、中央军委主席胡锦涛同志等党和国家领导人曾多次视察人民网“强国论坛”。

随着“饭否”和“新浪微博”等博客、微博平台的出现，网络评论开始进入用户分享、社交和生产的 Web 2.0 阶段。从唐骏和方舟子的学历门之争，到“我爸是李刚”事件，再到上海“11 · 15”火灾事故和“7 · 23”甬温线特大铁路交通事故，微博等平台都发挥了巨大的影响力。2011 年 1 月，为智能终端提供即时通信服务的应用程序“微信”上线，为网络评论的传播提供了“强连接”的社会化媒体平台。该阶段的网络评论更多依托于自媒体平台发声，围绕同一话题或具体新闻事件，由用户发表言论，进行即时对话与交流，交换想法与意见，进而形成参与者众多、观点分散而互动活跃的评论性网络。相对而言，这一阶段的网络评论专业性较弱，但参与群体广泛、即时互动性强、言语表达更“接地气”。

2012年，基于个性化推荐引擎技术的移动新闻客户端“今日头条”上线。它根据网民的社交行为、阅读行为、地理位置、职业、年龄等进行兴趣挖掘，再根据人的特征、环境特征、内容特征三者的匹配程度进行智能推荐，标志着网络评论进入了人工智能、大数据、算法技术广泛应用的个性化推荐的Web 3.0阶段。算法分发成为各类信息平台、搜索引擎、浏览器、社交软件的重要应用，网络评论从人际互动的社会化媒体传播阶段，逐步过渡到机器间交互的人工智能阶段。

需要说明的是，网络评论发展的不同阶段并不是替代关系，而是叠加关系。目前，Web 1.0阶段的门户网站网络评论与Web 2.0阶段的社交媒体网络评论及Web 3.0阶段的基于个性化算法推荐的网络评论处于并存状态，从而使得网络评论的类型更趋多样化。

二　网络评论的主要类型

按照不同的标准和维度，网络评论可以划分为不同的类型（见表1）。

表1　网络评论的主要类型

编号	划分标准	主要类型
1	传播主体	媒体把关人网络评论
		机构网络评论
		自媒体网络评论

续表

编号	划分标准	主要类型
2	评论对象	时政类网络评论
		经济类网络评论
		科技类网络评论
		社会类网络评论
		文化类网络评论
		体育类网络评论
		教育类网络评论
		健康类网络评论
3	信息形式	文字类网络评论
		声音类网络评论
		图像类网络评论
		视频类网络评论
		动漫类网络评论
		符号类网络评论
4	互动形式	信息发布类网络评论
		强连接网络评论
		弱连接网络评论
5	营利性质	公益性网络评论
		商业性网络评论
6	转化率	高转化率网络评论
		低转化率网络评论

根据传播主体的不同，网络评论可以分为媒体把关人网络评论、机构网络评论和自媒体网络评论。媒体把关人网络评论是指那些内容生产专业程度较高、拥有媒体把关人团队的网络评论，以持续性就社会公共事务发表评论为主体，尤其以转型后的传统媒体、门户网站所发表的网络评论为代表。机构网络评论是指党政部门、企事业单位、社会组织等机构主体发表的网络评论，共青团中央、公安机关等部门发表的网络评论曾多次引起社会的广泛关注。自媒体网络评论主要指

以普通网民、粉丝数量众多的大V为代表的主体所发表的网络评论。

根据评论对象的不同，网络评论可以分为时政类网络评论、经济类网络评论、科技类网络评论、社会类网络评论、文化类网络评论、体育类网络评论、教育类网络评论、健康类网络评论等。

根据信息形式的不同，网络评论可以分为以新闻网站、社区论坛为代表的文字类网络评论，以网络电台为代表的声音类网络评论，以图片分享网站为代表的图像类网络评论，以视频网站为代表的视频类网络评论，以二次元网站为代表的动漫类网络评论和以表情包为代表的符号类网络评论。①

根据互动形式的不同，可以分为信息发布类网络评论、强连接网络评论和弱连接网络评论。信息发布类网络评论主要指综合门户网站、新闻门户网站、垂直门户网站以及机构类门户网站等平台所发布的互动性较弱的网络评论，强连接网络评论主要指以微信为代表的沟通互动较为频繁、用户之间黏度较高的网络平台所发布的网络评论，弱连接网络评论主要指以微博为代表的沟通互动机会较少、用户之间相对较为陌生的网络平台所发布的网络评论。

根据营利性质不同，可以分为以“侠客岛”“长安街知事”等为代表的公益性网络评论和以新浪微博等为代表的商业性网络评论。

根据转化率不同，可以分为付费、打赏、参与活动等行为转化率较高的网络评论和门户网站等行为转化率较低的网络评论。

三　网络评论的发展环境

（一）政策环境：规范净化网络空间，促进网络评论健康有序发展

网络已成为用户表达、分享、获取观点的主流渠道。信息技术的

① 王世华：《网络评论再认识：概念、分类、特征及意义》，《编辑之友》2014年第10期。

创新发展使原有单一、线性的传播形态彻底被颠覆，网络评论通过各种强连接、弱连接、算法分享平台渗入用户的各种场景。规范净化网络空间，促进网络评论健康有序发展成为现实而迫切的命题。2014年2月27日，习近平总书记主持召开中央网络安全和信息化领导小组第一次会议时指出："做好网上舆论工作是一项长期任务，要创新改进网上宣传，运用网络传播规律，弘扬主旋律，激发正能量，大力培育和践行社会主义核心价值观，把握好网上舆论引导的时、度、效，使网络空间清朗起来。"2016年4月19日，习近平总书记在网络安全和信息化工作座谈会上强调："要本着对社会负责、对人民负责的态度，依法加强网络空间治理，加强网络内容建设，做强网上正面宣传，培育积极健康、向上向善的网络文化，用社会主义核心价值观和人类优秀文明成果滋养人心、滋养社会，做到正能量充沛、主旋律高昂，为广大网民特别是青少年营造一个风清气正的网络空间。"① 在中国共产党第十九次全国代表大会上，习近平总书记再次强调，要"加强互联网内容建设，建立网络综合治理体系，营造清朗的网络空间"。②

近年来，按照党中央、国务院部署要求，国家互联网信息办公室等部门多措并举推进网络内容建设，完善网络评论综合治理体系，推动网络评论有序发展。一方面，加强网络内容建设与管理。2014年8月，国家互联网信息办公室发布《即时通信工具公众信息服务发展管理暂行规定》（简称"微信十条"），随后在2015年2月和4月发布了《互联网用户账号名称管理规定》（简称"账号十条"）和《互联网新闻信息服务单位约谈工作规定》（简称"约谈十条"），分别对

① 《习近平的网络空间治理新理念新思想新战略》，http：//news. cnr. cn/theory/gc/20160927/t20160927_ 523164105. shtml。

② 鲁宽民、徐奇：《习近平网络为民价值理念探析》，《高校马克思主义理论研究》2017年第3期，第63~69页。

博客、微博客、即时通信工具、论坛、贴吧、跟帖评论等互联网信息服务中注册的所有账号进行管理，通过“约谈”等“柔性”监管方式加强对互联网新闻信息服务领域的监管。2016 年 7 月，中共中央办公厅、国务院办公厅印发《国家信息化发展战略纲要》，明确提出强化网络舆情管理。[①] 另一方面，明晰网络新闻信息服务准入门槛。2016 年 12 月 1 日《互联网直播服务管理规定》施行，要求“互联网直播服务提供者应当建立直播内容审核平台，根据互联网直播的内容类别、用户规模等实施分级分类管理，对图文、视频、音频等直播内容加注或播报平台标识信息，对互联网新闻信息直播及其互动内容实施先审后发管理”。2017 年 5 月，国家互联网信息办公室公布《互联网新闻信息服务管理规定》（该规定于 2017 年 6 月 1 日起施行），规定新闻信息发布平台需获得互联网新闻信息服务许可资质，实行总编辑负责制，申请互联网新闻信息采编发布服务者应当是新闻单位或者其控股方、主管单位是新闻宣传单位。同时，国家互联网信息办公室及时将网络评论的新形态纳入监管范围。2017 年 10 月 1 日起施行的《互联网跟帖评论服务管理规定》，明确跟帖评论服务是指互联网站、应用程序、互动传播平台以及其他具有新闻舆论属性和社会动员功能的传播平台，以发帖、回复、留言、“弹幕”等方式，为用户提供发表文字、符号、表情、图片、音视频等信息的服务。

（二）产业环境：网民数量红利增长乏力，转化率成为竞争焦点

根据中国互联网络信息中心（CNNIC）2008 ~ 2017 年发布的

---

① 《2016 年中国互联网新闻市场研究报告》，中国互联网络信息中心，http：//www. cnnic. net. cn/hlwfzyj/hlwxzbg/mtbg/201701/P020170112309068736023. pdf。

《中国互联网络发展状况统计报告》，中国网民增速自 2013 年开始低于 10%，且逐年递减。手机网民增速自 2013 年以来呈下降趋势，2014 年增速低于 15%，2016 年和 2017 年增速维持在 10% 左右。整体上看，网民增速和非网民转化为网民的意愿均在下降，网民数量红利已经处在低位（见图 2）。

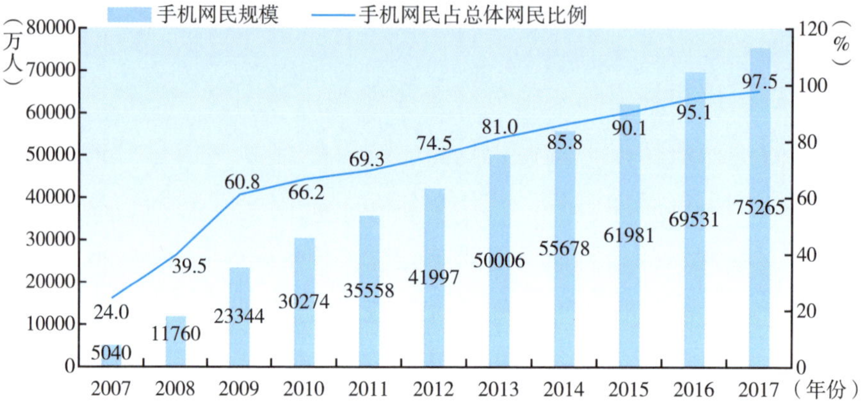

图 2　中国手机用户规模及其占总体网民比例

面对网民数量红利增长乏力的现状，互联网产业不仅角逐流量数据，更重视创新流量变现方式，不断挖掘流量价值，通过线上线下整合推动流量向深度应用延伸，努力提高每个用户、每次点击的价值贡献，探索搜索营销、口碑营销、线上到线下的佣金、线下到线上的佣金、虚拟产品等获利模式，逐步形成了高转化率的网络平台（见图 3）。

转化率（Conversion Rate）指的是在一个统计周期内，完成目标转化行为的次数占点击量（PV）或用户量（UV）的比例。目标转化行为比较多样，包括网络平台希望用户完成的动作，如注册、购买、支付、咨询、投诉、反馈等。在触发注意、唤起兴趣、激发愿望和实现行动的链条上，越接近行动环节，转化率相对越高。在用户规模接

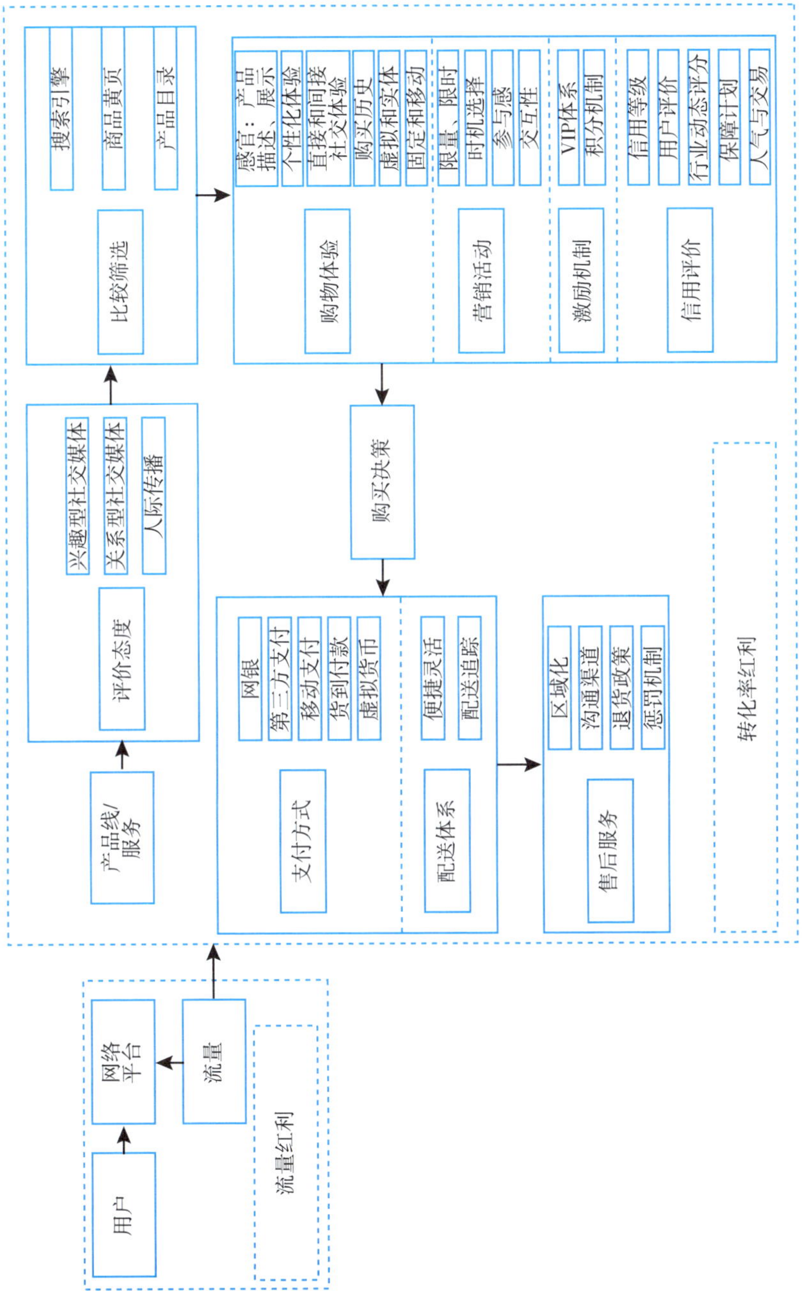

图3 从流量红利向转化率红利转型的产业环境

近的情况下，转化率越高的网络平台更具有核心竞争力。互联网产业逐步从早期的点击率、用户数的竞争转向提升转化率，构建有利于形成高转化率的生态系统，不仅要影响用户的注意力，也致力于为用户提供产品线、支付、交易、物流、信用评价、客户服务、公益行动、志愿者行动等完整的服务链条。

（三）技术环境：信息化水平大幅提升，内容与技术深度融合

技术创新是网络评论发展的一个关键驱动力，对包括网络评论在内的网络舆论发展产生了颠覆性的影响。习近平总书记强调：“虽然我国网络信息技术和网络安全保障取得了不小成绩，但同世界先进水平相比还有很大差距。我们要统一思想、提高认识，加强战略规划和统筹，加快推进各项工作。”面对技术创新的紧迫形势，我国出台了《国家信息化发展战略纲要》《“宽带中国”战略及实施方案》《关于积极推进“互联网+”行动的指导意见》《促进大数据发展行动纲要》等一系列促进信息化发展的政策措施。

根据中国互联网络信息中心发布的《国家信息化发展评价报告（2016）》，中国信息化全球排名大幅度提升，排名从2012年的第36位迅速攀升至2016年的第25位，首次超过二十国集团（G20）的平均水平。中国信息化发展在产业规模、信息化应用效益等方面取得长足进步，已经居全球领先位置。工信部运行监测协调局的数据显示，截至2017年11月底，我国移动电话用户达14.1亿，移动宽带用户（即3G和4G用户）总数达11.1亿户，占移动电话用户的78.9%。[①]

从我国各省区市的信息化水平来看，北京、上海、广东、浙江、江苏、福建、山东和天津等东部省份始终居于我国信息化发展的领先

① 《国家信息化发展评价报告（2016）》，中国互联网络信息中心，http://www.cnnic.net.cn/hlwfzyj/hlwxzbg/hlwtjbg/201611/P020161118599094936045.pdf。

位置，其次是中部地区，西部地区相对落后。中国的信息化发展水平从东部沿海地区向西北、西南、东北三个方向，基本呈现出逐步递减的态势。[①]

互联网技术的创新推动内容生产、分发、传播等形态的变革，极大改写了内容行业的发展轨迹。在相对格式化、偏重即时报道的新闻内容撰写环节，机器人写作已经得到多家传统媒体和新媒体的应用，提升了新闻“事实描述”部分的效率；基于算法技术，千人千面的个性化信息正在变为现实，新闻客户端、浏览器及搜索工具正通过用户搜索记录、浏览历史、互联网应用的使用轨迹来识别用户对新闻信息的偏好，实现精准化推荐。AR/VR（增强现实/虚拟现实）与无人机技术步入发展热潮，内容形态呈现前所未有的多样化，可视化程度进一步提升，逐步实现新闻全景式、沉浸式发展。例如2015年的反法西斯战争胜利70周年纪念活动及2016年的全国“两会”报道中，多家媒体机构都运用了视频直播云终端、VR、直播云镜头等技术，实现了交互性全景沉浸式报道。[②]

（四）用户环境：网络普及率超过全球平均水平，移动网络促进“人、物、场景互联”

根据2018年1月31日中国互联网络信息中心发布的第41次《中国互联网络发展状况统计报告》，截至2017年12月，我国网民规模达7.72亿，普及率达到55.8%，超过全球平均水平（51.7%）4.1个百分点，超过亚洲平均水平（46.7%）9.1个百分点。[③] 非网

① 《国家信息化发展评价报告（2016）》，中国互联网络信息中心，http://www.cnnic.net.cn/hlwfzyj/hlwxzbg/hlwtjbg/201611/P020161118599094936045.pdf。

② 《2016年中国互联网新闻市场研究报告》，中国互联网络信息中心，http://www.cnnic.net.cn/hlwfzyj/hlwxzbg/mtbg/201701/P020170112309068736023.pdf。

③ 第41次《中国互联网络发展状况统计报告》，中国互联网络信息中心，http://www.cnnic.net.cn/hlwfzyj/hlwxzbg/hlwtjbg/201801/t20180131_70190.htm。

民规模为6.11亿，农村人口是非网民的主要组成部分，上网技能缺失以及文化水平限制仍是阻碍非网民上网的重要原因。“互联网+”发展战略持续深化、线上线下服务融合加速以及公共服务线上化步伐加快，成为网民规模增长的推动力。信息化服务快速普及、网络扶贫大力开展、公共服务水平显著提升，让广大人民群众在共享互联网发展成果上拥有了更多获得感。[①]

在网民中，使用手机上网人群的占比由2016年的95.1%提升至2017年的97.5%，手机网民规模达7.53亿；而台式电脑、笔记本电脑、平板电脑的使用率均出现下降，手机不断挤占其他个人上网设备的使用频率。[②] 以手机为中心的智能设备，成为“人、物、场景互联”的基础，个性化、智能化应用场景持续深化，移动互联网服务场景不断丰富。

对用户行为进行分析，很多都与具体的场景密切相关。需求往往与特定的时间、地点、场景和功能相关。传统媒体以及PC端网络平台与用户需求的匹配多数情况下是静态的、一般化的，难以做到动态的、场景化的。

智能移动终端的普及使网络媒体一方面通过年龄、性别、收入、兴趣标签等静态细分指标清晰地界定用户身份，将人连接起来；另一方面，通过地理位置信息、时间等动态细分指标，明确了用户在特定时间、特定地点的场景身份，实现不同网络信息与用户扮演不同身份下的需求动态匹配，将各个动态场景下的个体身份连接起来，提供彼此的存在感体验，并且在强关系和弱关系的连接中建构用户的社会身份，使得网络信息传播能够更好地契合用户体验存在感和建构社会身份的需求，“人、物、场景互联”已成为现实（见图4）。

---

① 第41次《中国互联网络发展状况统计报告》，中国互联网络信息中心，http://www.cnnic.net.cn/hlwfzyj/hlwxzbg/hlwtjbg/201801/t20180131_70190.htm。

② 第41次《中国互联网络发展状况统计报告》，中国互联网络信息中心，http://www.cnnic.net.cn/hlwfzyj/hlwxzbg/hlwtjbg/201801/t20180131_70190.htm。

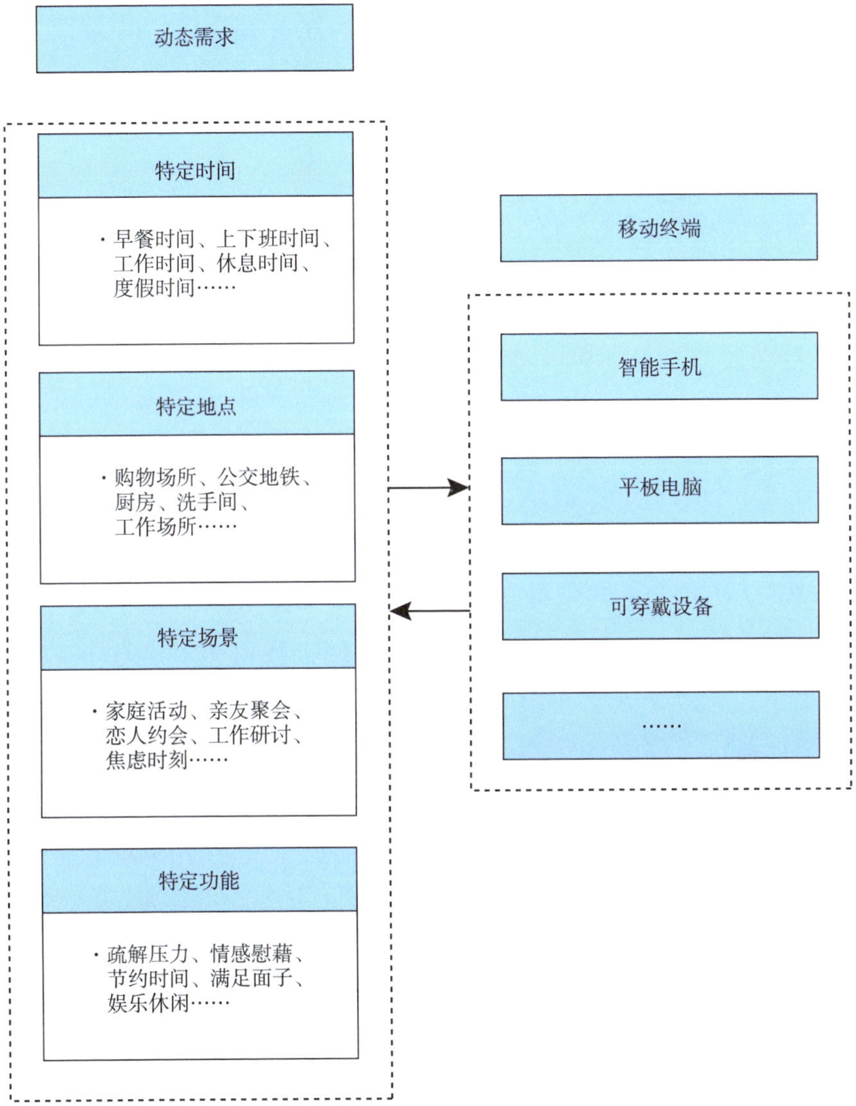

图4　移动网络下的“人、物、场景互联”

特别是移动支付、二维码等移动应用的加速推广，使移动互联网的生态体系逐步完善。移动互联网的信息传播与移动电商、移动支付、移动搜索、移动社交等紧密地结合起来，随时随地实现所需即所见、所见即所参与，显著提高了网络信息传播触发实际行为的转化率。

四　网络评论的发展现状和特点

（一）网络评论空间生态向好，网络舆论传播力、引导力、影响力、公信力明显提升

党的十八大以来，面对意识形态领域错综复杂的形势，习近平总书记发表了一系列重要讲话，强调“做好网上舆论工作是一项长期任务，要创新改进网上宣传，运用网络传播规律，弘扬主旋律，激发正能量，大力培育和践行社会主义核心价值观，把握好网上舆论引导的时、度、效，使网络空间清朗起来”。调查数据显示，91.3%的用户认为十八大以来网络评论空间生态持续向好，其中53.2%的用户认为网络评论空间生态显著变好，38.1%的用户认为网络评论空间生态有所变好①（见图5）。

其中，90.6%的用户认为“煽动分裂国家、破坏国家统一”的网络评论“显著减少”或“有所减少”，在调查问卷所列举的8类网络评论负面内容类型中，认为“显著减少”或“有所减少”的网络用户比例都超过了六成（见表2）。

（二）网络正能量敢于、善于发声，核心价值观成为网络评论主旋律

习近平总书记强调，“必须坚持巩固壮大主流思想舆论，弘扬主

① 总报告中提到的调查问卷数据均来自本书《中国网络评论传播的用户分析报告》所应用的网络调查数据，具体研究方法等详见附录。

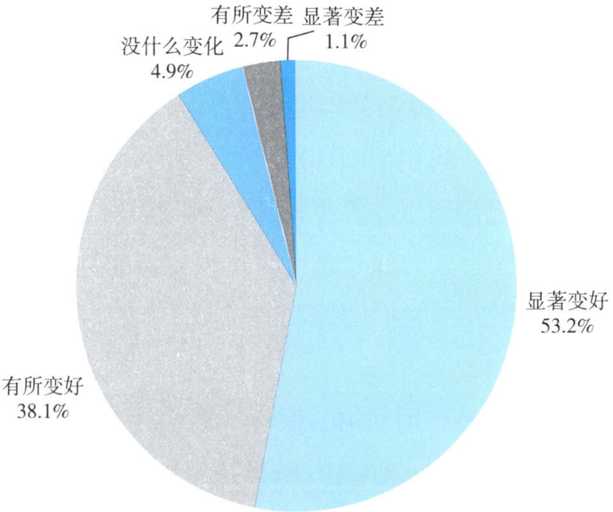

图 5　党的十八大以来网络评论空间生态评价

表 2　党的十八大以来网络评论负面内容变化评价

单位：%

网络评论内容类型	显著减少	有所减少	没什么变化	有所增加	显著增加
煽动抗拒、破坏宪法和法律、行政法规实施	55.60	32.90	7.10	2.40	2.00
煽动颠覆国家政权，推翻社会主义制度	52.80	34.60	8.30	3.10	1.20
煽动分裂国家、破坏国家统一	56.70	33.90	7.50	1.20	0.70
煽动民族仇恨、民族歧视，破坏民族团结	64.10	22.50	10.40	1.70	1.30
捏造或者歪曲事实，散布谣言，扰乱社会秩序	37.60	31.80	16.70	10.30	3.60
宣扬封建迷信、淫秽、色情、赌博、暴力、凶杀、恐怖内容，教唆犯罪	40.30	35.70	10.90	7.70	5.40
公然侮辱他人或者捏造事实诽谤他人	29.30	40.90	13.60	11.50	4.70
损害国家机关信誉	35.40	30.10	17.60	11.30	5.60

旋律，传播正能量”。党的十八大以来，传统媒体按照“网上网下要形成同心圆”的要求，积极抢占网络评论阵地。2017 年春节，《人民日报》、新华社、中央电视台分别推出的《最牵挂的人》《小账本连着大情怀》《厉害了！我们的 2016 年》等多个视频短片在互联网上刷屏，点击量均在亿次以上。在党的十九大召开前，《将改革进行到底》《辉煌中国》等七部大型专题片仅在央视新媒体的播放量就达到 12 亿次。“点赞中国”“为祖国疯狂打 CALL”等网络流行语得到广大网民的广泛使用。①

很多党政部门积极利用网站、微博、微信公众号等平台传播正能量，主动向错误观点亮剑。据《人民日报》、新浪微博、新浪网联合主办的“初心·使命·新征程——2018 政务 V 影响力峰会”发布的《2017 政务指数·微博影响力报告》，截至 2017 年底，经过微博平台认证的政务微博达到 173569 个，其中政务机构官方微博 134827 个，公务人员微博 38742 个，政务微博的规模继续稳定增长，并朝矩阵化、专业化、垂直化的方向发展。

广大网民在社会热点事件的公共讨论方面表现得更为理性，网络发帖、跟帖评论更加注重事实、讲究说理，极端情绪化的话语暴力现象大为减少。② 越来越多的网民成为“自干五”“小粉红”，主动积极践行社会主义核心价值观，使核心价值观成为网络评论主旋律。

（三）全面推进网络空间法治化，依法营造网络清朗空间

“十二五”期间，我国制定出台互联网相关法律法规、规范性文件共 76 部，同比增长 262%，特别是 2014 年中央网络安全和信息化领导小组成立以来，已颁布实施 47 部与互联网相关的政策法规，网

① 李艳艳：《2016 年度网络思想状况分析》，《红旗文稿》2017 年第 2 期。
② 李艳艳：《2016 年度网络思想状况分析》，《红旗文稿》2017 年第 2 期。

络立法速度明显加快。[①]

《中华人民共和国网络安全法》正式启动实施，国家互联网信息办公室出台《互联网新闻信息服务管理规定》《互联网直播服务管理规定》，国家新闻出版广电总局发布《关于加强网络视听节目直播服务管理有关问题的通知》，《最高人民法院、最高人民检察院关于办理利用信息网络实施诽谤等刑事案件适用法律若干问题的解释》对《刑法》规定的“情节严重”进行了量化界定。江苏、浙江、陕西、广东等省大力推动政策落实，结合本地区的发展情况颁布出台实施细则，制订行动纲要方案，网络舆论综合治理体系初步形成，治理效果逐步显现。调查数据显示，95.7%的网民认为应在法律、道德约束下发表言论，依法营造网络清朗空间成为网民的共识（见图6）。

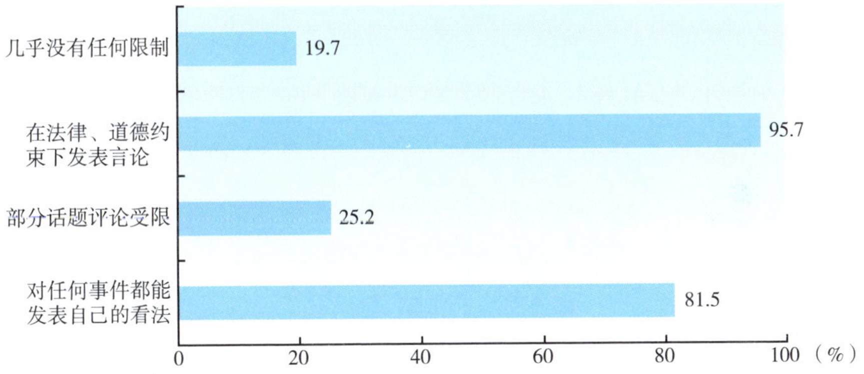

图6　发表网络评论的自律认识

（四）网络评论舆论监督作用有效发挥，成为发扬人民民主、接受人民监督的新渠道

“知屋漏者在宇下，知政失者在草野。”习近平总书记在网络安

① 《国家信息化发展评价报告（2016）》，中国互联网络信息中心，http：//www. cnnic. net. cn/hlwfzyj/hlwxzbg/hlwtjbg/201611/P020161118599094936045. pdf。

全和信息化工作座谈会上的讲话指出“要把权力关进制度的笼子里，一个重要手段就是发挥舆论监督包括互联网监督作用”。在河北男子吐槽医院食堂难吃被拘、红黄蓝幼儿园虐童事件、携程亲子园事件、杭州保姆纵火案、陕西千亿元矿产争夺案等系列网民关注的热点事件中，网络评论成为党政机构了解群众所思所愿、收集好想法好建议的重要渠道。调查数据显示，63% 的用户认为网络评论只能够反映一部分社会现实问题，34% 的用户认为网络评论能够反映很多社会现实问题（见图 7）。

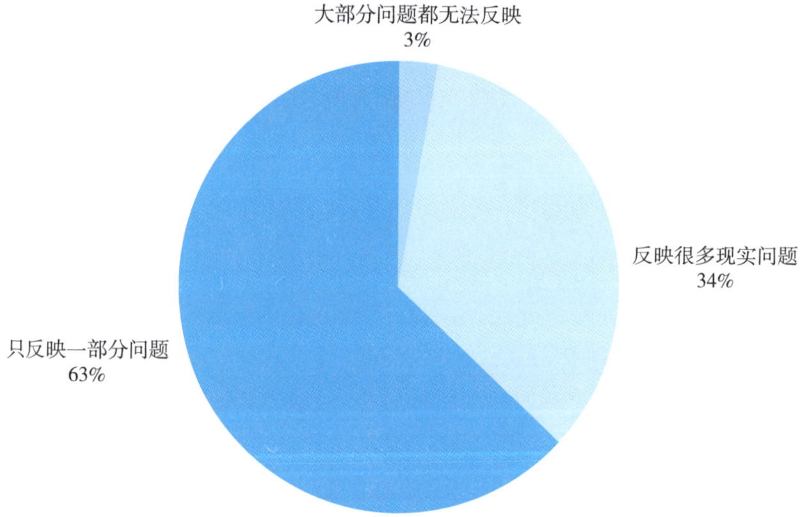

图 7　用户认为网络评论反映社会真实情况的程度

（五）网络评论成为高频基础应用，深度用户占比超六成

网络评论经历了早期简单的传统媒体评论“上网”，各类新闻网站和门户网站设立评论栏目、频道，以及微博、微信等社交平台网络评论和移动新闻客户端网络评论快速发展的各个阶段，成为备受用户广泛关注的高频基础应用。调查数据显示，网络评论的深度用户占网

民总数的60.2%，其中经常关注网络评论的用户占比为48.0%，总是关注网络评论的用户占比为12.2%（见图8）。

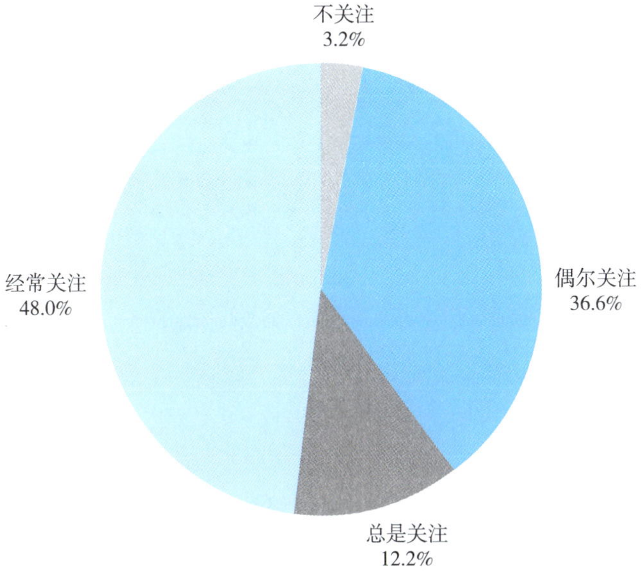

图8 网络评论的用户关注比例

近70%的用户每次花费15分钟至1个小时的时间浏览网络评论，其中单次浏览时长为30分钟至1小时的用户占比最高，达到35.4%（见图9）。

（六）从PC过渡到移动时代，微信、新闻客户端、微博成为网络评论三大接触渠道

调查数据显示，使用手机接触网络评论的用户比例达到93.1%，只用手机接触网络评论的比例为62.6%，只用台式电脑/笔记本电脑接触网络评论的比例仅有6.9%（见图10）。

在各类平台中，微信、新闻客户端、微博成为用户接触网络评论比例最高的应用。55.9%用户经常接触网络评论的平台为微信，其次是新闻客户端和微博，后两者的占比均超过40%（见图11）。

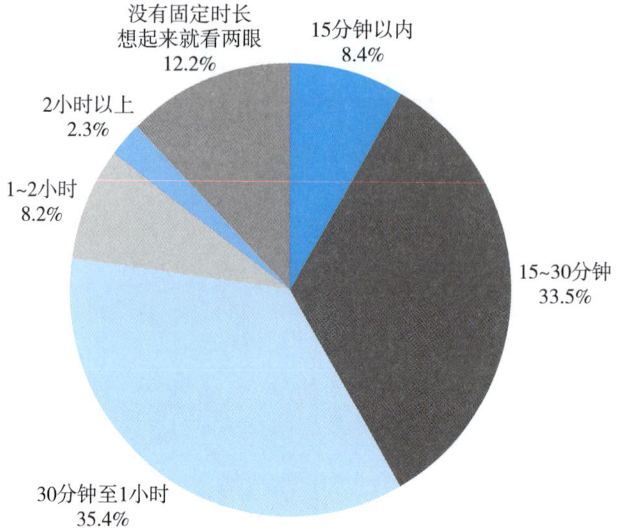

图9　用户单次浏览网络评论所耗时长

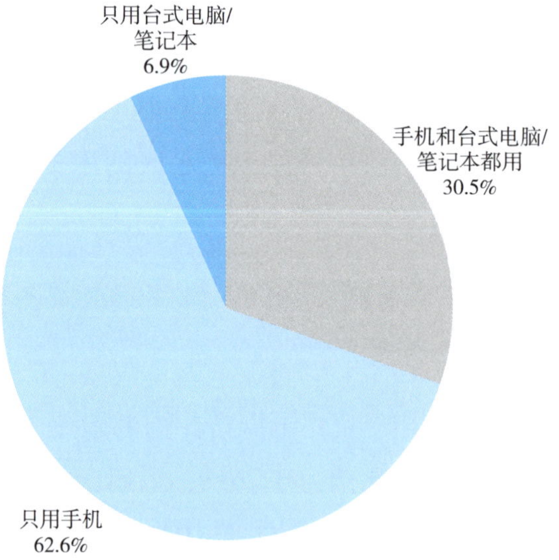

图10　用户接触网络评论的终端结构

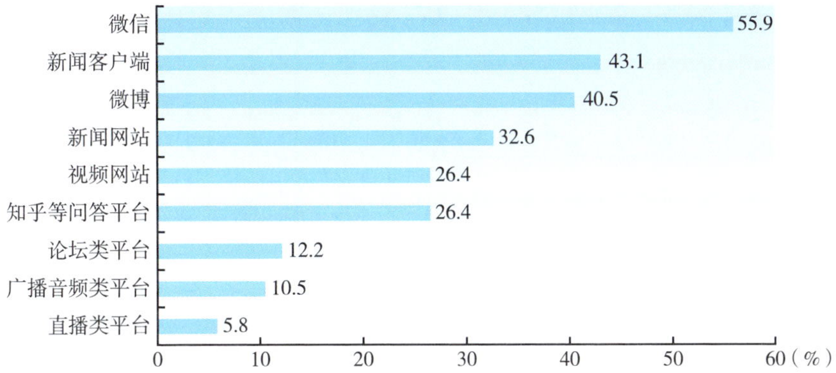

图 11　用户经常接触网络评论的平台占比

（七）内容生产 UGC 模式转向机构化，PGC 与 UGC 融合向 MCN 发展

微博、微信、直播平台、短视频应用等网络平台为个体提供了信息生产、积累、共享、传播的独立空间，用户可以相对自由地将信息面向无数个体发布，形成了用户生产、用户分享的“去中心化”机制。网络评论领域出现了大量 UGC（User-generated content，用户生产内容）模式。

但是，随着腾讯、百度、今日头条等互联网企业以及各类投资主体加大对内容创业的扶持力度，网络评论内容生产的 UGC 模式逐渐朝机构化方向发展，网络评论自媒体开始从初期的个人化、草根化向企业化、团队化发展。同时，由于网络评论独到、深入、专业的天然属性，使得 PGC（Professional-generated content，专业生产内容）仍是网络评论的主流生产模式，PGC 与 UGC 相融合成为网络评论生产的突出特征。

同时，PGC 与 UGC 的内容生产模式也在向 MCN（Multi-Channel Network，多频道网络）转变，将平台上不同类型和内容的优质 PGC 或 UGC 联合起来，以平台化的运作模式为内容创作者提供运营、商务、营销等服务，帮助 PGC 或 UGC 变现，保障内容的持续输出，实现稳定的商业收益。

（八）“算法分发”大众化应用，“编辑分发”精品化发展

移动互联网的发展使互联网平台可以运用大数据、云计算等信息技术建立算法模型洞察用户特征和需求，甚至能够把握此时、此地、此刻状态下的情景化需求。在精确刻画用户需求偏好的基础上，互联网平台可以为用户推送个性化、精准传播的网络评论内容，并聚集起偏好相近的社会关系，形成纷繁复杂的强关系和弱关系网络。

近年来，主要的新闻媒体和社交媒体几乎都在加大算法技术方面的投入：2012 年和 2013 年，今日头条、一点资讯先后推出基于算法技术的聚合新闻客户端；2014 年，搜狐新闻上线 5.0 版新闻客户端，主打个性化和智能推荐；2015 年，腾讯推出天天快报弥补算法领域短板，新浪、网易升级客户端版本根据用户阅读偏好推荐新闻内容；2016 年，UC 浏览器提出“懂你的 UC”，尝试算法与人工运营相结合，微信推出“朋友圈热文”利用后台数据进行精准推荐。但在当前阶段，“算法分发”所实现的精准化仍较为初级，在内容质量、话题广泛性等方面仍有待提升。[①] 在精确刻画用户需求偏好的基础上，算法推荐可源源不断地给用户提供所喜欢的信息。主动性（activeniss）、愉悦（pleasure）、爽（jouissance）可以说已经成为算法推荐的风尚，甚至到了崇拜的地步，在越来越重视受众、消费及接受的发展倾向的同时，使用户逐步降低了对信息的生产和流通以及其中隐藏的利益结构的关注程度。但是，个性化内容传播与用户之间的

① 《2016 年中国互联网新闻市场研究报告》，中国互联网络信息中心，http：//www.cnnic.net.cn/hlwfzyj/hlwxzbg/mtbg/201701/P020170112309068736023.pdf。

“喂食”关系，一定程度上削弱了媒体作为现代社会培养公民参与公共生活能力和实现公共领域舆论引导的重要价值，往往忽略了用户信息判断和使用能力方面的多元信息需求。算法推荐一定程度上正在印证柏拉图的“洞穴寓言”，在偏好满足的旗帜下，洞中人只关注火光投射到洞壁上的影像。而凭借专业把关人丰富经验和卓越洞察力的编辑分发仍然在筛选、推荐等领域具有质量优势，发挥着对于算法分发的“平衡器”作用，避免用户沉浸在自己和朋友组成的“回音室”（echo chamber）中，只接触符合自身倾向和兴趣的内容，巩固用户自身现有的立场，使得拥有不同观点和价值观的人群进一步分化，进而加剧社会价值观的分化和对立。① 因此，在专业化、垂直化、高品质的网络评论内容领域，基于专业把关人的“编辑分发”仍然难以为“算法分发”所替代。面对算法分发的缺陷，技术“矫正器”开始出现，比如《华尔街日报》推出的“蓝推送、红推送”（Blue Feed，Red Feed），《卫报》的“吹破你的泡泡”（Burst Your Bubble），健形矫姿器（Lumo lift）的新应用，都在尝试让信息传播摆脱算法推荐的信息失衡状态。②

（九）网络评论用户满意度较高，平台接触习惯相对稳定

调查数据显示，82.8%的用户对网络评论内容表示“满意”，其中表示“非常满意”和“比较满意”的比例分别为21.0%和61.8%（见图12）。

84.2%的用户通过固定的平台接触网络评论，其中固定使用一个平台的用户占28.4%，同时固定接触多个平台的用户占55.8%，无固定平台的用户比例仅为15.8%（见图13）。

---

① 陈昌凤、王宇琦：《新闻聚合语境下新闻生产、分发渠道与内容消费的变革》，《中国出版》2017年第12期。

② 陈昌凤、王宇琦：《新闻聚合语境下新闻生产、分发渠道与内容消费的变革》，《中国出版》2017年第12期。

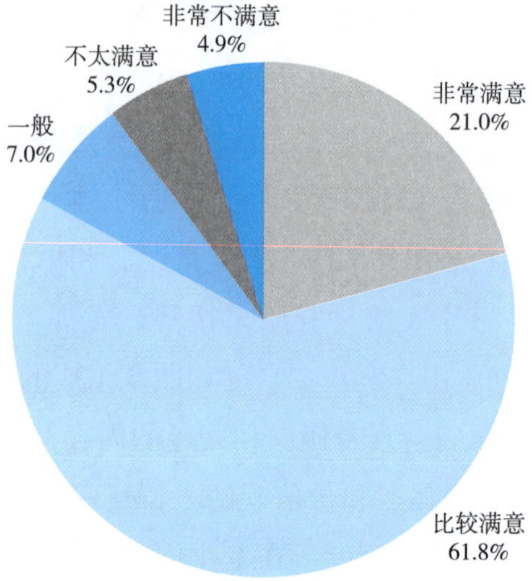

图 12　网络评论的用户总体满意度

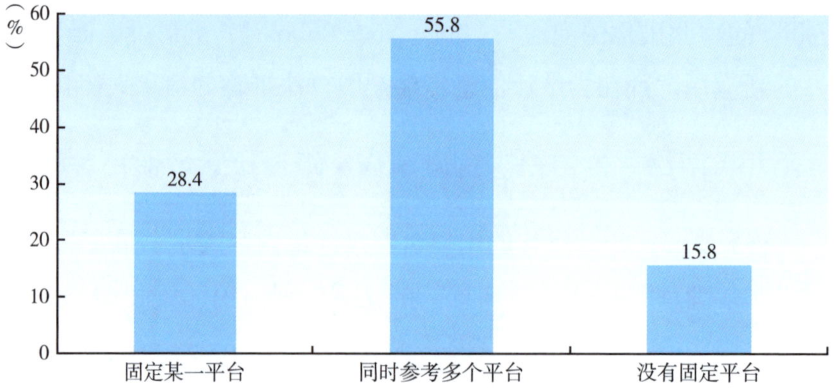

图 13　网络评论的用户忠诚度

（十）寻找观点赞同者成为主动搜索网络评论首要动机，用户集群效应凸显

调查数据显示，寻找赞同自己观点的支持者是用户主动搜索网

络评论的首要动机，超过了“参考网络评论做判断”的比例（见图14）。

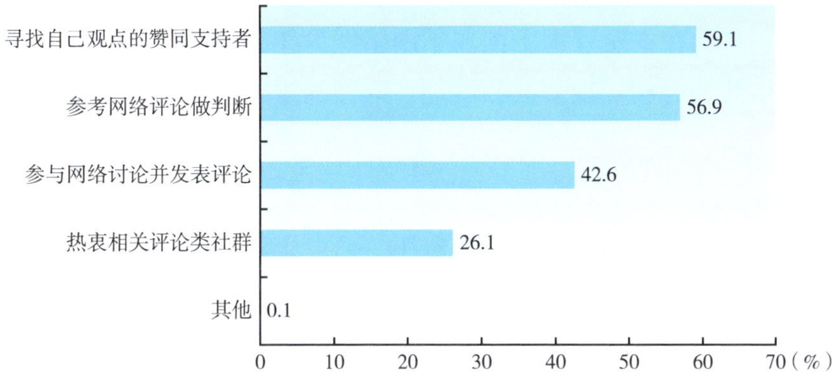

图14　网络评论传播的搜索动机

在网络评论互动中，最受欢迎的模式是对他人评论认同点赞，56.6%的网络评论用户通过对他人评论认同点赞的方式与其他用户互动。用户更容易对与自己的观念相同的观点产生更多认同感，从而表现出更多的互动意愿（见图15）。

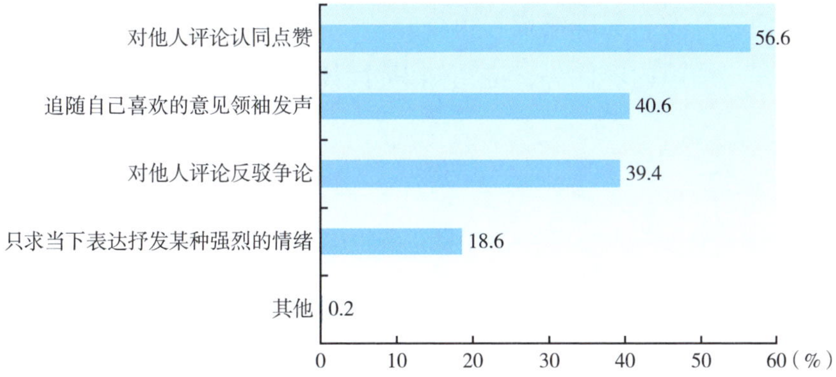

图15　网络评论传播的社交动机

用户搜索网络评论的动机和互动模式与网络平台的个性化内容推荐供给模式相结合，容易形成内容生产与用户满足之间的“喂食”关系：用户更偏好接触自己偏好的观点，网络平台精准推荐用户偏好的观点，从而在一定程度上削弱了网络评论作为现代社会培养公民参与公共生活能力和实现公共领域理性沟通的重要工具的作用。

（十一）市场配置网络评论资源作用突出，生态创新迭代加速

市场在配置网络评论的内容资源、商业资源、渠道资源等诸多方面发挥的作用日益凸显。新兴网络内容平台通过资源置换、版权购买、收益分成或投资收购等方式与传统新闻媒体开展内容合作，并投入巨额资金补贴自媒体内容生产者。如今日头条推出“千人万元”计划，一点资讯推出“创作者独享”政策，腾讯推出“芒种”计划等。[①]

巨额资金的投入、内容创业者的激增等因素推动网络评论生态创新加速迭代。微博、微信公众号、短视频、直播等各类形态与网络评论内容不断融合。国内第一家以网络电台形式为用户提供有声内容服务的蜻蜓 FM，在 2017 年 9 月完成 10 亿元人民币的 E 轮融资，投入精品化内容开发、品牌建设与市场开拓、人工智能音频技术研发等领域，进一步增强内容优势，进军知识付费领域。[②]

① 《2016 年中国互联网新闻市场研究报告》，中国互联网络信息中心，http：//www. cnnic. net. cn/hlwfzyj/hlwxzbg/mtbg/201701/P020170112309068736023. pdf。

② 黄楚新、王丹丹：《中国新媒体现状、特点和未来》，《新闻战线》2018 年第 1 期。

分　报　告

Topical Reports

B.2

中国网络评论的传播主体分析报告

张志安　陈　敏*

摘　要： 依据网络评论传播主体的专业程度、团队规模、发表评论的可持续性等标准，本报告将网络评论传播主体划分为媒体把关人类、机构类和自媒体类三大类。在议题选择、立场表达、话语特征、与受众关系等方面，不同传播主体呈现出相对迥异的风格特征。未来，网络评论传播主体需要进一步立足于传播主流价值观，弘扬社会正能量，做好价值引领，同时，遵循网络传播规律，重视网民需求与体验，拓展传播渠

* 张志安，中山大学传播与设计学院院长，博士生导师，研究方向为新闻生产、新闻从业者、新媒体与社会等；陈敏，中山大学传播与设计学院讲师，香港城市大学访问学者，研究方向为新闻评论、政治传播等。

道，丰富传播手段。

关键词： 传播主体 媒体把关人 政务新媒体 自媒体

一 网络评论传播主体的类型与结构

依据传播主体的专业程度、团队规模、发表评论的可持续性、对评论议题的价值判断及立场导向等标准，可以将网络评论传播主体划分为三大类：媒体把关人类、机构类和自媒体类。

（一）媒体把关人类传播主体

媒体把关人类传播主体指那些采编专业程度较高、有一定的团队规模、持续性就社会公共事务发表评论的主体，以依托传统媒体建立的网络平台为代表。媒体把关人类传播主体依托原有媒体的公信力、影响力，以及长期合作的网络评论专业队伍，关注社会重要议题，服务公共利益，注重评论策划、专题制作，发挥重要的舆论引导功能。

1. 人民网

人民网编辑中心目前设立了“观点频道”，既负责《人民日报》刊登的社论、任仲平、本报评论员、人民论坛、人民时评等重要评论在互联网上的二次传播和集纳工作，也负责人民网评、来论、专家谈、大家谈、网友热议等栏目的约稿、编辑、撰写以及更新维护工作。频道现设主编一名，编辑两名，拥有核心评论员十余人，常用评论员二十余人，专家近百人。人民网观点频道形成以“人民网评”品牌栏目为核心，以“洞鉴专栏”专家评论、网友来论等为辅的原创评论系列产品。人民网评积极探索评论的“时、度、效”及网络特色，对重大主题、新闻事件和社会热点及时地发表客观、锐利、深刻的建设性评论。2017 年，观点频道刊发原创评论近 700 篇，其中刊发人民网评 217 篇。

人民网在新浪微博平台开设的法人账号目前粉丝总数为 3945 万，同时还分别在腾讯微博、人民微博平台开设法人账号，以上三家平台的粉丝总数为 8242 万。人民网法人微博日均阅读量 6500 万次，日均转评量达 6 万个。人民网微信公众号自 2013 年 1 月正式上线以来，目前粉丝已超过 500 万，在全国所有新闻资讯类公众号中排名仅次于《人民日报》、央视新闻和新华社。此外，《人民日报》评论部还入驻今日头条、腾讯企鹅号、一点资讯等新平台，形成了有效的传播矩阵。

2. 新华网

新华网原创评论以“新华网评”频道为主要平台，将品牌特色定位为“有高度，有深度，有温度”，“新华网评”频道开设了“原创评论”“群音汇”“多棱镜”“及时点”“画里有话”“理上往来”“图评天下”7 个栏目。

其中，“原创评论”栏目集纳了所有原创评论稿件，展现“全”；“群音汇”栏目为评论员专栏集，凸显“专”；“多棱镜”栏目汇集了重大报道中的原创系列评论，着眼于“深”；“及时点”栏目采用图文结合的微评方式，对社会热点新闻进行及时点评，突出“快”。

新华网所有原创评论均由新闻中心评论室在 PC 端“新华网评”频道统一播发后，再由微博、微信、客户端、手机新华网等各终端同步转发。原则上除评论室外，其他各部门不安排人员组织原创评论报道。评论选题及内容与新华网属性地位保持一致，以传播主流声音、引导主流舆论、弘扬核心价值观为主要标准。

3. 澎湃新闻网

澎湃新闻自2014年7月22日上线以来，就设有“社论”栏目，首创800字左右的、互联网风格的“短社论”，力图在800字以内表达澎湃对新闻事件的看法与建议。2017年5月它新开辟了“澎湃评论”栏目。目前“社论”栏目每天发稿1篇，“澎湃评论”每天平均发稿3~6篇。前者针对大事件表明立场和态度，追求境界宏观，后者则更多是一事一议，及时发声。

“澎湃评论”开设了“马上评”“深观察”“澎湃评论”“有一说”等不同子栏目，在时效性、篇幅、写作风格上形成了差异化的评论产品格局。其中，“马上评”做的是新闻短评，是对新闻事件的及时分析评论，第一时间针砭时弊，以“快”见长，也能够及时引导舆论。“深观察”主要提供对新闻事件的深度分析，以及对一些文化现象、趋势、国家政策的解读。“澎湃评论”是栏目的同名子栏目，用以发表政声、政见，是对国家政策，特别是对上海地方政策的解读和宣传。“有一说”子栏目主要发表作者的一家之言，观点可能另类，但值得倾听，体现了“澎湃评论”包容的风格。

4. 凤凰网

凤凰网评论根据新闻评论的定位特点以及传播规律，分别设置有“风声”、“政能亮”、“第一解读”、“高见”和“政对面”等原创栏目。其中“风声”栏目着眼于国内外重大时事热点，及时发声，突出全球视野。“政能亮”栏目由国务院办公厅政府信息与政务公开办公室指导，围绕国务院常务会议、高层领导讲话，以及相关政策等展开评论。“政对面”栏目为视频高端访谈节目，与政界、学界、业界一流专家学者对话。“第一解读”栏目针对热点事件第一时间组织评论，最快时间成稿，力求对整个舆论场起到引领作用。“高见”栏目主要访谈各领域权威专家、学者，全方位深度解读新近的热点话题。

（二）机构类传播主体

机构类传播主体指那些代表党政部门、企事业单位、社会组织等在网络上发言的评论主体。机构类传播主体的关注、评论对象往往和自身利益、所在行业领域密切相关，有一定的行业性、专业性，但有时其言论也会“跨界”涉及一般的公共事务。

2016 年 2 月，中共中央办公厅、国务院办公厅印发了《关于全面推进政务公开工作的意见》，指出“要发挥新闻网站、商业网站以及微博微信、移动客户端等新媒体的网络传播力和社会影响力，提高宣传引导的针对性和有效性”。国务院办公厅印发的《2017 年政务公开工作要点》，首次对政务新媒体提出要求，要明确开办主体责任，健全内容发布审核机制，强化互动和服务功能。

在党中央和国务院的积极推动下，政务信息公开工作持续推进，各级党政机关积极运用移动新媒体发布政务信息，用好管好政务新媒体。2011 年 11 月，北京市建立政务新媒体集群平台“北京政务微博微信发布厅”，在全国率先实现微博微信“双微”互通、政府机构微博和新闻发言人微博“双矩阵”，双微双矩阵共同发声，微博集群覆盖全市各区县、各委办局共 73 家单位、105 位新闻发言人。[①] 很多政务新媒体平台在重大事件舆论引导、发布信息服务公众方面发挥了重要的作用。国务院办公厅主办的新媒体账号“中国政府网”，围绕政府工作报告打造系列短视频，既权威又有温度。[②] 2016 年，名为“国务院”的政务类手机 APP 在苹果应用商店上线，迅速引起了媒体与网民的广泛关注——在苹果应用商店中多次名列下载量排名第一，上线 10 个月累计下载量就已超过 2000 万次。作为国务院发布重要政务

① 徐和建：《腾飞的政务新媒体》，《新闻与写作》2017 年第 4 期。

② 杨晨光：《政务新媒体走向政策传播 3.0 时代》，《网络传播》2017 年第 3 期。

信息和提供在线服务的新媒体平台，国务院应用客户端的上线取得了不俗的反响。①

同时，越来越多的政务新媒体在做好舆论引导、信息公开的基础上，将政务服务网络化，为用户提供各类线上服务，从车主服务、政务办事到医疗、交通出行、充值缴费等方面全方位覆盖用户生活。②2017 年 2 月 20 日，浙江省政府发布的《加快推进“最多跑一次”改革实施方案》（浙政发〔2017〕6 号），明确提出继续深化浙江政务服务网建设，全面推广“在线咨询、网上申请、快递送达”办理模式，除涉密或法律法规有特别规定外，基本实现服务事项网上办理全覆盖，大幅提高网上办事比例。

根据中国互联网络信息中心（CNNIC）发布的第 41 次《中国互联网络发展状况统计报告》，截至 2017 年 12 月，我国在线政务服务用户规模达到 4.85 亿，占总体网民的 62.9%，通过支付宝或微信城市服务平台获得政务服务的使用率为 44.0%（见图 1）。截至 2017 年 12 月，微信城市服务累计用户数 4.17 亿，覆盖我国 31 个省、自治区和直辖市；经过新浪平台认证的政务机构微博达到 134827 个；各级党政机关共开通政务头条号账号 70894 个，其中有 350 个中央国家机关政务头条号在运营，包括国务院、最高人民检察院、最高人民法院、公安部、教育部等。③

同时，一些企业、社会组织纷纷设立了具有点评、评论、问答等功能的网络媒体。内容创业成为“大众创业，万众创新”的着力点之一，财经评论、科学评论、IT 评论、娱乐评论等网络评论成为很

① 宋迪、张冰：《政务新媒体发展的“三层境界”》，《网络传播》2017 年第 3 期。

② 第 41 次《中国互联网络发展状况统计报告》，http：//www.cnnic.net.cn/hlwfzyj/hlwxzbg/hlwtjbg/201801/P020180131509544165973.pdf。

③ 第 41 次《中国互联网络发展状况统计报告》，http：//www.cnnic.net.cn/hlwfzyj/hlwxzbg/hlwtjbg/201801/P020180131509544165973.pdf。

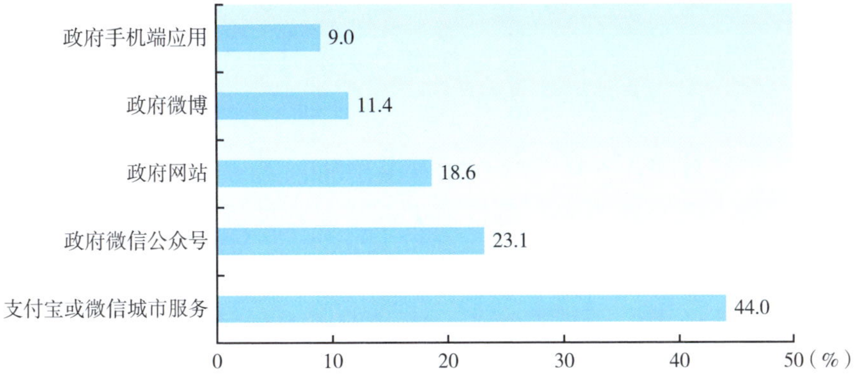

图1　各类政务服务用户使用率

资料来源：第41次《中国互联网络发展状况统计报告》，http：//www.cnnic.net.cn/hlwfzyj/hlwxzbg/hlwtjbg/201801/P020180131509544165973.pdf。

多网络平台通过“知识付费”进行创业的重要功能。很多社会组织、事业单位也积极运用网络媒体引导舆论。以科学传播为例，既有中国科技馆建立的国家级公益性科普服务平台“中国数字科技馆”，在科技传播热点中及时发声且有商业性的科学传播创业网站“果壳网”，专门设立了“谣言粉碎机”果壳小组，及时针对食品安全、电磁辐射、迷魂药与偷肾等科学传播流言、谣言进行辟谣。

（三）自媒体类传播主体

自媒体类传播主体[①]指那些以普通网民为主、以有影响力的大V为代表的评论主体，规模较为庞大，除了部分知名的自媒体外，多数自媒体类传播主体缺少持续性、周期性言论生产的动力。有影响力的自媒体往往以一个或几个有知名度的、谙熟网络传播的人物为核心，形成“小而美”的运营团队，比如冰川思想库、秦朔朋友圈、吴晓波、罗振宇的自媒体团队等，在互联网中扮演意见领袖

① 自媒体并非官方概念，本报告主要根据学界和业界长期使用的习惯沿用了自媒体的概念。

的角色。

2015 年 9 月，今日头条在首届“头条号创作者大会”上宣布，将通过“千人万元计划”和“百群万元计划”等举措扶持内容创作。自 2016 年 9 月起，今日头条和优客工场陆续成立了“优客工场—今日头条创作空间”，为入驻项目提供创业课程辅导、导师对接、基于今日头条平台的运营扶持等。

2016 年 11 月，百度发布了百家号的“百亿计划”，宣布百家号将在 2017 年累计向内容生产者分成 100 亿元。2017 年 10 月，百家号首家线下服务平台，百家号（长沙）内容创业中心落户长沙高新区。百家号内容创业中心定位于各城市区域的内容创业加速器，为当地内容创业者提供从办公空间、创企服务到流量扶持、品牌包装、融资服务的线上线下一体化成长服务，致力于为优质内容创作者赋能，服务城市文创产业，构建健康的区域内容生态。①

2017 年 3 月，阿里文娱发布“大鱼号”，将原 UC 订阅号、优酷自频道账号统一升级为“大鱼号”，内容创作者只需接入“大鱼号”，即可获得阿里文娱生态的多点分发渠道，获得多产品多平台的流量支持。同时，阿里还升级了“大鱼计划”，提供了 20 亿元现金进行平台补贴，鼓励自媒体在各个细分垂直领域生产原创文章和短视频作品。② 同年 11 月，腾讯宣布将投入 100 亿元到企鹅号战略中，打通流量平台，提高分成规模，吸引更多自媒体扎根腾讯内容生态圈，通过 IP 培育、专项投资等方式打通产业全链条，以实现商业价值最大化。③

---

① 《争夺内容创业者　百度在长沙开了第一家内容创业中心》，http：//tech. qq. com/a/20171027/043741. htm。

② 田香凝、叶铁桥：《独家丨2017 年传媒界十大事件》，微信公众号“青年记者”2018 年 1 月 12 日。

③ 田香凝、叶铁桥：《独家丨2017 年传媒界十大事件》，微信公众号“青年记者”2018 年 1 月 12 日。

从数量来看，自媒体类传播主体发展迅猛。根据微信发布的《2017 微信数据报告》，截至 2017 年 9 月，微信平均日登录用户达到 9.02 亿人，消息日发送次数达到 380 亿次。腾讯旗下企鹅智库发布的《2017 微信用户 & 生态研究报告》中提到，截止到 2016 年 12 月，新兴公众号平台数量达到 1000 万个，受内容创业浪潮影响，有大量新公众号创业者涌入，但长尾效应日趋明显，仅 1.8% 的公众号能达成百万级别的影响力，粉丝数不过万的活跃公众号占比为 76.1%。

二 网络评论传播主体的活跃程度分析

对于网络评论传播主体的活跃程度评估，分为媒体把关人类和机构类两个部分（鉴于很多自媒体已经通过内容创业发展成为组织化、规模化的企业，本研究报告未专门分析网络评论自媒体传播主体的活跃程度）。其中，媒体把关人类网络评论传播主体的活跃程度评估主要依据中央网信办《网络传播》杂志发布的“中国新闻网站传播力总榜”；考虑到党中央和国务院多次强调推进政务公开，机构类网络评论传播主体的活跃程度评估重点关注政务新媒体，并主要依据人民网舆情监测室制作的“2017 年年度政务微博影响力排行榜”。

（一）媒体把关人类网络评论传播主体活跃程度分析

《网络传播》杂志发布的“中国新闻网站传播力总榜”，涵盖了中央主要新闻网站、全国行业新闻网站、省级网站、中央新闻网站地方频道等，主要评估这些网站在 PC 端、移动端、微信、微博等不同平台的表现。

表 1、表 2 为 2017 年上半年和下半年的“中国新闻网站传播力

总榜”榜单。上半年，榜单前四强被人民网、新华网、中国网、央视网占据，下半年，中国新闻网多次跻身前四强。10 个上榜网站中，中央主要新闻网站的表现抢眼，强于省级网站，而省级网站表现好于全国行业新闻网站。

表 1　2017 年上半年中国新闻网站传播力总榜月度榜单

排名	1 月	2 月	3 月	4 月	5 月	6 月
第 1 名	人民网	人民网	人民网	人民网	人民网	人民网
第 2 名	新华网	新华网	新华网	新华网	新华网	新华网
第 3 名	中国网	中国网	中国网	中国网	中国网	中国网
第 4 名	央视网	央视网	央视网	央视网	央视网	央视网
第 5 名	东方网	央广网	东方网	环球网	中国新闻网	中国新闻网
第 6 名	央广网	大众网	央广网	东方网	东方网	东方网
第 7 名	中国新闻网	中国新闻网	中国新闻网	中国新闻网	央广网	环球网
第 8 名	大众网	华龙网	大众网	央广网	大众网	中国搜索
第 9 名	华龙网	红网	环球网	大众网	华龙网	央广网
第 10 名	中国经济网	中国搜索	华龙网	中国搜索	中国搜索	大众网

表 2　2017 年下半年中国新闻网站传播力总榜月度榜单

排名	7 月	8 月	9 月	10 月	11 月	12 月
第 1 名	人民网	人民网	人民网	人民网	人民网	人民网
第 2 名	中国网	新华网	中国网	新华网	新华网	新华网
第 3 名	新华网	央视网	新华网	中国新闻网	东方网	中国网
第 4 名	央视网	中国新闻网	中国新闻网	东方网	中国新闻网	中国新闻网
第 5 名	中国新闻网	中国网	央视网	央视网	华龙网	东方网
第 6 名	东方网	东方网	东方网	中国网	红网	华龙网
第 7 名	央广网	澎湃新闻网	华龙网	华龙网	央视网	央视网
第 8 名	环球网	红网	央广网	央广网	大众网	红网
第 9 名	中国江西网	华龙网	澎湃新闻网	红网	浙江在线	澎湃新闻网
第 10 名	大众网	浙江在线	红网	澎湃新闻网	澎湃新闻网	大众网

（二）机构类网络评论传播主体活跃程度分析

《人民日报》发布的“2017 年年度政务微博影响力排行榜”，由人民网舆情监测室制作，微博提供数据支持，评价对象包括全国所有通过微博认证的机构官方微博，评价体系包括四个维度：传播力、服务力、互动力和认同度，数据统计周期为 2016 年 12 月 1 日至 2017 年 11 月 30 日。①

从表 3 中可以看出，“@公安部打四黑除四害”“@共青团中央”等机构微博在传播力、服务力、互动力和认同度等方面都表现不错，得到网民认可，能够起到较好的舆论引导作用。

表 3　党和国家机关有关部门微博榜单 TOP10

排名	微博	认证信息	传播力	服务力	互动力	认同度	总分
1	公安部打四黑除四害	公安部治安管理局暨打四黑除四害专项行动办公室官方微博	94.87	95.68	90.42	87.55	92.97
2	共青团中央	共青团中央官方微博	97.47	88.43	89.50	90.74	92.60
3	中国长安网	中国长安网官方微博	82.61	95.55	86.45	76.95	85.78
4	中国消防	公安部消防局官方微博	86.16	83.87	86.38	81.92	85.34
5	中国地震台网速报	国家地震台网官方微博	88.01	65.54	89.77	87.27	83.97
6	中国反邪教	中国反邪教官方微博	85.57	84.96	83.85	75.46	83.92
7	公安部交通安全微发布	公安部交通管理局官方微博	86.07	74.21	86.73	66.02	81.89
8	中国气象局	中国气象局官方微博	76.60	86.90	83.19	73.46	80.32
9	中国政府网	国务院办公厅中国政府网运行中心	82.71	56.97	94.24	74.62	80.21
10	最高人民检察院	最高人民检察院微博	77.20	58.79	94.35	80.70	79.02

资料来源：《2017 年年度人民日报·政务指数微博影响力报告》。

① 《2017 年年度人民日报·政务指数微博影响力报告》。

此外，在全国十大法院微博排行榜中，“@山东高法”位居第一，这与其在备受关注的“于欢案”中践行司法公开，用135条微博直播庭审过程密切相关。在全国十大教育微博排行榜中，“@郑州市教育局”位列第一，这与其发布防范“蓝鲸死亡游戏”预警通知、关心青少年暑期安全相关。可以看出及时回应公众关切的热点问题，表明官方立场和态度，积极维护群众利益是提升政务新媒体影响力的重要抓手。

三　网络评论传播主体的风格特征

对于网络评论传播主体的风格特征，我们拟从议题选择、立场表达、话语调适、与受众关系四个维度展开分析。

（一）评论议题选择

不同类型的网络评论传播主体对于评论议题的选择明显不同。其中，媒体把关人类传播主体更为重视社会生活中的重大议题，能够结合现阶段宣传报道的主要任务、重要思想，发起评论策划，制作评论专题，持续性地推出评论作品，将有价值的议题凸显出来，吸引网民关注。在2017年的重大主体议题，如党的十九大、纪念五四运动96周年、纪念香港回归20周年等事件中，各主要媒体都能做到前期策划与专题推送，并动员所掌握的专家学者资源提供专业支持，形成重要的网络评论议题，引发关注和讨论。

机构类传播主体一般主要关注与机构职责相关的行业话题，但中央或全国一级的机构类传播主体，如“@共青团中央”“@公安部打四黑除四害”等，往往也会像媒体把关人类传播主体一样，主动参与重大议题的评论。

而自媒体类传播主体的评论议题选择往往更为社会化、大众化，基于用户偏好，受网民影响较大，话题讨论的低门槛、广泛参与性比较突出。在于欢案、江歌案、榆林产妇案等议题中，自媒体发表的评论传播范围较广。

（二）评论立场表达

在“众声喧哗”的时代，网络评论主体丰富且多元，不同主体间评论立场的表达与竞争，不仅在比拼时效、速度、平台、形式，更是在进行一种价值观的比拼，是看问题的角度、深度与专业性的比拼。

媒体把关人类网络评论传播主体往往对专业性要求较高，强调自己代表媒体机构发声，更注重权威性和价值引领，期待提出的观点能够一针见血、入木三分。诸如社评、评论员文章等传统媒体发表评论的标准，在移动互联网时代仍有延续和传承。对于转型后的传统媒体、新闻网站等媒体把关人类传播主体而言，面对易受情绪化、民粹主义影响的网络舆论场，尤其需要坚守价值取向，保持自身特色定位，坚持自身态度取向。

机构类传播主体在网民眼中往往代表官方立场、机构声音，其注重自身社会形象的构建和机构职责的履行。近年来，很多政务新媒体积极加强政策解读，做好政民互动，运用图表、音频、视频、数字化等多样化、贴近群众需求的方式表达立场和观点。2017 年全国“两会”期间，外交部部长王毅借助记者会时机宣传外交部的新媒体账号“外交小灵通”：“新媒体使外交更接地气、更有人气！”让广大民众看到了政府部门借助新媒体塑造形象、主动发声的努力与尝试。教育部政务新媒体“微言教育”在开学、毕业、考试招生等重要时间节点，通过发布学籍注册、学生安全、志愿填报、资助政策等服务类信息，为网友、师生答疑解惑，提供全方位的信息和观点服务，广受好评。[①]

① 杨晨光：《政务新媒体走向政策传播 3.0 时代》，《网络传播》2017 年第 3 期。

相比较而言，自媒体类传播主体的评论立场更加丰富和多元，能够最大程度彰显个人立场，也成为内容创业的“风口”，涌现出一大批影响力较大的自媒体类平台。很多自媒体平台通过发表观点和言论等吸引网民，积极与网民互动，同时创新获利模式，有效提高了转化率。

（三）评论话语调适

近年来，无论是媒体把关人类传播主体还是机构类传播主体，在进行网络评论的表达时，都更加重视接纳和使用网络流行语，以使自身表达更加贴近网友，更具亲和力和感染力。各类传播主体开始从以文字为主的评论表达形式，向灵活采用文字、图片、漫画、音频、视频、直播、投票、表情包等多种形式并存的表达形式过渡，越来越注重从宣传话语向沟通说服话语的转变，以强烈的个性化特征吸引大量网民阅读并传播，从而适应网络舆论场表达，建构了吸纳不同范式元素的“杂糅化”形态，反映出重构传播体系、进行角色调适的努力。①

（四）与受众关系的变化

不同类型网络评论传播主体都非常注重受众反馈、加强与受众互动。常见的形式包括：一是借助新媒体平台，通过建立评论作者微信群、读者微信群等方式，拉近编辑与作者、读者的距离，加强实时互动，扩大稿源，提升稿件质量。二是在网友评论区、留言区进行回复、点赞，加强与受众互动。三是线上线下活动并举，推进线下沙龙、专家对谈、网友见面等活动，进一步增进与受众的了解，擦亮评论品牌。

---

① 龙强、李艳红：《从宣传到霸权：社交媒体时代“新党媒”的传播模式》，《国际新闻界》2017 年第 2 期。

值得注意的是，网络评论传播主体与受众之间不仅仅存在吸引、互动的关系，还有很重要的相互启蒙和教育的关系。很多网络评论传播主体害怕“掉粉”，即担心受众流失，在观点表达时不得不考虑受众的接受程度，不敢“冒犯”受众，当这种情绪累积到一定程度，就容易形成对民粹的迎合，需要各类传播主体敢于秉持专业判断，在评论表达中倡导理性、启蒙的精神。

四　网络评论传播主体面临的挑战

网络评论传播主体面临着过度商业化和娱乐化的挑战。当前，碎片化阅读、个性化阅读、依赖算法推荐等传播阅读趋势，对内容领域构成了很大的影响，对网络评论也形成很大的挑战。特别是伴随网络评论传播主体的多元化发展趋势，评论议题容易走向过度商业化和过度娱乐化，相应地可能导致关涉公共利益的重要议题弱化，很难引发长时间、高质量的讨论。

《2017 微博意见领袖变化趋势与影响力报告》发现，公共知识分子型意见领袖、知识型意见领袖及娱乐型网红是三大活跃的意见领袖群体。其中，公共知识分子型意见领袖主要指具有特定专业背景并经常就公共议题展开讨论的意见群体，如资深媒体人、高校知识分子、律师、公司高管等；知识型意见领袖是指以信息分享为主，具有一定的知名度、认同度的群体，主要集中在知乎、豆瓣、在行、分答等问答社区；娱乐型网红指以满足网民娱乐诉求为主要目的，因获得大量关注而走红的人，多见于微博、微信、直播网站等社交媒体。近年来，兴起于问答社区的知识型意见领袖，以及在越来越多的公共事件中以意见领袖面目出现的娱乐型网红开始发挥更大的影响力，进一步加剧了网络空间娱乐化、商业化的趋势，影响着媒介生态和社会舆论，特别是某些网红对公众的审美观、消费观、生活方式等方面也起到示范效应，具有类似意见领袖的传播影响力。① 关涉社会公共生活的评论议题存活时间较短，高质量的、真正影响现实公共生活的讨论较少，这一现象需引起重视。一些热门话题讨论时间不长、容易被取代，促使公众不停追逐新的热点，停留于碎片化、浅层化的认知，而非进行深度思考。特别是，与传统大众传播自上而下的传播模式不同，互联网的发展促进了各方意见表达，多方意见在舆论场上的交锋容易引导公众不断变换立场，也容易形成对立和矛盾，意见领袖去群落化，呈现散点传播状态，社会共识的形成可能面临更多挑战。

在信息爆炸的环境下，公众对优质内容的需求日益强烈。对于网络评论而言，用户为观点付费的意愿也在上升，而且随着移动支付越发便捷，一定程度上也有助于吸引更多有价值的言论和有专业背景的评论主体进入舆论场，提升网络评论质量。今日头条、一点资讯、天天快报等资讯分发平台，知乎、分答等问答社区都制定了对创作者的鼓励机制，推动了自媒体获利模式的创新，甚至传统媒体和门户网站的评论部在转型后的获利模式创新也已越发明显。但是，很多网络评论传播主体往往借助过度商业化和过度娱乐化的方法，提高内容变现的转化率，在一定程度上使得网络评论的内容趋向庸俗化、低俗化。

① 曹洵、张志安：《社交媒体意见群体的特征、变化和影响力研究》，《新闻界》2017 年第 7 期，第 24～30 页。

B.3
中国网络评论传播的用户分析报告

胡百精　黄　河　刘琳琳　翁之颢*

摘　要： 在互联网环境中，用户的话语权明显增强，用户地位显著提升，一定程度地影响着网络评论的传播和发展。本报告通过线上问卷的方式对网民进行抽样调查，较为科学地阐述了我国网络评论的用户规模和结构，又通过交叉分析等手段总结出不同属性的用户接触网络评论的行为、习惯及偏好差异，最终较为清晰地描绘了现阶段中国网络评论传播的典型用户画像。

关键词： 用户结构　用户行为　用户画像

“所有人对所有人的传播”是当今社会信息传播格局的生动写照。在传统媒体时代，通过大众传媒进行的传播活动是由传媒机构发起的、点对面的、单向的传播。在这样的传播模式中，用户只能被动

* 胡百精，中国人民大学新闻学院教授、博士生导师，执行院长，兼任公共传播研究所所长，主要研究方向为传播学与公共传播；黄河，中国人民大学新闻学院副教授，博士生导师，中国人民大学“杰出学者”，新闻与社会发展研究中心研究员，研究方向为政府新媒体传播、风险沟通、新媒体营销、环境传播；刘琳琳，中国劳动关系学院讲师，研究方向为新媒体管理、公共关系；翁之颢，清华大学新闻与传播学院助理研究员，研究方向为媒介融合与新媒体实务。张迪、方洁、潘曙雅、贾挺、杨小涵等对本部分内容也做出贡献。

接收信息，按照大众传媒设定的议程去感知和思考社会，缺乏互动，“话语权”似乎和普通民众相去甚远。

在互联网环境中，普通民众能够自如地发布、接收、评论和传递信息，信息流动迅速且充分，个人“话语权”因微博、微信这些开放性社交平台的出现而大大增强，普通网民既可以更便捷地获取和阅读信息，又可以随时发布观点和言论。话语权的变革最终会影响网络评论传播“传”“受”双方的相互关系，用户地位亦空前提高——在自主选择接收评论信息的同时，也能参与评论信息的多级传播。

本报告编写组通过“问卷吧”网络问卷调查固定样本组，于2017年11月开展了针对网络评论用户情况的在线调查，通过大量第一手数据，量化分析了当前中国网络评论传播的用户情况。

一　中国网络评论传播的用户结构

（一）网络评论的用户规模

网络评论用户规模调查结果显示，仅有3.2%的网民表示不关注网络评论类信息，96.8%的网民表示关注网络评论类信息。经常关注和总是关注的网民占比合计60.2%。按照2017年中国网民7.51亿规模来计算，中国网络评论用户规模约为7.27亿（见图1）。

（二）网络评论用户的城乡结构

调查结果显示，中国网络评论用户中，城市用户占比75.1%，乡镇及农村地区用户占比24.9%，城市用户是乡镇及农村用户的3倍多（见图2）。

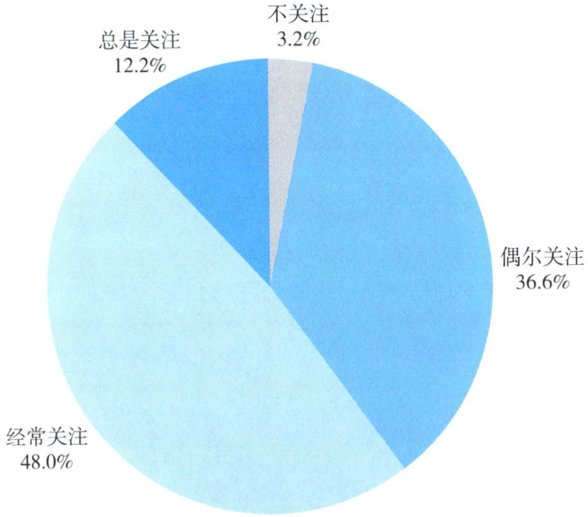

图 1　关注网络评论的用户比例

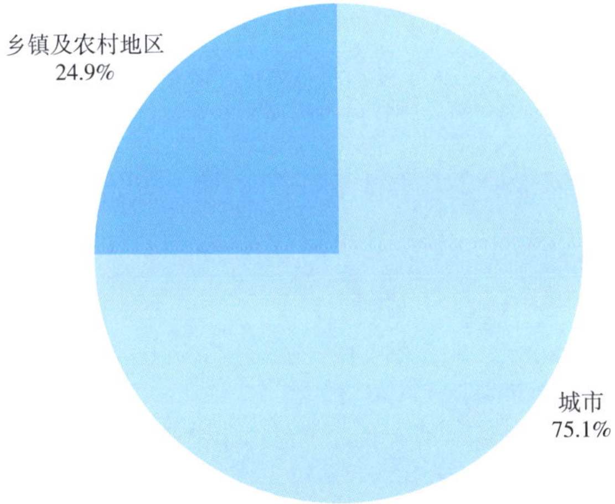

图 2　网络评论用户的城乡结构

（三）网络评论用户的地区结构

调查结果显示，中国网络评论用户中，东部地区用户占比64%，中部地区用户占比28.9%，西部地区仅占7.1%（见图3）。

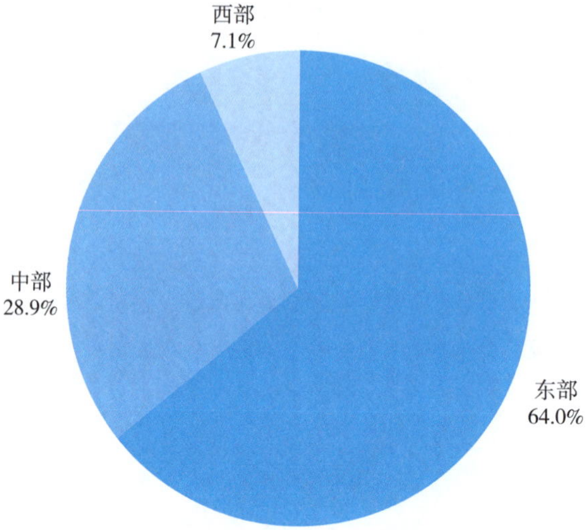

图3　网络评论用户的地区结构

（四）网络评论用户的性别结构

调查结果显示，中国网络评论用户中，男性用户占比52.8%，女性用户占比47.2%，男性用户高于女性用户5.6个百分点，与被调查者的整体比例相近（见图4）。

（五）网络评论用户的年龄结构

根据中国互联网络信息中心（CNNIC）发布的第40次《中国互联网络发展状况统计报告》，截至2017年6月，我国网民以20~39岁群体为主，占整体的52.7%，其中20~29岁年龄段的网民占比最高，达29.7%。

调查结果显示，中青年网民是网络评论的主要用户。20~39岁的用户占比为56.4%，其中20~29岁用户占比最高为29.4%，30~39岁用户占比27%，高于这个年龄段的网民占比。高龄网民接触网络评论相对较少，50岁及以上的用户仅占用户总数的10.2%（见图5）。

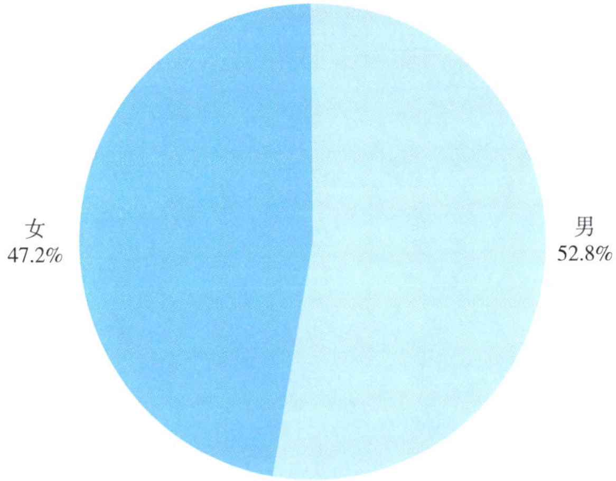

图 4 网络评论用户的性别结构

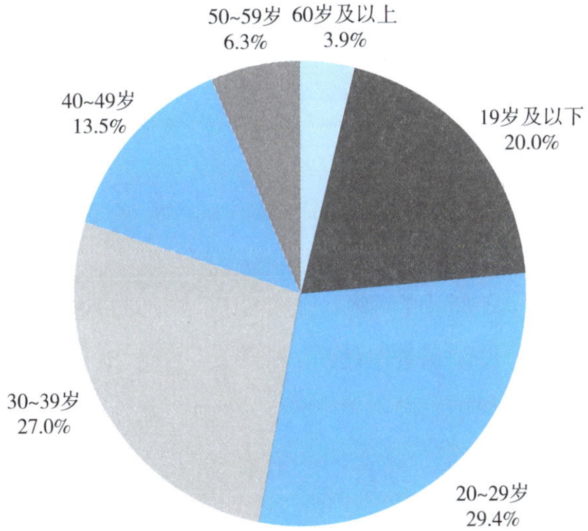

图 5 网络评论用户的年龄结构

（六）网络评论用户的学历结构

调查结果显示，拥有大专、大学本科及以上学历的网络评论用户占比为24.8%；拥有初中学历的用户占比最高，为34.7%；拥有小学学历的用户占比不足15%（见图6）。

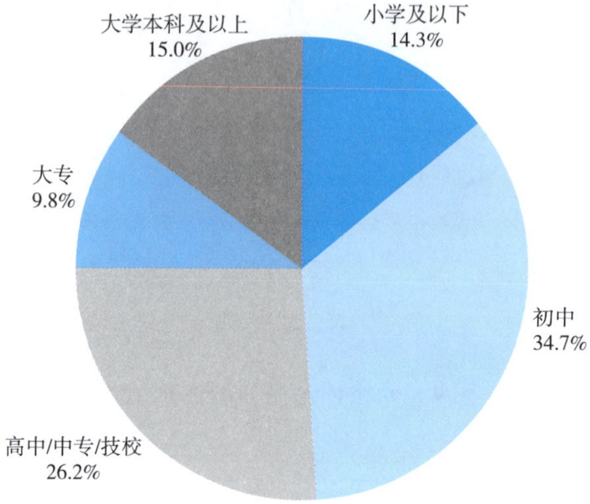

图6　网络评论用户的学历结构

（七）网络评论用户的职业结构

调查结果显示，城市白领、自由职业者、工人、学生是网络评论的主要用户群体，其中城市白领占比最高，为20.14%；其次为自由职业者，占比为17.11%；学生排在第四，占比为16.28%；基数庞大的农民工使用网络评论的比例并不高，用户占比不足10%（见图7）。

（八）网络评论用户的收入结构

调查结果显示，月收入在3001～5000元的网络评论用户占比29.5%，月收入在5001～10000元的用户占比22.3%。月收入在1～1500元和无收入的用户合计占比22.7%，以学生为主（见图8）。

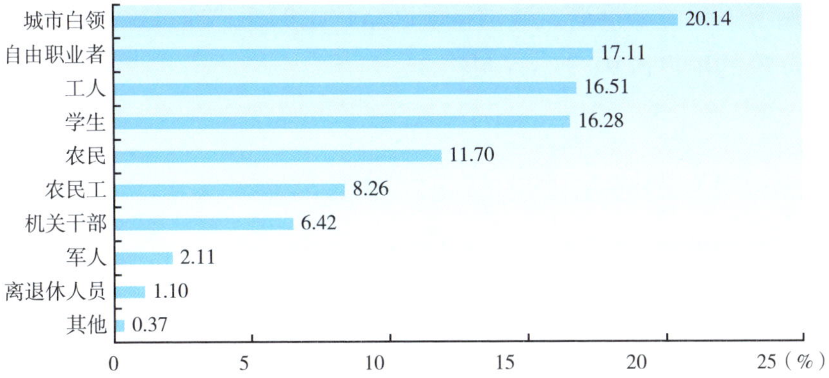

图7　网络评论用户的职业结构

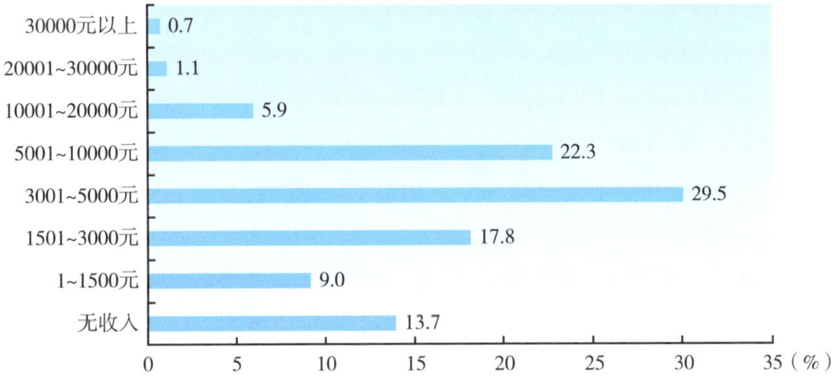

图8　网络评论用户的收入结构

二　中国网络评论传播的用户行为

（一）网络评论的用户接触动机

1. 网络评论主动接触特点较为突出

超过50%的网络评论用户选择关注网络评论是因为网络评论的观点更加丰富多元。仅8.9%的网络评论用户选择关注网络评论是因为网站或手机主动推送，被动接触网络评论的用户非常少，主动接触网络评论的用户占91.1%（见图9）。

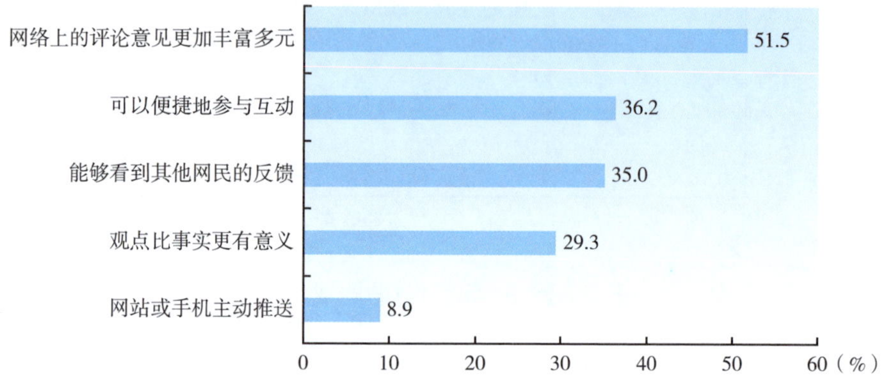

图9　网络评论的用户接触动机

2. 用户有强烈寻求认同心理

如今的互联网提供了大量表达公共意见的场所，任何网民都可以低成本（甚至免费）地向规模化的用户发布信息与观点。网络评论丰富、多元、直接、真实的特点吸引着越来越多的用户从浏览网络评论到主动搜索网络评论，进而参与网络评论，其中很大的一个原因是寻求认同，找到“同类”。

如图10显示，寻找自己观点的赞同支持者、参考网络评论做判断是用户产生主动搜索行为的两大动因。近60%的网络评论用户会主动搜索评论类信息的两大原因是想要寻找自己观点的赞同支持者和想参考网络评论，仅26.1%的网络评论用户因为热衷于相关评论类社群，习惯性想了解热点事件而进行网络评论类信息搜索。

3. 对他人评论认同点赞成为用户的重要社交模式

如图11显示，在网络评论互动中最受欢迎的一种模式是对他人

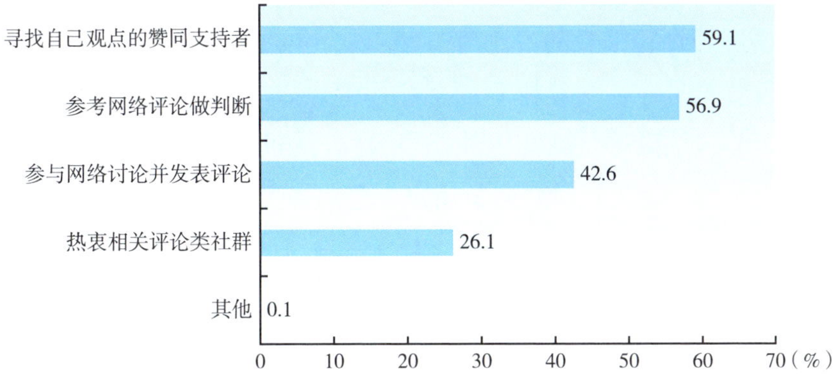

图 10　网络评论的用户搜索动机

评论认同点赞，56.6%的网络评论用户通过对他人评论认同点赞的方式与其他用户互动。从心理上分析，用户更容易对与自己的观念相同的观点产生更多认同感，从而表现出更多的互动意愿。从行为上分析，点赞比发表评论更简单，用户更偏向于用轻松的方式与其他网民进行互动。

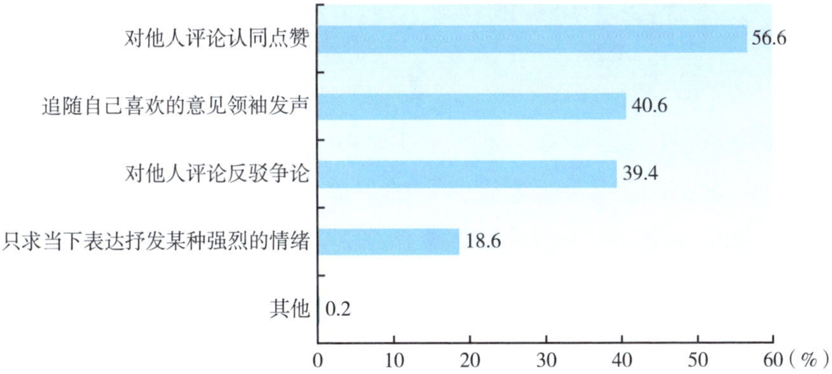

图 11　网络评论传播的社交动机

4. 恶意污蔑诽谤是用户屏蔽评论的首要原因

除了被动接受评论类信息，越来越多的网络评论用户开始对评论类信息进行主动筛选。如图 12 显示，用户因为评论存在恶意污蔑诽谤而主动屏蔽评论信息的占比高达54.2%，可见在所有的网络评论中，用户最反感的是存在污蔑诽谤的恶意评论，如造谣传谣、道德审判与语言暴力、地域黑等。除此之外，当遇到自己强烈反对的观点或认为评论是水军或有害信息时，多数用户也会选择主动屏蔽评论信息。

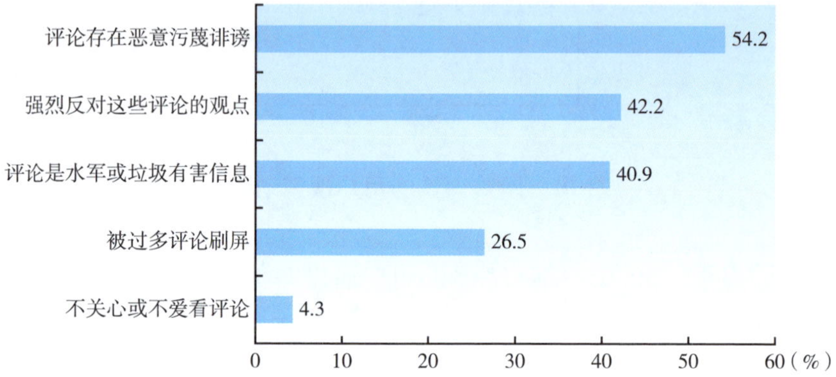

图 12　网络评论传播的屏蔽动机

（二）网络评论用户的接触渠道

1. 手机成为网络评论的第一接触终端

CNNIC 统计数据显示，截至 2017 年 12 月，我国手机网民规模达 7.53 亿，网民中使用手机上网人群的占比由 2016 年的 95.1% 提升至 97.5%，网民手机上网比例继续攀升。[①]

在本次调查中，用户关注网络评论的首要终端是手机。使用手机接触网络评论的用户比例达 93.1%，其中只用手机接触网络评论的用户比例为 62.6%。只用笔记本电脑/台式机接触网络评论的比例仅有 6.9%（见图 13）。

① 第 41 次《中国互联网发展状况统计报告》，http://cnnic.cn/gywm/xwzx/rdxw/201801/t20180131_70188.htm。

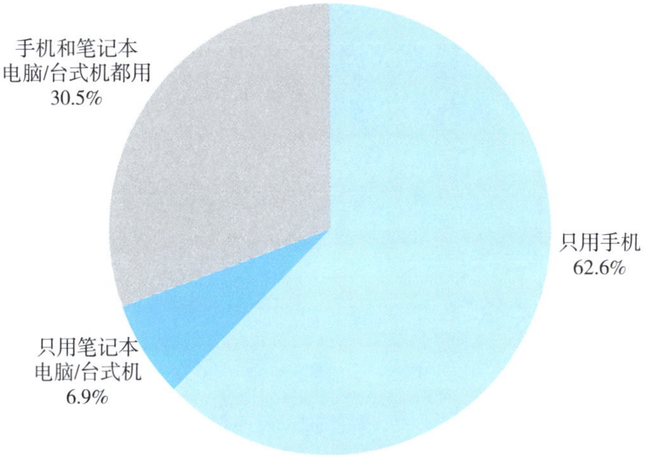

图 13　用户接触网络评论的终端分布

2. 微信、新闻客户端、微博成为网络评论的三大接触渠道

随着移动互联网深入用户的日常生活，微信、新闻客户端、微博等移动端渠道更加受到网络评论用户的青睐。由图 14 可见，有 55.9% 的用户接触网络评论选择的渠道是微信，43.1% 的用户选择新闻客户端，40.5% 的用户选择微博。

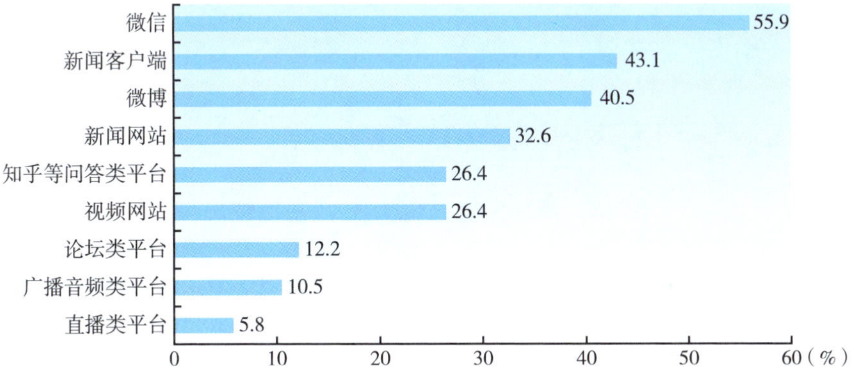

图 14　用户接触网络评论的渠道

如图 15 所示，在微信公众号中，用户更倾向于浏览生活类和主流媒体官方公众号的网络评论内容。如图 16 所示，在微博大 V 中，用户更经常接触浏览娱乐类以及生活类大 V 的评论信息。

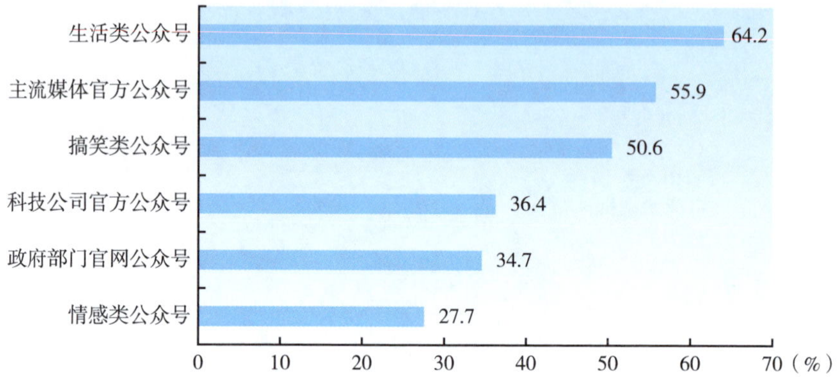

图 15　用户浏览微信公众号的占比情况

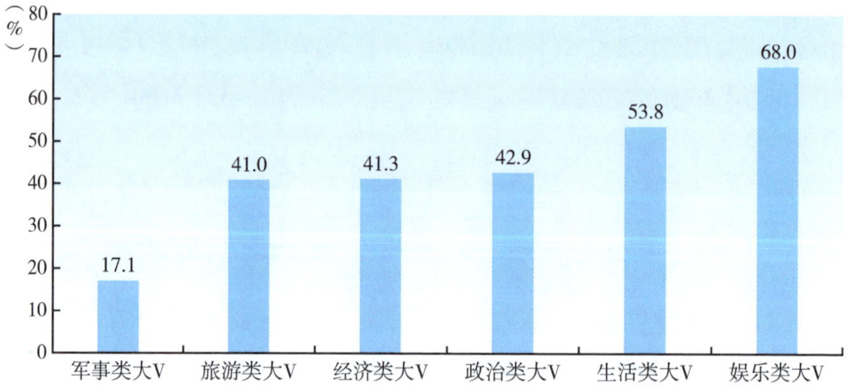

图 16　用户浏览微博大 V 的占比情况

（三）网络评论用户的接触场景

1. 网络评论用户多选择工作日晚上接触网络评论

调查结果显示，一周中用户浏览网络评论的高峰时段是在工作日晚上的空闲时间，约占总用户人数的60%，其次是工作日午休时间。在工作日的上班时间，浏览网络评论的用户人数最少（见图17）。

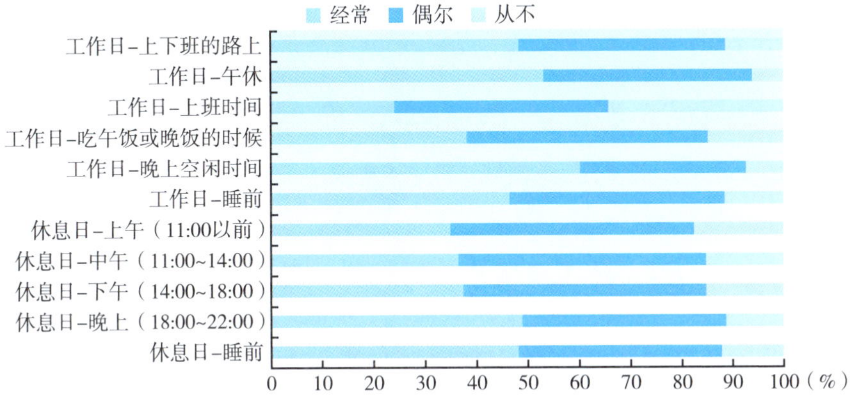

图17 用户接触网络评论的时段分布

如图18、图19显示，无论是工作日还是休息日，用户选择经常浏览网络评论的时间均为晚间。

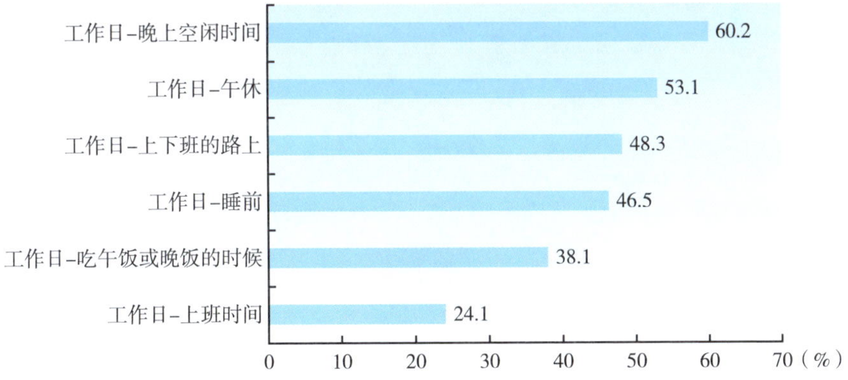

图18 用户在工作日情况下选择经常浏览网络评论的时段

2. 七成用户单次花15分钟至1小时接触网络评论

由图19可见，近70%的用户单次花费15分钟至1个小时的时间

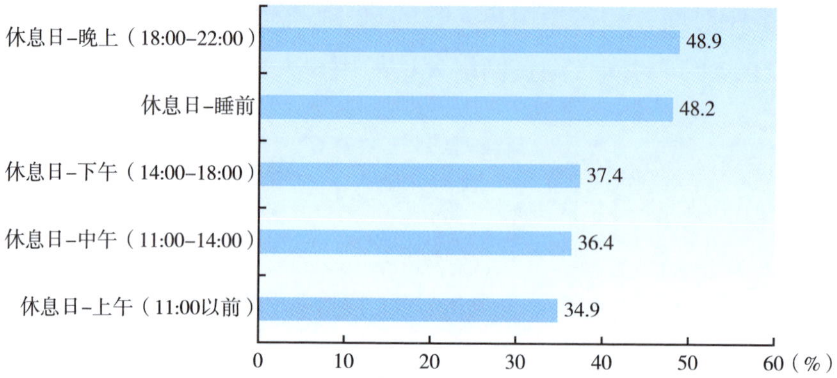

图 19　用户在休息日情况下选择经常浏览网络评论的时段

用于浏览网络评论。其中单次浏览时长为 30 分钟至 1 小时的用户占比最高，为总用户群体的 35. 4%（见图 20）。

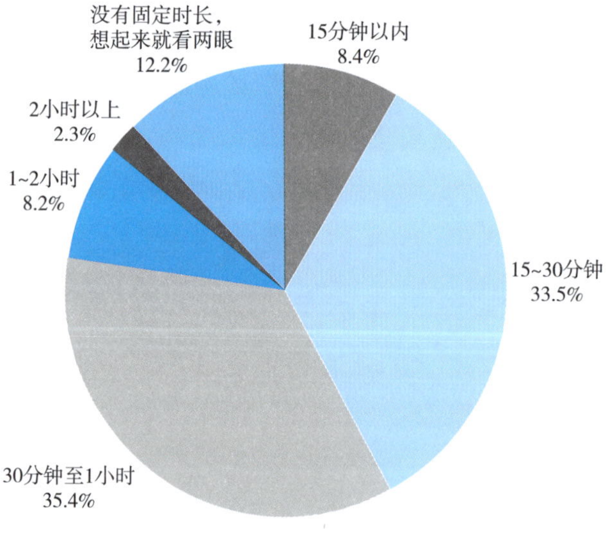

图 20　用户单次浏览网络评论所耗时长

（四）网络评论用户的接触偏好

1. 逾六成用户偏爱与自身兴趣相关的网络评论信息

由图 21 可见，超过 60% 的用户对与自己兴趣爱好相关的信息非常感兴趣。这一结果与本书理论篇阐述的当一个新的网民个体处在弱联结的关系下（单纯的信息与知识交流），用户会倾向于减少与陌生群落或个体的信息接触，转而更加依赖与满足于从志趣相投的聚落获取信息并评论互动的观点相吻合。

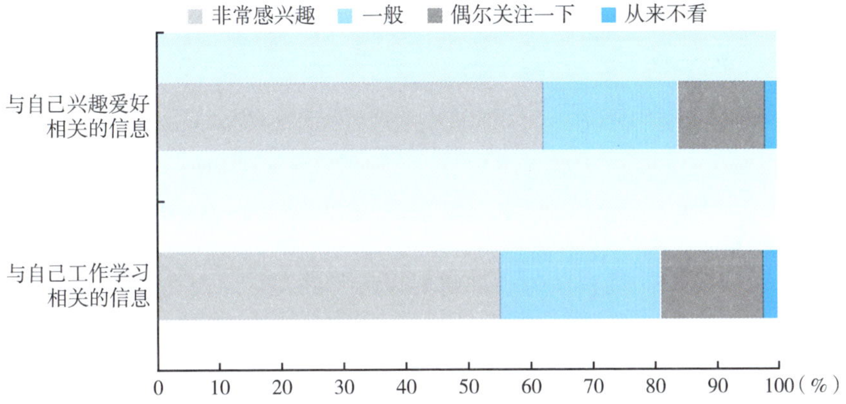

图 21　工作学习与兴趣爱好类网络评论的用户接触意愿

2. 网络评论用户对于网络媒体评论感兴趣程度最高

从网络评论类型的角度分析，网络评论用户对于网络媒体评论和传统媒体评论的兴趣程度最高，感兴趣者占比均超过 76%（见图 22）。

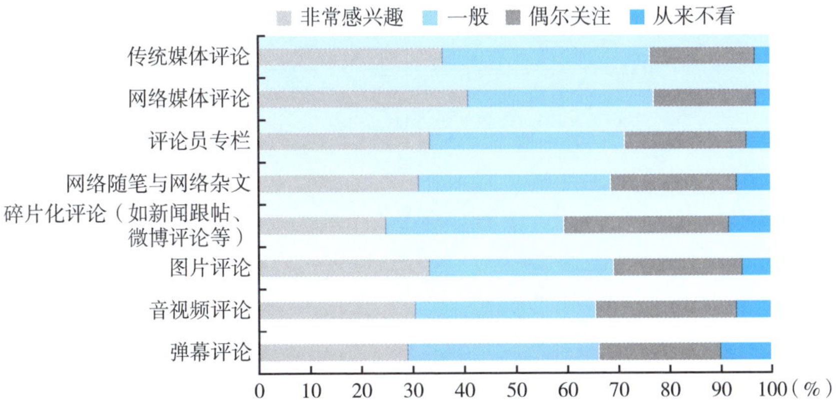

图 22　各类网络评论的用户感兴趣程度

由图 23 可见，用户认为非常感兴趣的网络评论类型中占比最高的是网络媒体评论。

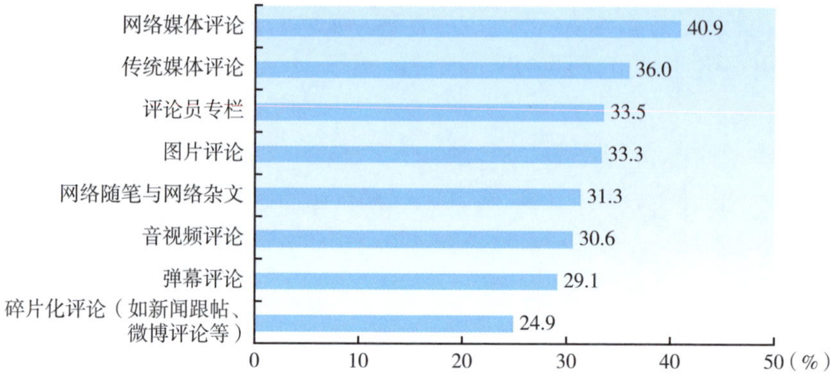

图 23　用户认为“非常感兴趣”的网络评论类型

3. 接触音视频网络评论用户热衷加入评论类社群

如图 24 所示，热衷于评论类社群的用户中，31.8% 的用户选择关注音视频评论。

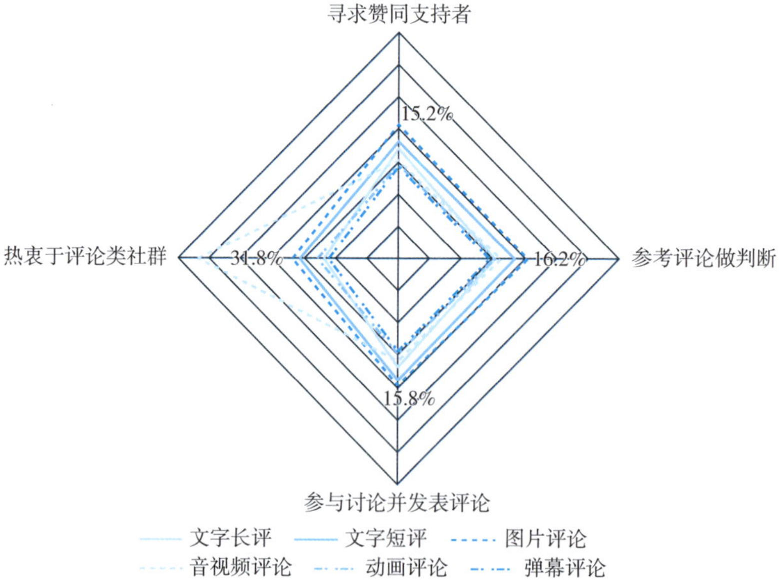

图 24　关注不同题材网络评论用户的接触偏好

三　中国网络评论传播的典型用户画像①

根据调查数据，本报告编写组将网络评论用户的使用动机和行为概括提炼为如下五个维度的特征以作为用户细分的基础。

一是社交互动活跃度，高社交互动活跃度主要表现为经常与好友进行互动，如评论好友的日志/状态、发布信息时@好友等；低社交互动活跃度则主要表现为很少与好友进行互动，以浏览好友动态为主。

二是兴趣享乐评论关注取向。取向的一端是偏集体取向的兴趣享乐评论关注，即倾向于关注与好友共同感兴趣的领域/偶像的信息；取向的另一端是偏个人取向的兴趣享乐评论关注，即倾向于关注个人感兴趣的领域/公众人物的评论。

三是行业评论关注取向。取向的一端是碎片化的行业评论关注，即在使用社会化媒体的同时会去浏览行业评论；取向的另一端是集中化的行业动态关注，即不仅关注行业评论信息，还试图基于社会化媒体建构起自己的行业小圈子，结识同行业人士并进行互动。

四是新闻评论关注取向。一类是偏轻松的新闻评论关注，如娱乐评论、体育评论等；一类是偏严肃的新闻评论关注，如时政评论、经济评论等；一类是偏社会热点的新闻评论关注，主要通过社会化媒体关注当前的社会热点事件评论。

五是自我表达积极性。积极的自我表达主要表现为愿意在社会化媒体上表达自己的观点，消极的自我表达表现为很少在社会化媒体上表达对社会事件/见闻的观点。

① 本部分参考赵曙光《高转化率的社交媒体用户画像：基于500用户的深访研究》，《现代传播（中国传媒大学学报）》2014年第6期，第115～120页。

综合社会化媒体用户在这五大维度上表现的特点，我们将其细分为以下七类人群，即集体兴趣乐享型用户、乐活 O2O 圈子社交型用户、大众明星粉丝型用户、信息舒心解压型用户、行业兴趣沉浸型用户、社会环境洞察型用户、社会资讯全面汲取型用户，并对各类人群在这五大维度上表现出的显著特征进行总结。

网络评论用户类型 1：

集体兴趣乐享型用户——高社交互动活跃度・集体取向兴趣享乐评论关注・轻松新闻评论关注・积极的自我表达

与好友保持联系是集体兴趣乐享型用户使用社会化媒体的重要动机，浏览好友动态和观点是其使用社会化媒体时的重要行为，且在使用过程中经常与好友进行互动，如评论好友的日志/状态、发布信息时@好友等。除通过互动与好友进行社交外，该类用户使用社会化媒体的集体乐享动机突出，试图借助社会化媒体获取与好友共同感兴趣的领域的最新评论，尤其是该领域内的知名人士的观点。他们很少关注微博上的严肃新闻评论，娱乐、体育等轻松新闻评论更容易吸引他们的眼球。在自我表达方面，他们比较乐于在社会化媒体上展示自己的个人观点。在该类用户中，高中生、大学生所占比例较高，社交范围主要为其所在的集体。

我和我朋友都很喜欢网络音乐，关注那些网络歌手的微博可以让我和朋友有更多共同话题。

——男，20 岁，大学生

网络评论用户类型 2：

乐活 O2O 圈子社交型用户——高社交互动活跃度・个体取向兴趣享乐评论关注・积极的自我表达

与好友保持联系、关注自己感兴趣的评论以及记录个人生活是乐活 O2O 圈子社交型用户接触网络评论的主要动机。浏览好友观点是该类用户接触网络评论时的重要行为，且在使用过程中经常与自己关系密切的好友进行互动，如评论好友的日志/状态、发布观点时@好友等。与此同时，该类用户会通过社会化媒体关注自己感兴趣的领域的观点，以轻松休闲的内容为主，个人享乐倾向明显，如电影、星座、旅游、美食、拉丁舞等。另外，该类用户比较乐于在社会化媒体上展示自己的个人观点。

在该类用户中，未婚上班族所占比例较高，学历为本科及以上所占比例较高，且女性比例高于男性。对于未婚上班族来说，其社交圈子相对多元，相当比例的非工作时间（如晚上、周末）会和好友一起吃饭、逛街、运动等，社会化媒体成为联结其线上社交和线下社交的重要纽带，如在线上发起活动及线下开展活动后到线上分享活动。

> 经常和朋友在微博上发现一些有趣的餐厅，然后一起去吃，吃完之后还会发我们一起吃饭的微博。另外就是关注自己感兴趣的评论，比如电影、星座等。
>
> ——女，26 岁，公司公关

网络评论用户类型 3：

大众明星粉丝型用户——低社交互动活跃度·个体取向兴趣享乐评论关注·消极的自我表达

了解好友评论和关注自己感兴趣的明星的观点是大众明星粉丝型用户接触网络评论的主要动机，进而满足个人的评论需求。该类用户较频繁地通过社会化媒体浏览好友的日志/评论，以获知好友的最新观点，但他们以浏览信息为主，与好友之间的交流互动相对较少，且不常在社会化媒体上发布观点，在社会化媒体上进行自我表达的欲望较低。除浏览好友评论外，该类用户会比较关注个人感兴趣的明星的最新观点，而对于严肃新闻评论，他们的关注度较低。

在该类用户中，未婚上班族所占比例较高，学历为专科/高职的所占比例较高，且女性比例高于男性。

很少发微博，主要是在上面看自己关注的明星的最新消息，比如谢娜、张杰、文章、马伊琍。平时主要通过QQ空间了解好友动态，一有更新我就会点开看。

——女，25岁，公司行政

网络评论用户类型4：

信息舒心解压型用户——中等社交互动活跃度·个体取向兴趣享乐评论关注·热点新闻关注·消极的自我表达

与好友保持联系、获取自己感兴趣的观点是信息舒心解压型用户接触网络评论的主要动机。网络评论帮助该类用户与朋友、同学等建立联系，有时他们也会在社会化媒体上点评好友的状态或是发布评论时@好友，但互动活跃度中等。除通过社会化媒体保持社交关系外，该类用户主要借助社会化媒体获取自己感兴趣的观点，作为放松心情、缓解压力的方式。与此同时，该类用户也会通过社会化媒体关注最新的新闻评论，但以社会热点新闻评论为主，对严肃新闻评论的关注度相对较低，他们喜欢在社会化媒体上保持无目的且舒心地获取观点的状态。他们不希望在社会化媒体上展示自己的观点，发布个人观点的动机较弱。

在该类用户中，已婚上班族所占比例较高，且女性比例高于男性。对于已婚上班族来说，和好友一起吃饭、逛街、运动的时间较未婚上班族要少一些，尽管在社会化媒体上好友之间的互动不是很多，但社会化媒体是其巩固友谊的重要方式。

> 主要是通过微博与好友保持联系，了解他们的观点。但不太愿意在微博上展示自己的观点。跟自己相关性较强的热点新闻评论也会比较关注。
>
> ——女，30 岁，广告设计

网络评论用户类型 5：

行业兴趣沉浸型用户——低社交互动活跃度·个体取向兴趣享乐评论关注·集中化的行业观点关注·消极的自我表达

获取自己感兴趣的观点、构建行业小圈子是行业兴趣沉浸型用户接触网络评论的主要动机。他们一方面比较关注自己感兴趣的个人休闲享乐类观点，如电影、美食、旅游等领域的评论；另一方面，会关注较多和自己同属一个行业的机构或人的微博，试图在微博上及时了解行业评论并与同行业人士建立联系。该类用户不希望在微博上展示自己的评论，很少发布自己的观点，所发布内容更多的是转发一些自己感兴趣的或是有趣的观点。

在该类用户中，女性比例高于男性，本科及以上学历所占比例较高。

> 使用微博的时候以看为主，关注自己兴趣浓厚的领域，比如旅行。发布的信息主要是与自己行业相关的内容，我关注的人和我的粉丝大部分都是电影这个圈儿的。
>
> ——女，30 岁，电影翻译

网络评论用户类型 6：

社会环境洞察型用户——低社交互动活跃度·严肃新闻评论关注

获取最新新闻评论、了解好友观点和话题人物是社会环境洞察型用户接触网络评论的主要动机。对于该类用户，微博、微信成为其获取不同领域新闻评论的重要渠道，尤其是时政、经济、教育、民生等严肃新闻议题，他们会在微博、微信上关注多个媒体的官方微博、微信公众号，并对看到的评论进行思考，形成自己的观点。相比之下，其使用社会化媒体的社交动机较弱，主要是浏览好友动态，偶尔与好友进行互动。

在该类用户中，男性比例高于女性，本科及以上学历所占比例较高，且具有较强的社会责任感。

> 通过微博及时了解好友的动态。同时可以方便地获取新闻资讯，刷微博的时候就可以看到，省去很多麻烦。
>
> ——男，29 岁，公司销售

网络评论用户类型 7：

社会资讯全面汲取型用户——中等社交互动活跃度·碎片化的行业评论关注·严肃新闻评论关注·消极的自我表达

获取最新新闻评论和行业观点是社会资讯全面汲取型用户接触网络评论的主要动机。该类用户将微博、微信、新闻客户端作为其获取时政、经济、教育、文化等严肃新闻评论的重要渠道，其中，相当比例的用户会对新闻评论进行转发并附上自己的评论。与此同时，该类用户对与自己行业相关的观点也具有较高的关注度，经常会转发有用的行业观点。相比之下，该类用户与好友的互动积极性一般，有时会对好友的状态或转发的信息进行评论。总体来看，该类用户不希望在微博上展示自己的评论，很少发表自己的观点。

在该类用户中，男性比例高于女性，本科及以上学历所占比例较高。且相当比例用户为已婚用户。

> 我比较关注时事热点，对于争议性较强的新闻，我常常会进行点评。另外就是行业的最新动态，我所在行业发展比较快，所以需要了解行业的最新发展情况。
>
> ——男，25 岁，通信工程师

B.4

中国网络评论传播的媒介渠道分析报告

戴丽娜　郑博斐　方师师　王　蔚*

摘　要： 网络评论媒介渠道的发展历程与中国互联网诞生和发展历史息息相关。本报告将网络评论渠道的发展阶段划分为起步期、成长期、繁盛期和平稳期，并对各时期的发展历程做出详细阐述；对现有媒介渠道进行分类归纳，总结出不同类型的门户网站和社交媒体平台的媒介特征。同时，网络评论媒介渠道的演变离不开互联网发展的技术支持，本报告继续探寻媒介渠道背后的技术路径变迁，综合分析在我国网络评论演化发展中技术、用户与资本等因素对媒介渠道的影响。

关键词： 网络评论　媒介渠道　评论系统　微博　微信

一　网络评论的媒介渠道的形成与发展

网络评论媒介渠道的发展历程与中国互联网诞生和发展历史息息

---

* 戴丽娜，上海社科院新闻研究所副所长，副研究员，主要研究领域为舆情传播与治理、危机传播、营销传播；郑博斐，上海社会科学院新闻研究所助理研究员，研究领域为舆论学、新媒体传播；方师师，上海社会科学院新闻研究所助理研究员，研究领域为数字社会学、知识社会学、互联网治理；王蔚，上海社会科学院新闻研究所助理研究员，研究领域为新媒体传播。

相关。1994 年，中国正式接入国际互联网，我国网络评论紧随其后于 20 世纪 90 年代中后期逐渐兴起。随着技术日新月异的发展，评论性内容的生产渠道也日益丰富。从传统门户网站，到论坛、博客、贴吧，再到微博、微信和移动客户端等，形成了一个多样化的、日趋复杂的网络评论媒介生态格局。

根据渠道形态变化及社会影响力情况，我国网络媒介渠道的发展大致可以分为起步期、成长期、繁盛期和平稳期四个阶段。

（一）起步期

1994 ~ 1997 年是网络评论媒介渠道的起步期。该阶段网络评论渠道数量不多、形式单一。根据中国互联网络信息中心（CNNIC）发布的第 1 次《中国互联网络发展状况统计报告》数据，到 1997 年我国 www 站点总数量仅为 1500 个左右,[①] 其中可发布网络评论的网站数量则更少，为 100 家左右。

报刊电子化和传统媒体办网，对于推动互联网走上媒体化发展道路起了巨大推动作用。1995 年，1 月 12 日国家教委下属刊物《神舟学人》率先触网，建立了神舟学人网站 Chisa。1995 年 4 月，《中国贸易报》电子版上线，成为第一家通过国际互联网走向世界的中文报纸。1995 年 12 月，《中国日报》网站的开通和发展被看作报刊性网站正式兴起的标志。1996 年 12 月，中央电视台网站也正式上线。随后，《人民日报》、新华社等主流媒体也纷纷走上媒体融合发展之路。

在起步阶段，网络评论媒介渠道的主要表现形式为门户网站，尤其是传统媒体门户网站，评论形式主要为文字长、短评论，有些甚至仅为简单的报刊网络版，与纸版别无二致。网络评论媒介渠道的传播

① 中国互联网络信息中心：第 1 次《中国互联网络发展状况统计报告》，1997，第 2 页。

管理模式与传统媒体差异不大，“把关人”发挥着巨大作用。整体而言，受渠道发展所限，本阶段网络评论的社会影响力非常有限。

（二）成长期

1998~2008年为我国网络评论媒介渠道发展的快速成长期。主要表现为：一是媒介渠道数量增长较快，到1999年，全国建立独立域名的新闻单位已达700个。[①] 二是渠道类型开始多样化。类型多样化突出表现为，网络评论媒介渠道由接近传统媒体“自上而下”传播模式的门户网站时代进入了“自下而上”传播的社会化媒体和自媒体时代。“参与性”、“互动性”以及“把关人”弱化是社会化媒体和自媒体类网络评论媒介渠道的普遍特征。

网络评论最早的载体——门户网站在本阶段演化为四大类：国家级新闻网站、地方新闻网站、商业门户网站和行业媒体网站。

2000年5月发布的《国际互联网新闻宣传事业发展事业纲要（2000~2002年）》提出了重点建设人民网、新华网、中国网、央视国际、中国日报网、中青网、国际在线和中国经济网八家国家级新闻网站。这些国家级新闻网站逐渐发展成为发布网络长评的主渠道，并始终发挥着网络评论定盘星的作用。传统媒体的数字化发展进程加快，并且在质量和规模方面都有了很大提升。《人民日报》（网络版）改为人民网，新华通讯社网站也改为新华网。《浙江日报》除了有网站版，还创办了“浙江在线”。

1999年1月，四川新闻网聚集了全省100多家报纸、期刊、广播等媒体，创当时省、市上网媒体之最。2001年前后，各地方政府与属地新闻媒体共同组建了大批具有地方特色的新闻网站。代表性新闻网站有千龙网（北京）、东方网（上海）、四川新闻网、北方网

---

① 国家互联网信息办公室：《中国互联网20年——网络媒体篇》，电子工业出版社，2014。

（天津）、金黔在线（贵州）、红网（湖南）和东南新闻网（福建）等。

到2001年底，全国共有上网报纸2111家、杂志8889家、广播电台311家、电视台358家及2家通讯社。形成了覆盖中央、省、市、县的四级网络媒体传播格局。[①]

行业新闻媒体发展的序幕由“中国电力新闻网”在2001年1月正式拉开。随后，大量行业网站的兴起促使门户类网络评论渠道进一步细分，即垂直媒体的兴起促使网络评论媒介渠道进一步向专业化纵深分化，形成金融、财经、房产、汽车和教育等专业类别评论。

综合性商业门户网站在本阶段蓬勃发展。中国四大商业门户网站网易（1997.6）、搜狐（1998.2）、腾讯（1998.11）和新浪（1999.2）在本阶段相继诞生。2000年左右，当时三足鼎立的新浪、网易和搜狐先后于纳斯达克上市。其中，搜狐网因强调“观点性”而在网络评论领域略胜一筹。搜狐总编辑李善友在接受采访时曾表示，他们的理念是“通过有震撼力的新闻表达人文关怀精神和社会责任感”，同时认为“观点是网络媒体的魂魄”。

自2000年起，门户网站的新闻评论增加了跟帖评论发布渠道。跟帖评论很快成为重要网络舆论来源之一。除商业性网站蓬勃兴起对传统媒体的网络评论格局造成很大冲击外，社会化媒体和自媒体的异军突起亦深刻改变了网络评论媒介渠道格局。

虽然作为社会化媒体雏形的BBS（Bulletin Board System，电子公告牌系统）早在20世纪90年代初就出现了，但直到90年代末期，它的社会影响力才随着互联网的普及和功能逐步稳定在社区交流定位后显现出来。1991年大陆地区首个初步具有论坛功能的网站“长城

① 国家互联网信息办公室：《中国互联网20年——网络媒体篇》，电子工业出版社，2014，第43页。

站”在北京问世。但由于当时互联网尚未开始普及，日均访问量仅有十几人。1994 年 5 月，国家智能计算机研究开发中心开通了曙光 BBS 站，这是中国大陆的第一个真正意义上的 BBS 网站。尽管当时服务内容单一，界面单调，但它聚集了国内最早一批网民，并推动了中国网民对论坛的认识和论坛的普及。

1999 年前后 BBS 网站大量涌现。1998 年，清华大学 BBS“水木清华”系统正式开放。BBS 的诞生彻底拉开了网络空间信息传播的帷幕，使用户作为网络评论内容生产者成为可能。到 1999 年，网络论坛已经成为用户显性应用，成为 28% 的用户最常使用的网络服务之一，[①] 也是非专业性网络评论的重要来源渠道。根据内容主题，可将 BBS 划分为综合、技术分享、电子商务、教育、娱乐等，其中，西祠胡同（1998）、强国论坛（1999）、天涯（1999）、猫扑（2004）等发展成为具有广泛影响力的网络论坛。强国论坛是人民网开办的一个时政论坛，源于 1999 年北约袭击中国驻南联盟大使馆，《人民日报》（网络版）适时开设了“抗议北约暴行论坛”，并于 6 月 19 日更名为“强国论坛”。

2000 年以后，在 Web 2.0 相关技术的快速推动下，论坛的表现形式逐步向门户和平台方向转化。基于用户偏好渐渐向分众化细分发展。豆瓣网、铁血论坛都是这一阶段的代表。豆瓣网络论坛是一个以用户兴趣为核心形成的网络评论媒介渠道。用户可以围绕共同的兴趣，如书籍、电影和音乐等发表作品评论。铁血论坛是一个军事爱好者的专属论坛，发表与军事相关的评论和信息。

在成长期，另一个重要的、有影响力的用户发表网络评论的媒介渠道是博客（blog）。到 1999 年，博客应用在用户最常使用的网络服

---

① 中国互联网络信息中心：第 4 次《中国互联网络发展状况统计报告》，1999，第 7 页。

务的调查中占比已达21.6%[①]。博客是一种由用户自己进行内容发布管理的平台，曾被看作中国Web 1.0向Web 2.0发展过程中的重要转折点。博客的出现极大推动了网络空间UGC（用户生产内容）的发展。代表性网站是2002年8月创办的博客中国（BlogChina）。腾讯、新浪、搜狐和网易等传统综合性网站也是博客服务的重要提供者。

2004年前后是博客作为网络评论渠道的高速发展时期，到2007年，用户注册的博客空间超过7282.2万个。[②] 博客规模的衡量不仅与博客网站数量相关，更重要的是用户注册博客空间的数量，以及活跃用户的增长情况。2007年，活跃博客作者的数量达到1691.3万人（见图1）。

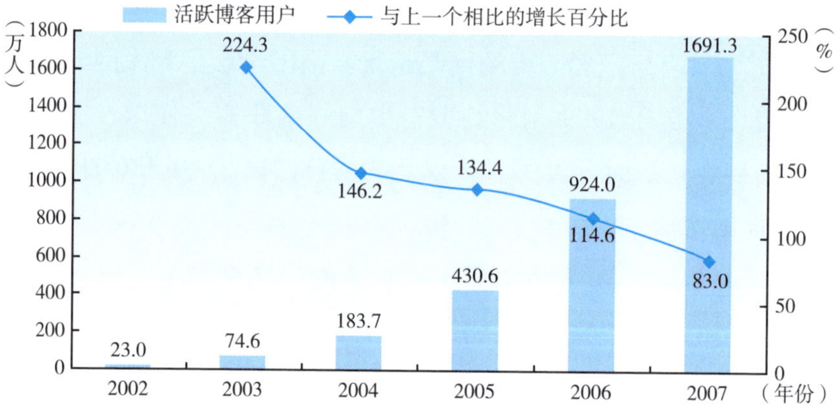

图1　2002～2007年活跃博客作者发展情况

资料来源：中国互联网络信息中心，《2007年中国博客市场调查报告》，第11页。

2002～2007年博客规模始终保持增长态势，但是增势逐步放缓。到2008年微博客强势崛起之后，博客便渐渐进入了沉寂期。

① 中国互联网络信息中心：第4次《中国互联网络发展状况统计报告》，1999，第7页。

② 中国互联网络信息中心：《2007年中国博客市场调查报告》，第10页。

（三）繁盛期

2007 年，微博的诞生将网络评论媒介渠道的发展推入了繁盛期。微博是微型博客的简称，顾名思义它是一种主张用户以简短的文本（通常少于 140 字）发布信息的博客。微博的出现既能满足用户自行发布信息和观点的需求，又可以有效克服没时间写长博客的问题。因此，微博产品一经面世就非常受欢迎，以饭否、叽歪和嘀咕为代表的第一批本土微博产品凝聚了一大批热情用户。

新浪、腾讯、搜狐和网易等门户网站成为第二轮微博发展热潮的主力。他们凭借已建立的品牌影响力和强大营销攻势迅速使微博风靡全国。其中，新浪微博凭借用户规模快速扩张而迅速成为业界翘楚。2009 年 8 月 28 日新浪微博开始内测。一年后，用户规模已达 3000 万。财报显示到 2012 年新浪微博注册用户数量已经达到 5.03 亿，日活跃用户数量达到 4629 万。

微信是快速与人联系的一种手机新型语音工具，是腾讯公司于 2011 年初推出的一款快速发送文字和照片、支持多人语音对讲的手机聊天软件。用户可以通过微信与好友进行形式上更加丰富的类似于短信、彩信等方式的联系。微信软件完全免费，因为更加灵活、方便与智能，且节省资费而受到大家喜欢。

微信的出现很大程度上改变了网络评论传播生态格局。首先，作为一个综合性平台，它比一般新闻评论平台的用户黏性更高。自诞生以来其用户规模、评论传播量、社会影响力等一直呈上升趋势。微信仅用 400 多天就突破了 1 亿用户，2013 年底月活跃用户已达 3.6 亿，成为影响力与微博并驾齐驱的网络评论媒介渠道。截至 2018 年 3 月，微信的月活跃用户规模已经超过 10 亿，是目前全国规模最大的网络评论内容媒介渠道。其次，微信平台已经成为传统媒体转型发展的重要渠道之一。微信平台在助力主流媒体评论内容传播方面发挥了极大的作用。例如,《人民日报》微信公众号“人民日报”(微信号:rmrbwx)、《人民日报》评论部的公众号“人民日报评论”(微信号:rmrbpl)和《人民日报》海外版编辑部公众号“侠客岛”(微信号:xiake_ island)等一系列“人民系”的微信公众号因内容贴近生活、语言生动活泼而深受好评。评论文章在立场、观点和判断力等方面具有很强的“鲜明性”特征,在传递主流价值观、引发网民思考、引导舆论方面发挥了重要的作用。

(四)平稳期

2014 年以后,网络评论媒介渠道进入了发展平稳期。平稳性特征主要表现在:相比之前,尽管仍然有新渠道涌现,如直播等,但社会影响力的增长态势已趋缓甚至出现明显下降趋势。尽管技术上的推陈出新在促进渠道多样化发展方面仍旧发挥着显著作用,但已鲜有现象级的平台出现。一方面,不断出台的法律法规限制了一些想要钻法律漏洞平台的开发;另一方面,国家推进媒体融合发展的努力也在一定程度上改变了网络评论的生态环境,使网络评论媒介渠道的发展逐渐步入平稳期。

近几年,“依法治网”成为网络空间治理的一条主线,逐渐形成了法律、行政法规、部门规章、司法解释等一系列制度规范。除了从《中共中央关于全面推进依法治国若干重大问题的决定》到《国家安全法》、《刑法》修正案(九)中针对网络建设的条文,特别是 2016 年 11 月 7 日,十二届全国人大常委会第二十四次会议通过的《中华人民共和国网络安全法》等涉及网络治理的专门立法以外,有关主管部门也积极作为,及时制定完善相关法律法规。国家网信办制定了《互联网信息搜索服务管理规定》《移动互联网应用程序信息服务管理规定》等规范性文件,及时推出了“微信十条”“账号十条”“约谈十条”等一系列管理规定。

此外，2014 年 8 月 18 日中央发布了《关于推动传统媒体和新兴媒体融合发展的指导意见》后，传统媒体转型驶入了快车道，纷纷推进“三微一端”（微博、微信、微视频和客户端）发展策略，借新媒体平台延伸生命力和影响力。

以党报为例，根据《2017 年全国党报融合传播指数报告》的分析，367 家党报新媒体渠道发展情况为：97.28% 拥有网站，79.02% 入驻了聚合类客户端，73.5% 入驻微博，69.48% 入驻微信，67.3% 建立了自有客户端。党报在各平台的传播力前十名情况见表 1。

表 1　党报新媒体传播力 TOP10

排名	报纸	网站	微博	微信	自有客户端	聚合类客户端
1	人民日报	人民网	人民日报	人民日报	人民日报	人民日报
2	广州日报	大众网	广州日报	广州日报	光明日报	光明日报
3	南方日报	中国经济网	南方日报	杭州日报	南方日报	经济日报
4	光明日报	广西新闻网	光明日报	经济日报	湖南日报	湖北日报
5	经济日报	光明网	新华日报	河北日报	浙江日报	人民日报（海外版）
6	人民日报（海外版）	江西大江网	人民日报（海外版）	海南日报	四川日报	杭州日报
7	深圳特区报	东南网	四川日报	青岛日报	解放日报	解放日报
8	湖北日报	南方网	苏州日报	厦门日报	经济日报	扬州日报
9	天津日报	深圳新闻网	深圳特区报	人民日报（海外版）	湖北日报	福建日报
10	新华日报	每日甘肃网	北京日报	西宁晚报	新华日报	广州日报

党报在融合过程中，差异化现象明显。以微博为例，粉丝量呈现明显的“二八现象”。在开通官方微博的 270 家报纸中，粉丝数量超

过千万的仅有4家，占1.5%，而51.5%的党报共计139家官方微博粉丝量不足10万。粉丝量超过50万的党报有54家，占20%，而50万以下的有216家，恰好占80%。

以中央电视台为例，央视已经初步建成多终端、全覆盖的“三微一端一网一平台”的新媒体传播渠道体系。2017年上半年统计数据显示：央视网月度独立访问用户达5.35亿；“央视影音”客户端下载量达到5.8亿；“央视新闻”在新浪微博、腾讯微博、微信、今日头条、秒拍等商业平台官方账号的用户总数已达3.33亿。

二　网络评论传播的媒介渠道类型与特征

媒介不只是传递内容的工具，其还作为一种技术，确定了人的感知系统与外界的关系。任何一种新的媒介形式都意味着一种新的尺度。具体到网络评论方面，网络媒介的形态不仅仅决定着网络评论的形式，而且影响着网络评论的内在逻辑和评论者的互动模式。“任何媒介（即人的任何延伸）对个人和社会的任何影响，都是由于新的尺度产生的；我们的任何一种延伸（或曰任何一种新的技术），都要在我们的事务中引进一种新的尺度。”[①] 不同形态的网络媒介参与创造出不同的网络评论场景，引发评论者之间产生不同的交往互动行为。

（一）门户网站评论的媒介特征

1. 传统主流媒体门户网站

本节将以《人民日报》建设的以新闻为主的大型网上信息交互

① 〔加拿大〕马歇尔·麦克卢汉：《理解媒介——论人的延伸》，何道宽译，商务印书馆，2000，第33页。

平台“人民网”为例，分析传统主流媒体门户网站的评论特征。

第一，专题评论依托传统媒体，与传统媒体评论优势互补。《人民日报》、新华社等传统主流媒体的评论一直发挥着“风向标”“定盘星”的作用。然而，在新媒体环境下，报纸的传播速度与受众广度无法与网络媒体相提并论。传统主流媒体的评论权威、深刻、公信力高，但在如何让“权威声音”抵达受众方面面临严峻挑战。传统主流媒体门户网站充当了传统主流媒体的扬声器，一方面将传统主流媒体的评论搬上网，让受众能够通过网络接触权威声音；另一方面，传统主流媒体门户网站依托传统主流媒体强大的评论力量在网上发表评论，用网络速度“先声夺人”，用网络思维沟通互动。人民网2000年4月开设全国网站第一个言论频道“观点”，设立“人民网评”“图解”“原创快评”“洞鉴专栏”“网友来论”“报系言论”“每日新评”“观点1+1”“学习知新”“治国理政”“投稿信箱”等栏目，形成组合拳。传统主流媒体门户网站评论与传统主流媒体实现了优势互补，“《人民日报》评论的高度、厚度、信度优势，与人民网评论的速度、宽度、交流度优势，二者相叠加，无疑会增强党报评论的传播力和影响力”。[①]

第二，专题评论肩负网络舆论引导的重任，在关键节点发出关键声音。传统主流媒体门户网站依托网络传播优势，抢占时间优势，往往先于传统媒体进行评论，在关键节点发出权威声音，在舆论引导中发挥了“中流砥柱、定海神针”的作用。

在2008年北京奥运会110米栏预赛中，赛前被寄予厚望的我国运动员刘翔因伤退赛，一时间网上负面舆论集中爆发，各种阴谋论和冷嘲热讽甚嚣尘上。仅仅一个小时之后，人民网在奥运时评发表

① 中国传媒大学党报党刊研究中心课题组：《报网评论一体化的特征——以人民日报评论与人民网评论为例》，《新闻与写作》2014年第12期，第29页。

《人民日报》记者、人民网特约评论员李泓冰的评论《刘翔有权受伤，13 亿人期望不该一人扛》。这篇评论一经发表立刻受到多家网络媒体的转载，对扭转消极的网络舆论态势发挥了重要作用。

第三，网站论坛与留言板搭建了人民群众与各级党和政府的沟通渠道。作为党媒的门户网站，人民网注重紧密联系群众，倾听群众声音，通过创立“强国论坛”和“地方领导留言板”等品牌栏目，搭建了人民群众与各级党和政府的沟通渠道。

“强国论坛”的前身是开通于 1999 年 5 月 9 日的“抗议北约暴行 BBS 论坛”，同年 6 月 19 日更名为“强国论坛”。首先，强国论坛的评论是民意的重要反映，受到国家领导人的高度关注。2008 年 6 月 20 日，在《人民日报》创刊 60 周年之际，时任中共中央总书记、国家主席、中央军委主席胡锦涛和时任中共中央政治局常委李长春来到人民日报社考察工作，在与网友交流的过程中，胡锦涛回答网友提问：“虽然我平时工作比较忙，不可能每天都上网，但我还是抽时间尽量上网。我特别要讲的是，人民网‘强国论坛’是我上网必选的网站之一。”[①] 其次，强国论坛是中外领导人与中国网友沟通交流的重要渠道。2017 年 10 月 31 日，俄罗斯联邦政府总理梅德韦杰夫应邀做客人民网与网友进行交流。而在十年前，梅德韦杰夫曾在俄罗斯通过人民网强国论坛对话中国网友。最后，强国论坛十分重视对网络舆论的引导，注重在论坛置顶帖中置顶领导人动态、重要政策解读、重要时政信息、重要政论观点、焦点社会评论、热点社会问题等。

“地方领导留言板”开通于 2006 年，“是人民网开辟的一个网上干群互动平台，供广大网民群众向省市县三级领导干部表达诉求、反映问题、提出意见建议”。[②]“地方领导留言板”开通 12 年来，“先后

① 吴绮敏、孙承斌：《唱响奋进凯歌　弘扬民族精神——记胡锦涛总书记在人民日报社考察工作》，《人民日报》2008 年 6 月 21 日。

② 《关于地方领导留言板》，http：//leaders. people. com. cn/n1/2016/1230/c202264 -28989829. html。

有2500位各地‘党政’一把手公开回复网民留言，百万网民参与其中”。[①] 在2017年，网友在“地方领导留言板”留言28万项，超过八成留言在当年得到答复。有近23万件民生实事通过“地方领导留言板”得以解决。

中央领导十分重视“地方领导留言板”下情上传的桥梁作用。2016年8月18日，时任中共中央政治局常委、中央书记处书记刘云山曾对“地方领导留言板”做出批示：“反映社情民意、回应群众关切、推动问题解决，互联网应该成为新形势下群众工作的平台。人民网地方领导留言板的做法和经验应很好总结。”

2013年，“地方领导留言板”推出了APP应用，使群众可以更加便捷地反映问题；领导干部可以更加及时地了解民情民意；办理单位可以更加快速地处理问题。

2. 综合性商业门户网站

在国内，腾讯、新浪、网易、搜狐等是影响力较大、受众较多的综合性商业门户网站。综合性商业门户网站的一个重要评论形式是网络新闻跟帖。网易曾提出“无跟帖，不新闻”，网络新闻跟帖是综合性商业门户网站吸引受众的一个重要因素。各门户网站有不同的风格和定位，受众也存在差异，与之相应的是网络新闻跟帖风格和倾向也不尽相同。但是在评论形式和特征方面，各综合性商业门户网站具有较强的相似性。

第一，网络跟帖评论主要依托于特定的网络新闻。网络跟帖评论主要是对特定的网络新闻进行评论，特定的网络新闻是网络跟帖评论的依据和阵地。因此，网络跟帖评论的热度和周期主要依托于特定的网络新闻。

① 韩月、杨高宇、杨伊：《地方领导留言板23万 回帖写下互联网时代群众工作新注脚》，http：//leaders. people. com. cn/n1/2018/0122/c178291 -29777677. html。

首先，网络跟帖评论主要针对特定的网络新闻文本，评论的聚焦性很强。热点网络新闻往往吸引更多的网民关注和跟帖评论，新闻吸引了网民的关注，网民才会点击、阅读，进而评论新闻。一些热点问题如果没有被综合性商业门户网站报道，那么一般情况下，这些网站的受众就无法进行跟帖评论。虽然在某些情况下，网民会在其他新闻的跟帖评论区提出疑问、进行讨论，但是这种讨论往往很难持续开展下去。

其次，网络跟帖评论的周期取决于特定网络新闻在网民视野中出现的周期。一旦网络新闻从首页或者相关栏目的显要位置被撤下，网民就失去了跟帖评论的目标，而很少有网民会专门搜索新闻进行评论。因此，一旦特定的网络新闻热度消退，退出网民视野，相应的跟帖评论也就基本进入停滞状态。

第二，网络新闻的标题对网络跟帖评论的倾向具有一定影响。综合性商业门户网站如果充当“标题党”，会影响一部分“标题党”网友。为了获取更多的点击量，一些综合性商业门户网站往往会在标题上“下功夫”，为新闻起一些冲击力强、吸引人眼球的标题。而这类标题往往是偏颇的、存在歧义的，有一些甚至是低俗的。而有一部分网民在浏览新闻时只关注新闻标题，没有耐心仔细、完整地阅读新闻内容，之后就直接进行网络跟帖。这样这部分“标题党”网友就很容易被“标题党”新闻误导，没有把握到新闻的真正内容，跟帖亦失之偏颇。这部分“标题党”评论往往十分扎眼，会被其他网友指出“又是只看了标题就进来评论的”。

第三，网络跟帖评论具有较强的交互性。网络跟帖评论的交互性较强，网民可以通过多种方式展开互动。一方面，网民可以回复他人的评论，双人乃至多人之间可以展开对话，从而形成“盖楼”效应。另一方面，网民还可以对自己赞同的回复进行点赞，将该回复顶上较显著的位置。

第四，网络跟帖评论的呈现方式和点赞方式影响舆论趋势的发展。网络跟帖评论的呈现方式具有线性特征，最早评论的内容往往最早被网民看到，容易受到点赞。有学者提出了“前10效应”：“网络空间的舆论存在一种‘前10效应’。也就是说，对网络上出现的某些新闻或社会现象，前十位网民的意见和评论决定了后续的数十位甚至成百上千的意见和评论的内容与态度，从而形成网络舆论。”[①]

与此同时，被点赞最多的跟帖评论往往被置顶于最顶端的显要位置，也会影响后续网友的跟帖评论。

网络跟帖评论的呈现方式和点赞方式对舆论趋势的影响在某些方面体现了沉默的螺旋和议程设置理论的效应。在此方面，还需要进行更多的实证研究予以检验。

（二）社交媒体评论的媒介特征

1. 微博

微博是微型博客（MicroBlog）的简称，是一种基于用户关系进行联结的社交网络平台。目前影响最大的是新浪微博。截至2017年6月，“微博作为社交媒体，得益于名人明星、网红及媒体内容生态的建立与不断强化，以及在短视频和移动直播上的深入布局，用户使用率持续回升，达38.7%，较2016年12月上升1.6个百分点”。[②]微博网络评论主要有两种形式，一种是博主发布的评论类博文，另一种是对博文的跟评，具有以下特征。

第一，微博评论类博文具有公开性和开放性特征。网民通过个人微博账号发表的评论类博文类似于微信公众平台文章，会被推送给关注用户。通过搜索或转发，非关注用户也可看到相关评论内容，并进行跟评互动。高度的可见性与互动性使得微博评论类博文公开而开放。

---

① 李良荣、于帆：《网络舆论中的“前10效应”——对网络舆论成因的一种解读》，《新闻记者》2013年第2期，第50页。

② 中国互联网络信息中心：第40次《中国互联网络发展状况统计报告》，2017年7月。

第二，大部分微博用户对博文的跟评是直接可见的，微博头部用户和正式会员用户则拥有对博文跟评进行审核的管理功能，可“先审后放”。拥有博文跟评审核功能的用户可选择自己发布的某些博文开放此功能，对这些博文的跟评进行“先审后放”，即博文跟评不会直接显示在前台，只有通过审核的跟评才能显示。

第三，除了基于熟人的强关系评论，微博上有大量评论依托网民的弱关系产生和传播。区别于微信朋友圈，微博用户之间不存在明显的界限，通过“关注”等方式，不同的弱关系人群建立起联系。除了熟人之间的互动评论，微博的大量评论是依托网民的弱关系产生和传播的。

第四，微博评论兼具去中心化和再中心化特征。一方面，微博评论呈现出去中心化特征。微博为网民的个人表达赋权，“人人都有麦克风”，每个人都可以在微博这一公开平台上发表意见，被他人了解，与他人产生互动。

另一方面，微博评论也呈现出再中心化特征。网络大 V 吸引粉丝的能力空前强大，其粉丝数量以百万千万计。在某种程度上，其影响力超越了很多传统媒体，网络大 V 发出的评论类博文可以在极短的时间内吸引大量粉丝的跟评和转发，产生重大影响。

第五，微博评论的裂变式传播形态使得微博具有较强的网络公共事件制造能力。微博用户之间存在着复杂的网络传播关系，网络大 V 在其中充当着舆论放大节点的角色。公共事件信息经过网络大 V 的评论和转发，可通过其他网络大 V 和粉丝的多层次评论与转发形成裂变式传播的局面，在短时间内扩张公共事件的影响，使其成为整个社会关注的重大公共事件。

第六，微博热搜、热门微博、热门话题等对微博评论起到一定的议程设置作用。能够登上微博热搜，成为热门微博、热门话题的一般是网民最为关注的问题，其排行对网民也起到议程设置作用，吸引网民去关注这些热度最高的议题，进而进行评论。

2. 微信

腾讯于2011年1月21日推出微信。起初，微信的定位是一款基于智能终端的即时通信工具，随着定位的不断调整和功能的持续升级，微信已成为一个功能强大的社交媒体平台，乃至一种“生活方式”。微信网络评论的主要形式是微信朋友圈评论、微信公众平台评论文章和微信公众平台文章评论。截至2017年12月，微信朋友圈用户使用率为87.3%。[①]

第一，微信朋友圈评论，指微信用户对朋友圈中好友发布的内容所进行的评论，具有以下主要特征。

其一，微信朋友圈评论基于强关系为主、弱关系为辅的微信社交关系，具有“圈”属性。微信用户的关系联结主要是基于现实中的熟人关系，用户之间大多存在强关系，弱关系者较少。因此，能够看到微信用户朋友圈内容并进行互动与评论的往往是相互间具有强关系的熟人。这使得微信朋友圈评论具有“圈”属性，评论信息的流动具有一定的封闭性，需要突破一个个“圈”的界限，其传播速度无法与微博的裂变式传播相比。

其二，微信朋友圈评论具有“隐性”特征，但是在一定情况下会转变为显性舆论。与微博评论的公开可见性不同，微信朋友圈中的评论内容只有共同微信好友才能看到，具有一定的“隐性”特征。通过分组、屏蔽、只显示一段时间的内容等方式，微信朋友圈评论内容的可见范围进一步缩小。在很多人的认知中，微信朋友圈中的评论是属于私人领域的信息，具有一定的私密性。这种私密性不是绝对的，如果被好友通过截图等形式进行转发，相关评论有可能跳出用户个人朋友圈的范围，被更多的人看到，成为具有一定公

① 中国互联网络信息中心：第41次《中国互联网络发展状况统计报告》，2018年1月。

开性的信息。

其三，朋友圈点赞是具有特殊社交意蕴的评论形式。微信点赞是微信用户经常使用的一种社交形式，虽然没有任何文字或图片，但是在不同的语境下，朋友圈点赞能表达出不同的社交意蕴。大部分情况下，朋友圈点赞表达的是认同、鼓励、赞赏、支持等正面信息。但是如果微信用户发布的是自己在日常生活中遭遇的倒霉事，他人的点赞往往隐含着戏谑等态度。

第二，微信公众平台评论文章，指微信公众平台通过发布文章进行的网络评论，具有以下主要特征。

其一，微信公众平台评论文章具有推送功能，评论文章在发布后可推送给关注或订阅该公众平台的用户。微信公众平台发布的评论文章虽然群发人数没有限制，但是只能推送给关注或订阅该公众平台的用户，无法推送给非订阅用户。经过搜索或订阅用户的转发，其他非订阅用户也可看到相关评论文章的内容。

其二，微信公众平台评论文章每天的发布条数有一定限制，不同类型公众平台的发布条数上限存在差异。“订阅号（认证用户、非认证用户），1 天只能群发 1 条消息（每天 0 点更新，次数不会累加）。服务号（认证用户、非认证用户），1 个月（按自然月）内可发送 4 条群发消息（每月月底 0 点更新，次数不会累加）。”① 这不同于网站、微博、论坛评论文章不限制日均发布条数的发布规则。

其三，微信公众平台只有图文类评论文章发布后可进行修改，其他类型评论文章暂不支持修改。微信公众平台发布图文类评论文章后只有一次修改机会，最多仅可修改包括标点、英文、数字、空格皆计算在内的错别字 5 个。“正文其他内容、封面题图、已编辑摘要和图

① 《公众平台群发规则》，2018 年 3 月 30 日，http：//kf. qq. com/faq/120911VrYVrA131025QniAfu. html。

文选项（如原创、留言等）都不支持修改。”[①] 对这样的内容修改规则，腾讯官方的出发点是“希望每条推送都是公众号运营者深思熟虑的结果。秉承对读者负责的原则，更好地保证用户的阅读体验，修改五个以下的错别字也是为了尽量避免出现重复阅读时内容上前后不一致的情况”。[②] 从内容修改规则的角度看，可任意修改内容的 QQ 空间评论文章更具社交媒体属性，而微信公众平台评论文章则更具媒体属性。微信公众平台评论文章的修改规则更有利于保障读者的利益，运营者需更为审慎，承担更多责任。

第三，微信公众平台文章评论，指评论者对微信公众平台推送的文章所进行的评论，具有以下主要特征。

其一，微信公众平台文章评论具有特别的显示机制。评论者对公众平台文章的评论并非直接显示在相关文章之后，而是由管理员在微信公众平台后台选取其认为适合公布的评论“移入精选”，这些经过“精选”的评论才会显示在文章后，被其他读者看到。借由微信公众平台文章评论的“先审后发”机制，管理者能够对评论进行事前管理，使得显示出来的评论内容符合自己的要求。

其二，微信公众平台文章评论具有特殊的互动机制。如前所述，评论须经过管理者的“精选”才能显示在相应文章后，因此读者可以为显示出的评论点赞，但彼此之间无法通过相互评论进行互动，微信公众平台文章评论亦无法形成门户网站评论中的“盖楼”景观。但微信公众平台管理员可以对评论者的评论进行跟评，与评论者开展互动。

其三，微信公众平台文章评论具有特定的排序机制。一方面，微

① 《公众平台群发规则》，2018 年 3 月 30 日，http：//kf. qq. com/faq/120911VrYVrA131025QniAfu. html。

② 《公众平台群发规则》，2018 年 3 月 30 日，http：//kf. qq. com/faq/120911VrYVrA131025QniAfu. html。

信公众平台文章的精选留言以点赞数排序，得到点赞更多的评论会显示在更靠前的位置；另一方面，微信公众平台管理员可在微信公众平台后台使用评论置顶功能，将已“移入精选”的特定评论置顶，使其显示在更显著的位置。

3. QQ 空间

QQ 空间诞生于2005 年，是 QQ 用户表达自我、开展互动、展现个性的一个空间。其具有博客的基本形态，同时具有更加丰富的个性化功能。QQ 空间包括主页、日志、相册、留言板、说说、音乐、个人档案、个人中心、分享、视频、访客、礼物、收藏等部分。用户可以在自己的 QQ 空间发布评论，可以评论好友发布的内容，可以分享他人的评论，还可以回复好友的评论。在 QQ 空间中，用户的评论与互动显得充满个性，丰富多样。截至 2017 年 12 月，QQ 空间用户使用率为 64. 4% 。[①]

第一，QQ 空间为用户提供了多样化的评论形式。一方面，QQ 空间为用户提供了日志功能，用户可以通过写日志发布篇幅较长的评论，深入阐发个人对特定事物的评论。另一方面，QQ 空间还为用户提供了“说说”功能，用户可以即时发布一些状态类的短消息，这种评论样式比较快速、灵活。在 QQ 上更新个性签名，也会即时呈现在“说说”上。

第二，QQ 空间评论界面的个性化设置赋予用户更加丰富的评论体验。QQ 空间提供了丰富的功能，给予用户极大的自主性，可以对评论界面进行个性化设置。用户可以根据个人的爱好设置自己喜欢的背景，插入不同的背景动画、背景音乐、小挂件，使得自己的空间独具特色，与众不同。QQ 空间还开放了高级编辑功能，用户可以通过编写代码来打造个性化的主页。同时，QQ 空间融合了音乐、视频等多种媒介，评

① 中国互联网络信息中心：第 41 次《中国互联网络发展状况统计报告》，2018 年 1 月。

论的表现手法丰富多样。QQ 空间的这些媒介特征十分符合年轻群体追求个性、释放自我的特性，因此吸引了大批青少年用户，成为不少青少年的网络家园，承载着青少年社交互动、展现自我的功能。

第三，QQ 空间的评论基于用户之间的强关系，访问权限设置进一步加强了空间评论的私密性。QQ 空间的评论和相应的转发基于用户之间的强关系，主要是用户与亲朋等 QQ 好友之间的互动，其评论信息的传播速度低于基于弱关系结成的网络社区。QQ 空间具有访问权限设置功能，用户可以选择将空间访问权限设置为“所有人可访问、QQ 好友可访问，以及仅自己访问”等不同级别。同时，QQ 空间还设置了回答问题获取访问权限的功能，如果访客能够答出 QQ 空间主人设置的问题，那么其就能获得空间的访问权限。此外，QQ 空间还设有“限制名单”功能，用户可以选择禁止哪些人访问自己的 QQ 空间。

4. 问答平台——知乎

知乎网站于 2010 年 12 月开放，最早采用邀请制注册方式。在 2013 年 3 月，知乎向公众开放注册，用户迅速增加。“与世界分享你的知识、经验和见解”，知乎的鲜明特征是以问答的形式生产原创内容、连接不同用户、构建网络社区。

第一，问答是知乎评论的主要形式。知乎评论的主要形式是问与答，用户就自己感兴趣的话题提出问题，之后吸引其他用户分享自己的经验和见解，回答问题。在此过程中，提问者、回答者和评论者之间通过持续互动开展深入讨论，生产原创性评论内容。“‘知乎’通过关系社区的形式并引入维基百科社区精神，通过用户节点将高质量的问答内容大规模地生产和分享，并最大程度调动用户力量剔除劣质问题，从而构建高质量问答社区以及更有价值的人际关系网。”[①] 在

① 刘佩、林如鹏：《网络问答社区“知乎”的知识分享与传播行为研究》，《图书情报知识》2015 年第 6 期，第 110 页。

问答社区的用户讨论和互动中，优质评论内容得到更多的关注与赞同。知乎这种将问答实践社区化运行的自优化机制“保证专业性更高的回答得到更多的传播和更好的曝光位置”。[①]

第二，作为一个问答社区，知乎评论的本质是一种社交。“百度知道表面在回答，其实还是搜索；知乎上的一问一答，其实是社交。”[②] 知乎的定位是网络社区，其问答不是一种一次性行为，而是一个“提问—回答—评论”的互动过程。知乎嵌入了很多社交互动功能，用户可以邀请其他用户回答特定问题；可以通过点击“赞同”或“反对”来评价问题回答的质量；可以点击“感谢作者”表达谢意；可以关注感兴趣的用户和话题。这些社交功能使得知乎用户之间的关系不止于问答，问答只是承载社交的形式，其内核是基于分享的社会互动。

第三，知乎用户之间的弱关系联结促进不同群体打破界限、互动评论，分享彼此的知识与见解。强关系社会网络中的成员彼此关系密切、互动频繁，成员间共享的信息往往是重复、同质化的。而在弱关系社会网络中，人们的交往虽然是浅层的，却更加广泛，能够获取更多平时接触少、不熟悉的信息。总体来看，知乎用户之间大部分并没有特别紧密的关系，是一种弱关系的联结。这种弱关系促成了知乎上不同社会、经济地位的群体之间的沟通与互动，用户常常向不同于己的其他群体提出问题，获取特定群体和领域的信息。

第四，知乎上高质量的评论内容被其他社交媒介和“知乎日报”等应用再传播并引发新的评论。一方面，知乎吸引了大量各行各业的专业人士，他们的一些专业回答具有较高的价值，常被分享至微博、

① 李立：《知乎“进化论”——访知乎创始人兼 CEO 周源》，《中国经营报》2017 年 8 月 28 日。

② 《2013 年度团队：知乎》，http：//www. ifanr. com/391422。

微信，并引发新的评论。另一方面，许多普通人在知乎上分享自己的经历和体会，其背后常常反射出深刻的社会问题。如在“魏则西事件”中，魏则西在回答“你认为人性最大的恶是什么”时讲述了自己艰辛的求医经历。之后，微信公众号“有槽”发布詹涓的文章《一个死在百度和部队医院之手的年轻人》，该文在“五一”假期时引爆舆情，引发各界关注，使之成为一个影响深远的舆情事件。2013年5月24日，为了进一步挖掘知乎平台高质量评论的价值，知乎发布了一款资讯类应用——“知乎日报”。“知乎日报”每天从知乎海量的提问与回答中推荐一些高质量的内容，这些内容会引发新一轮的评论。

5. 趣缘类网站——豆瓣

豆瓣网创建于2005年3月6日，最初主要提供关于书籍、电影和音乐等作品的相关信息。豆瓣网的内容主要依托用户内容生产，目前用户评论的内容已不仅仅局限于书籍、电影、音乐等各类文艺作品，还包括吃、穿、用、行、住等生活方式的体验。截至2017年12月，“垂直类社交应用中，豆瓣作为兴趣社交应用的代表，用户使用率为12.8%”。[①]

第一，豆瓣用户主要基于兴趣对书、影音作品进行评论，评论注重质量而非数量。豆瓣的评论样式较为多样，有图文并茂的主题评论、对主题评论的跟帖评论、对电影等作品的评分，用户还可以就电影等作品向其他用户提问，由其他用户进行解答。然而无论是哪种形式，评论的主要对象都是书、影音等作品，将用户联结起来的核心要素是兴趣，各类评论与互动是基于一种趣缘关系。

与其他网络社区不同，豆瓣没有设定用户经验和升级系统，这避免了部分用户为了升级而在社区中“灌水”，降低社区的评论质量。

① 中国互联网络信息中心：第41次《中国互联网络发展状况统计报告》，2018年1月。

相比评论数量，豆瓣更看重评论质量。豆瓣失去了一些喜欢灌水的用户和低质量的评论，却保持了网络社区的良好氛围，保障了评论内容的总体质量，留住了高品质的用户。

第二，豆瓣评分影响了公众对相关作品的选择与评价。豆瓣的一大特色是对书籍、电影、音乐等设立了用户评分机制。评价最高是5星，评价最低是1星。公众在选择书、影音时常常将豆瓣评分作为参考。其中，又以豆瓣电影的影响力最大，豆瓣评分的高低甚至影响到电影票房。

6. 聚合类新闻客户端——今日头条

“今日头条”作为一款聚合类新闻客户端，在新闻跟帖评论的形式方面与传统新闻类客户端基本相同，都是在新闻后设置评论区，用户可以对相关评论进行回复、点赞。但是在对评论内容的数据挖掘和对原创性评论的组织方面，“今日头条”与传统新闻类客户端存在一定差异。

第一，“今日头条”对网络评论进行大数据分析，进而改进算法，提升受众体验。为了更好地把握用户的爱好与信息接收习惯，“今日头条”会对用户的各类信息和使用行为进行分析，这其中也包括用户的新闻跟帖评论。“‘今日头条’对刊播新闻事件的评论进行汇总，建立大数据库，以此为基础分析受众对该类新闻的反应，分析受众兴趣，预测受众性格、行为模式和偏好等，进一步改进新闻生产机器算法，提升受众阅读体验。它把受众对新闻事件的评论当作重要的反馈渠道。”① “今日头条”等聚合类新闻客户端将网络评论作为一种数据资源进行深入分析，以实现更加精准的信息推荐。

第二，头条号生产原创性评论，通过头条号平台实现内容生产者

① 邵全红：《移动聚合类新媒体对传统媒体新闻生产的颠覆与再造——以“今日头条”的新闻生产模式为例》，《新闻爱好者》2017年第1期，第39页。

与用户之间的连接。“今日头条”的定位是连接用户与信息，连接用户与内容生产者。不同类型的媒体和机构大量入驻头条号，其中既包括传统媒体、网络媒体、各类自媒体、新媒体意见领袖和专业人士，也包括政府机构和企业。通过“今日头条”的数据分析和智能推荐功能，这些头条号发布的评论内容可以更高效准确地送达目标受众。

7. 贴吧/论坛

贴吧、论坛等网络社区方面，传统的论坛如天涯等，在评论上依然较多沿袭传统 BBS 的模式。在此，本报告主要分析百度贴吧网络评论的媒介特征。

第一，依托于搜索引擎，网民根据兴趣会聚至不同的贴吧，开展评论与互动。百度贴吧是一个基于关键词进行组织的网络社区，网民根据自己感兴趣的主题加入相应的贴吧，或是自行建立新的贴吧。贴吧依托于百度搜索引擎，网民可以准确找到自己感兴趣的主题，加入具有同样兴趣的网络社群。

贴吧涵盖的主题包罗万象，社会、经济、文化、体育、娱乐、教育、地域、游戏……只要符合相关规定，创建新的贴吧、加入贴吧、发帖、评论都非常简便，没有很高的门槛，这吸引了大量网民，根据兴趣主题搭建起不同的贴吧。在贴吧中，网民围绕特定主题表达观点、互动评论、分享信息、开展直播，产生了大量评论内容，这些评论既包括文字、图片，也包括一些评论性的音频、视频。百度贴吧近年来创造了大量的网络文化现象、网络流行词语和贴吧网络群体。

第二，贴吧主题的集中性带来深度评论与互动。百度贴吧的主题细分度较高，一些贴吧的主题属于较大的分类，如网络游戏吧。但更多的贴吧主题精准集中，如聚焦某个游戏的魔兽世界吧、英雄联盟吧。与传统 BBS 社区主题和评论较为分散多样的情况不同，贴吧主题的集中性使得网民在特定贴吧中的评论也较为集中。“在吧言吧”，贴吧成员围绕贴吧主题的评论较为专注，也容易产生更为深度的互动，结成认同和行动较为一致的社群。

第三，百度贴吧设置有经验升级制度，鼓励贴吧成员积极评论与互动。网民一旦加入某贴吧，就纳入了该贴吧的经验升级体系，互动讨论、每日签到、保持在线等行为都可以增加经验值。贴吧等级的高低体现出不同成员的资历、活跃度和影响力，等级高的用户往往受到更多关注。经验升级制度促进贴吧成员更多参与贴吧的讨论与互动中，发帖、回帖、顶帖等行为都可以获得相应的等级积分。贴吧成员发布优质评论会得到积分奖励，而如果发布“水帖”（有意骗取回复、刷帖、刷楼）则会被扣除积分。

第四，非理性的网络群体性冲突打乱正常的交流秩序，形成“爆吧”现象。“爆吧”是一种由非理性的网络群体性冲突引发的网络暴力活动，主要是指在特定贴吧内持续大量发布与该贴吧不相关的水帖、废帖，使得贴吧管理员来不及管理，正常帖被刷至靠后的页面，贴吧充斥大量无关内容，无法进行正常评论，造成“刷屏”现象，严重的甚至可能导致该贴吧瘫痪。

在传统的 BBS 上，也曾出现过“刷屏”“刷版”现象，但是其规模无法和贴吧“爆吧”活动相提并论。“爆吧”现象是一种以恶意评论作为武器的网络行动，具有一定的组织性和群体极化特征，其中掺杂着网络狂欢心理，往往还与民族主义、民粹主义倾向存在关联，严重影响了正常的网络评论秩序，需要加强治理和疏导。

8. 视频类网站评论

观看网络视频并发表弹幕评论是当下中国网民的一种重要网络娱乐方式。“截至 2017 年 12 月，中国网络视频用户规模达 5.79 亿，较 2016 年底增加 3437 万人，增长率为 6.3%；网络视频用户使用率为 75.0%，较 2016 年底提升 0.5 个百分点。”①

① 中国互联网络信息中心：第 41 次《中国互联网络发展状况统计报告》，2018 年 1 月。

第一，弹幕视频网站的弹幕评论。弹幕本为军事用语，指密集如幕布的炮火攻击。在国内，弹幕评论指漂浮于视频上的评论。弹幕视频网站以其弹幕评论为特色。创建于 2006 年 12 月的日本视频网站 Niconico 动画是视频弹幕评论的先行者。中国大陆第一个弹幕视频网站是开办于 2007 年 6 月的 AcFun，其于 2008 年 3 月推出了类似 Niconico 动画的弹幕式播放器。如今在国内影响力较大的弹幕视频网站还有 bilibili，被网友昵称为哔哩哔哩、B 站。

其一，弹幕增强了视频评论的“精准性”。网民在观看视频时，对视频的特定片段有感而发，针对此片段进行评论，其他网民在此视频时段看到评论时能够很好地结合语境进行理解，弹幕嵌入视频的定点评论增强了评论的“精准性”。

其二，弹幕视频给观看者带来一种与他人同时观看的“共同在场感”。虽然弹幕评论发出的时间不同，但在播放视频时，弹幕评论每次都在特定的时间点出现，这营造出一种众多观看者在实时参与的景观，给观看者一种与其他观众在“同时观看”的感觉，使网民获得了更多的参与感。

其三，受到呈现形式的影响，弹幕评论大部分是简单化、碎片化的。弹幕评论漂浮于视频之上，往往转瞬即逝，如果用长句的形式表达复杂的内容，那么观众就无法在很短的时间内把握评论的含义。因此，弹幕评论大部分是碎片化的短句，表达简单易懂的内容。

其四，弹幕评论功能丰富，并不仅止于评论，而是成为观众共同参与的一种集体性行为。弹幕嵌入视频的评论形式使其具有了更多的功能可能性，尤其是在 bilibili 这些年轻人聚集、二次元亚文化盛行的网站，弹幕已经不仅仅是一种意见表达，而是超越评论，成为功能和意蕴非常丰富的一种行为模式。例如，在一些专业性较强的视频中，一些弹幕对特定概念或现象进行专业解读，起到了“注释”作用；在一些没有字幕的外语视频中，一些弹幕对视频内容进行了翻译，被称为“野生字幕”；一些视频中存在令人不适的画面，此时会出现集中、密集的弹幕墙，起到“护眼”作用，遮挡令人不适的画面。在共同参与中，弹幕视频网站的观众也形成了一些集体性的行为规范，即“弹幕礼仪”，如不要用弹幕剧透视频内容等。

第二，传统视频网站弹幕评论。所谓的传统视频网站主要是指与AcFun、bilibili等弹幕视频网站相区别的，初始并没有开设弹幕评论功能，主要为用户提供在线视频观看的网站，以腾讯视频、优酷视频、爱奇艺、搜狐视频等为代表，这类传统视频网站目前也都开设了弹幕评论功能。

一方面，传统视频网站在视频下方开设了评论区，用户可以在评论区针对相关视频进行评论。评论可以点赞，也可以进行跟帖回复，其形式和功能与网络论坛相似。另一方面，很多传统视频网站也陆续开通了弹幕评论功能。以爱奇艺为例，其视频弹幕不仅可以发送文字评论，还可以发送表情评论。用户可以为自己赞同的评论点赞，也可以举报不符合相关规定的评论。

第三，网络直播的弹幕评论。近年来，网络直播行业发展迅猛，各类直播平台如雨后春笋般涌现出来，直播的范围涵盖游戏、才艺、体育、美食等多个领域，吸引了数量庞大的观众群体。在网络直播间中，观众通过弹幕评论与主播和其他观众进行沟通互动，即时性和互动性是网络直播弹幕评论最主要的两个特征。

其一，网络直播弹幕评论是即时性最强的网络评论形式之一。从形式上看，网络直播弹幕评论与视频网站弹幕类似，都是以文字的形式漂浮移动于视频画面。区别在于，网络直播弹幕是在主播直播时于同一时间段即时发出的，是一种真正的“共同在场”。

其二，网络直播弹幕评论使主播和观众、观众和观众间实现了即时沟通互动，网络直播不仅仅是观看网络视频，也是一种网络社交。网络直播融合了传统剧场表演（即时进行）和视频网站弹幕（多人评论）的特点，实现了多人之间多向的即时互动，是一种全新的沟通和交往形式。

三 网络评论传播媒介渠道的技术路径

“网络”是当今社会的一个高频词，一方面是指全球计算机通信网络，另一方面也指以网络思维来看待整个世界的组织运转，看待人们的交往关系和社会组织形式。网络评论作为在互联网上传播的以文字、图片、音视频等多媒体形态呈现出来的观点性信息，集中体现了网民对国家、社会、社区、事件、历史等概念和问题的情绪和态度。而互联网作为网民意见的载体，其“技术过程”，包括资讯的编码/解码，传递的渠道，资讯存储与转换的形态，对于噪声的控制，以及意识形态引导问题，都说明“媒介”不仅是人的延伸，还是“设定”（program）了人、决定了人的生存情境。①

因此，对于网络评论传播来说，媒介渠道技术是其赖以存在的技术环境。从 Web 1.0 时代的门户网站评论、BBS 论坛评论，到 Web 2.0 时代的以博客、微博、微信为代表的社交媒体评论，再到最新的问答平台评论、聚合平台评论、直播平台评论等，每一次阶段性、代表性和具有突破意义的技术创新都会带来一次网络评论形态的巨变。下文将简述这些传播媒介渠道的技术发展简史，并侧重技术的更新与迭代，以试图从硬件—软件的升级与版本变化的视角来检视网络评论传播发展的动力、场景与条件。但是需要指出的是，这并非代表着一种“技术决定论”的思想，而是超越技术决定论的“技术物质主义”视角，技术物质主义认为，技术作为一种“社会配置”，是社会文化

① 唐士哲：《导言：分流、汇流、媒介史：基德勒的媒介思想钩沉》，《传播研究与实践》2017 年第 2 期，第 1 ~ 3 页。

意义的“外部性”条件，社会文化的生产过程涉及的不仅有人，还有非人的技术。文化自开始就指涉了一种与技术有关的实践面向。

从技术变迁的视角来看，互联网作为一种典型的“技术组件”，其发展经历了从“技术”向“信息”转变的过程，这一过程对应到具体的技术形态阶段，大致可以分为三个层次。

第一，传统互联网阶段。这一时期互联网在物质设备和通信技术两个方面实现了“互联互通”，奠定了“开放”的特点。

第二，移动互联网阶段。移动互联网实现了网络的“便携性”，人们可以 24 小时沉浸在网络中，传统现实社会中的“空间感”与“时间感”被消解。

第三，物联网阶段。物联网开拓了互联网的空间内容，将网络的价值从技术转移到数据，通过数据的运用实现了网络空间对现实生活的裹挟与卷入，达到物物互联。

从重技术到重数据，这一技术发展趋势对应到网络评论传播的媒介渠道技术中，也呈现出一种由网络架构的硬件升级，到多个版本迭代，采用和进行算法优化，并走向数据驱动的总体趋势。

（一）BBS/论坛/贴吧跟帖系统

BBS（Bulletin Board System）又称论坛、贴吧，是一个由多人参加的讨论系统。用户可以对一个共同感兴趣的问题进行讨论，分享网络资源，自由发表意见，并且能直接与其他人进行沟通。早在 20 世纪 80 年代初期，就出现了基于调制解调器和电话拨号的 BBS 以及相互连接而成的 BBS 网络，当时 BBS 站点间所使用的网络协议主要是 UUCP，内容也全都是由文字或文字组成的图形，经典的采用标点组成的笑脸表情“:)”就是那个时代的产物。之后拨接式的 BBS 开始流行，此类 BBS 主要提供档案或者共享软件下载、各类讨论区转信等，较为常见的伺服端程序有 SuperBBS、ProBoard、Remote Access、

MAXIMUS 等，还有一些著名的站际转信网络比如 FidoNet、90 网等。

随着因特网的普及与基于 HTTP 协议发展出来的多媒体网页的盛行，从 1992 年开始，基于 Web 讨论环境的 BBS 开始在世界范围内流行。根据 BBS 的使用范围和应用领域，大致可以分为校园 BBS、专业 BBS、商业 BBS、小型局域网 BBS、业余 BBS 以及新闻媒体 BBS。伺服 BBS 的技术相对稳固下来，很多技术架构和底层设计也不再有大的变化，比如国内著名的天涯 BBS，从 1999 年 3 月上线以来，其技术架构和 ASP 底层一直使用至今。

国内另外一个非常著名的 BBS 论坛是百度贴吧。百度贴吧作为全球最大的中文社区，每日有几百亿次的浏览请求，上亿次的提交更新和每月上千次的产品更新迭代，这对技术和架构都提出非常高的要求和挑战。在过去十几年的发展历程中，贴吧的服务端架构经历了多轮调整和优化，从最初的简单架构到 LAMP 化的转型，再到平台化、服务化。每一次调整和变化，既有需求驱动，又有问题驱动，同时也有技术驱动。

早期的百度贴吧作为一个高性能社区，功能相对单一，全部采用 C 语言开发，系统可重用程度低，开发、测试效率低，运营维护方面的积累也很少。为了提高效率，百度贴吧开始尝试使用 LAMP（Linux-Apache-MySQL-PHP）网站架构，LAMP 可以支撑大规模线上应用，同时保持快速迭代的特性。数年之后百度贴吧的所有业务内容全部迁移到 LAMP 上。

LAMP 架构由开发阶段、测试阶段、运维阶段组成。开发阶段又分成接入层、业务逻辑层、存储层。开发阶段的主要任务是在接入层配置相应的分流，在业务逻辑层开发业务逻辑，使用存储层合适的服务或基于框架完成数据模块开发。

接入层处于浏览器和后端服务之间，用来解析 HTTP 协议并组织成相应的协议格式，完成客户端和服务器之间的通信，具有攻击防范、页面缓存、负载均衡等多种功能。Web Server 是其核心组成部分。接入层的目标是通过统一的方案提供简单可依赖的接入层架构。

业务逻辑层包含 PHP 框架、业务逻辑、LIB 静态库和交互层。[①]业务逻辑层常常包含一些开发规范，比如目录部署规范、URL 规范、配置规范等，这些规范通过相应的库实现，以达到规范执行的目的。LIB 静态库封装常用的功能，这样一来，开发者在开发应用时只需完成业务逻辑部分即可。

中间层包含在业务逻辑层中，对于业务逻辑层的快速迭代非常重要。中间层对下做交互抽象，支持各种协议屏蔽协议细节；通过资源定位屏蔽部署细节；通过负载均衡提高系统稳定性。中间层对上做接口抽象，支持服务整合、接口适配、公共逻辑。

存储层提供各种通用服务和组件。其中的通用数据存储框架提供通用的数据存储和访问解决方案，以一种统一的设计模式来支持大多数数据存储模块的设计和实现；统一数据访问接口，对外部屏蔽数据拆分和存储细节；做到数据存储的良好扩展性，通过通用的数据拆分模式来应对数据增长；将具有共性的需求抽象成通用服务或通用库，以简化设计和开发。

测试方面，为了支持快速迭代必须提高自动化程度。而影响自动化的首要因素就是环境自动构建，常见的问题有：环境复杂，比如关联关系复杂；环境搭建代价过大；环境功能不完整等。目前采用基准环境来解决这一问题，应用上线后自动更新到基准环境；测试环境/开发环境则从基准环境同步。基于基准环境，系统级别的持续集成也成为可能，同时可以集中大量测试工具。

---

① 王益静：《百度贴吧 PHP 中间层的设计与实现》，硕士学位论文，哈尔滨工业大学，2014，第 2 页。

运维方面面临着很多问题：服务迁移成本高，环境不一致带来各种回滚，机器利用率不均衡，运维自动化程度低。为了解决这些问题，百度贴吧提出 PHP 系统运维方案。在环境同步方面，采用运维规范 + 监控的方案；而性能监控方面，基于交互层完成请求状态、交互性能监控，基于调度中心获取机器状态；机器调度方面，则通过调度中心完成动态/半自动机器调度。

（二）门户网站评论系统

门户网站评论，尤其是新闻评论，作为微博之前最能反映舆情民意的平台，长期承载了国内互联网用户对时事新闻的匿名表达欲望，一度成为政府和网民共同关注的焦点。在 21 世纪的前十年，国内门户网站的新闻评论服务是中国互联网产品和技术发展史上非常重要的一笔，至今仍是国内所有新闻网站的标配功能。

门户网站的评论系统，或者称为跟帖、留言板，是所有门户网站的核心标准服务组件之一。评论系统虽然从产品功能角度来衡量相对简单，但因为需要应对突发热点新闻事件在没有预警和准备的前提下高倍的访问量，而平时又不可能储备大量冗余设备，因此需要评论系统的技术设计考虑对抗有限设备资源和应急情况的压力。

新浪网是国内第一批在新闻中提供评论功能的门户网站，目前可以找到的最早具备评论功能的新闻是 2000 年 4 月 7 日，经过多次系统升级，2014 年前的评论地址已经失效，但数据仍保存在数据库中。[①] 评论系统最初是使用 Perl 语言开发的简单脚本。2003 年评论系统升级到 3.0 版本，系统由一台 Solaris 系统的 Dell 6300 服务器提供全部服务，包括 MySQL 和 Apache，以及所有前后台 CGI 程序均使用

① 刘立：《门户级 UGC 系统的技术进化路线——新浪新闻评论系统的架构演进和经验总结》，《程序员》2014 年第 12 期，第 114 ~ 119 页。

C ++ 开发。

3.0 系统的缓存模块以显示页面为单位缓存数据，评论页面依照提交时间降序排列，每新增一条评论，所有帖子都需要向下移动一位。缓存模块采取“主动 + 被动”更新模式：发帖为主动，每次发帖后触发一次页面缓存追加操作；更新评论状态为被动，所涉及缓存页面文件会被清空，直到下一次用户读取页面缓存时再连接数据库完成查询，然后更新页面缓存，以备下次读取。这一页面缓存算法继续沿用到后续版本的评论系统中。此时的评论系统就已具备了将同一专题事件下所有新闻评论汇总显示的能力，在很长一段时间内这都是新浪评论系统的独有功能。

3.0 系统的主要问题在于：第一，单机系统无法应对突发热点新闻瞬间涌来的大量发帖和读取操作，经常会压垮服务器，频繁显示资源耗尽的错误页面；第二，由于每个新闻频道的全部评论数据都保存在一张数据库列表中，超过百万的数据量使得读写竞争非常严重，一旦有评论更新，就会导致很多缓存页面失效；第三，当所有 CGI 进程都阻塞在数据库环节无法退出时，会殃及 Apache 进而导致系统 Load 值急剧上升无法响应任何操作，只有重启才能恢复。

新浪评论系统 3.0 经历了南海撞机、“9·11”事件、非典、孙志刚等中国网络评论史上耳熟能详的重大以及里程碑事件，实际上已经不堪重负。2004 年新浪技术部门启动 4.0 计划，希望在技术支撑方面进行大规模提升，但该计划并非一帆风顺，前后经历过三次大的调整。

第一阶段，采用基于 ICE 分布式系统的文件系统代替数据库。ICE 被用于所有的模块间调用和网络通信，在 MySQL 数据库和页面缓存模块之间新建一个带索引的数据文件层，将数据库同用户行为隔离开以减轻数据库并发写作压力。4.0 评论系统此时的开发语言依然为 C ++，服务器从双机扩容到五机，最高发帖速度大约是每分钟千帖量级，小范围试用阶段虽然坚持挺过了刘翔第一次夺取奥运金牌时创纪录的发帖高峰，但 2004 年亚洲杯中国队 1∶3 败于日本队，评论系统再次崩溃。

第二阶段采用全系统异步化，索引分页算法优化。直到这个阶段，新浪评论系统的前端页面仍是传统的 Apache + CGI 模式。实践证明，当系统访问量大幅波动时，模块间的异步化通信是解决系统伸缩性和保证系统响应性的唯一途径。此时新浪评论系统升级为静态 HTML 页面使用 XMLHTTP 组件异步加载 XML 数据的 AJAX 模式，可以在几乎不影响用户体验的前提下完成等待和循环重试的动作，接收缓存更新请求的支持优先级的消息队列还可合并对同一页面的重复请求，也可隔离用户行为对前端服务器的直接冲击，从而极大增强前端服务器的伸缩性和适应能力，甚至连低硬件配置的客户端电脑在 AJAX 模式加载数据时都明显更为顺畅。前端页面静态化还可将全部数据组装并渲染逻辑，充分借用用户端资源。在 3.0 系统时代，上万条评论的新闻已属少见，但随着业务的增长，2005 年超女专题和体育频道千万数级别的巨无霸留言板开始出现，4.0 系统试图通过优化算法提高分页操作时定位和读取索引的效率，但效果不佳。2005 年备受关注的“日本申请加入联合国常任理事国”事件致使各家网站的民意沸腾，4.0 评论系统紧急加班开发了一个签名请愿功能才使得系统表现稳定。

随着硬件资源的进一步扩容，4.0 评论系统的服务器数量达到两位数。网站的改版使所有新闻页面（包括网站首页）都开始实时加载和显示最新的评论数量和最新的帖子列表，4.0 系统承受的 Hits 量级已接近新浪新闻静态池的水平。从这时起，新浪评论系统再没有因为流量压力宕机或者暂停服务过。2006 年前后采用 Memcached 存储取代 4.0 系统中索引缓存模块的实体数据部分（主要是评论正文），极大降低了文件系统的 I/O 压力。之后 4.0 系统进入稳定状态，并逐步拓展到股票社区、签名活动、三方辩论、专家答疑、观点投票等产品线。

2010 年 5.0 系统的上线，在极大简化系统层次、保证抵抗突发流量波动性能的前提下，明显提高了数据更新的及时性。设计方案上的变化主要包括以下几点。

首先，评论帖子的 ID，提交时即可确定，消除了必须等待主库写入后才能确定评论 ID 的瓶颈，对各个层面的缓存逻辑优化有极大帮助。

其次，重新设计数据库结构，通过充分的数据切分，保证了所有高频业务操作都可在一个有限数据量的数据表的一次简单读取操作中完成，索引和文本数据隔离存储，取消了 4.0 系统的索引缓存层和页面缓存层。

再次，系统运行环境迁移到新浪云的内部版本，极大改善了设备资源的富余程度。

最后，以 Python 语言进行开发，缩短编译时间，也不用再将几百兆的执行文件打包同步到几十台服务器上，因此语言层面的性能损失也可以忽略不计。

（三）博客微博评论系统

博客是个人或群体以时间顺序所做的一种不断更新的记录。博客之间的交流主要是通过回溯引用和广播、留言、评论等方式进行的。博客大量采用 RSS 技术，读者可以通过 RSS 订阅，了解博客网站最近的更新。博客的内容大多是长篇文章，同时包含了私密的日记和公开的网络平台记录，同时包含了日记的私密性和基于网络平台记录的公开性，使用群体在一定程度上局限于社会精英，内容更倾向于思考性表达，博主与粉丝的深入互动。大多数博客的网站架构同一般网站或者新闻评论设计类似，而且技术本身更新不多，因此本部分不再进行详细论述，可以参见有关门户网站评论系统部分的内容。

微博可以理解为简化或者迷你型的博客，用户可以及时更新和发布简短的文本（一般不超过140个字）、图像和视频。[①] 微博同博客的不同点在于，微博内容受到140字字数的限制，其表达较为接近口语，内容简单，观点直接。用户以草根个体为主，谈论的内容主要是碎片化的信息和观点，由于具备直接转发、评论转发、@某用户等功能，因此对于舆论的传播和扩散发挥了重要的作用。

2006年，博客技术先驱埃文·威廉姆斯（Evan Williams）创建的Obvious公司最早推出了微博客推特（Twitter）。2009年被称为微博元年，国内各大门户网站如新浪、腾讯、搜狐等都纷纷推出自己的微博，目前新浪微博拥有最多用户，影响也最大。根据新浪2017年第一季度财报，截至2017年3月31日，新浪微博月活跃用户达3.4亿，已超过推特成为全球用户规模最大的独立社交媒体公司。2016年11月，微博悄然取消了140字发帖限制，目前最高可发2000字。此外，微博还可以进行图片评论、GIF评论。庞大的用户规模，多种媒介形式发帖评论，这些反映在新浪微博的网站架构上，就是需要考虑高访问量、海量数据情况下的四个问题：低延迟、高可用、易于扩展、异地分布。[②]

新浪微博的第一个版本是典型的LAMP网站架构，使用Myisam搜索引擎，特点是速度快；同时采用MPSS（MultiPort Single Server，单服务器多端口）的分布式集群部署方案，在集群中的多台服务器上，每台都能部署多个服务和多个端口，防止单点故障。新浪微博第一个版本上线后，随着用户数量的迅速增长，在技术层面出现了两个问题：首先是延迟发表，尤其是明星大V用户，拥有众多粉丝，系

① 吴璐琪：《微博的信息架构设计与信息表达研究——以新浪微博为例》，硕士学位论文，中山大学，2012，第1~2页。

② 杨卫华：《构建高性能的微博系统——再谈新浪微博架构》，https://max.book118.com/html/2017/0615/115355262.shtm。

统处理需要很长时间；其次是数据库表从一百万增长到一亿，数据规模给数据处理方式提出了挑战。

因此在第二个版本中，在分层方面，将微博的基础单元设计成服务层（为应用层提供服务支持），然后进行模块化，尤其是对于推送模式进行了改进，将用户的粉丝分为有效和无效两种，采用异步模式进行推送。在数据方面，微博用户的一个特点是就近访问服务器，因此对于微博中的数据按照时间进行了拆分；把微博的索引和内容分开存放，微博用户的 ID 是索引数据，发布的 140 个字的内容是内容数据，此外还采用二次索引，记录用户每个月的使用偏移。

但是第二版也遇到很多问题：一是单点故障会导致系统崩溃；二是由于国内网络环境的复杂，各地访问速度不一；三是突发或者热点事件会带来数据峰值和压力。第二版对于这些问题的改进主要集中在系统方面，允许任意模块失败；对于静态内容采用 CDN（Content Delivery Network，内容分发网络）加速，而对于数据压力以及峰值，则是将数据、功能和部署尽可能地拆分，然后提前进行容量规划。

第三版在模块设计上着重去中心化，提供线性扩展，提高搜索性能。一是分层上更加细化。把底层分为基础服务，采用分布式的存储，做了去中心化和自动化的操作，使得任意单元可以支持任意节点，避免单点及瓶颈。基础服务层上有平台服务层，考虑平台的多种应用需求，把微博常用的一些应用做成各种小的服务。最上面有 API（Application Programming Interface，应用程序编程接口），为新浪微博上各种第三方应用开放。二是进行模块隔离。将平台服务和应用服务分开，即使应用服务访问量过大，平台服务也不会首先受影响。三是改进搜索引擎，实现关系分层。将用户的关注关系改成多维度索引结构，使得搜索性能得到极大提高。四是改进计数器，采用基于偏移思路而非绝对计数的计数器，这样即便用户有几条未读也不容易产生一致性问题。

（四）视频网站评论系统

目前绝大多数视频网站上都有弹幕功能，可以实时显示用户的评论。弹幕是一种带有移动效果的在线存储开放式字幕，一条弹幕的基本信息包括语句和对应视频时间，高级弹幕还包括字体、在屏幕上的位置以及可能有的特殊效果。实时弹幕系统分为三个控制角色。①服务端：监听客户端连接、弹幕事件等并响应。②发射客户端：由用户发射弹幕。③屏幕客户端：接收弹幕并显示。

弹幕的实现方法主要由三部分组成：平台框架、动画效果和数据存储。目前流行的实时通信和跨平台框架是 Socket. IO，它支持 WebSocket 协议，能够在不同浏览器和移动设备上良好运行。Socket. IO 支持主流 PC 浏览器（IE、Safari、Chrome、Firefox、Opera）和移动平台上的浏览器（iOS 平台下的 Safari、Android 平台下的基于 Webkit 的浏览器等），能够实现实时、双向、基于事件的通信机制，它解决了实时的通信问题，并统一了服务端与客户端的编程方式。启动 Socket 以后，就像建立了一条客户端与服务端的管道，两边可以信息互通。

动画效果可以通过使用 Workerman、GoEasy 或者 Jquery. barrager. js 实现。此外，高级弹幕还支持显示图片、文字以及超链接，支持速度、高度、颜色、数量等变量的自定义。

数据存储方面，弹幕是一种在线数据存储，数据可以利用异步处理，首先将数据存储到缓存中，异步将缓存中的数据同步到数据库中。

四　网络评论传播媒介渠道发展的影响因素

（一）技术：媒介渠道在全新传播场景中的契合度

网络评论的兴起源于互联网技术的快速发展为社会的普通民众提

供了空前宽阔的言论平台。梳理不同网络评论传播媒介渠道的发展历程即可发现，无论是早期网络社区、论坛中的众声喧哗，抑或问答网站中的话语交锋，还是直播类视频网站中的隔空交流，“人声鼎沸”的渠道/平台总是能够最大限度上满足民众在不断更迭的新传播情境中使用所需求的媒介技术产品。因此可以说，在新的社会背景与媒介生态中，能否在提供适时、合宜的服务时确保坚实的技术支持，是决定不同媒介渠道发展的关键影响因素。

第一，移动场景中的需求对接。据中国互联网络信息中心第41次《中国互联网络发展状况统计报告》，截至2017年12月，中国网民规模达到7.72亿人，其中网民使用手机上网比例提升至97.5%，移动互联网主导地位强化。[①] 另据《2017互联网趋势报告》数据，我国移动网民数量和在线使用时长持续增长，2016年中国移动互联网用户数量破7亿，同比增长12%，用户每日在线时长合计超过25亿小时，同比增长30%。[②] 近年来，我国以智能手机为主的移动设备普及率大幅提升，各类可穿戴设备工具也开始进入普通人的生活，4G网络高速发展，相关资费逐步下调等，共同促成我国网民移动化、碎片化的互联网使用习惯——网络几乎渗入了我们的每一个生活缝隙。因此，渠道是否能够在生产和分配媒介内容的时候做到内容与用户之间基于场景数据的供求关系的准确配置，成为关乎其发展甚至生存的关键。具体而言，场景匹配至少包含时间与空间这两个维度，即利用技术“感知”不同用户在特定时间、地点中的状态和需求，在海量信息基础上向用户进行推送以满足其需求，从而做到个性化的需求匹配和有针对性的产品推送。[③] 同时，场景匹配也是媒介渠道整合线上

① 中国互联网络信息中心：第41次《中国互联网络发展状况统计报告》，http://cnnic.cn/gywm/xwzx/rdxw/201801/t20180131_70188.htm。

② http://tech.qq.com/a/20170601/009038.htm.

③ 胡正荣：《智能化：未来媒体的发展方向》，《现代传播》2017年第6期，第3页。

（online）与线下（offline）、实现流量变现的前提，百度地图以及阿里巴巴基于支付宝的移动支付、微信依托财付通的移动支付，即是互联网巨头 BAT 精准把握移动终端的位置属性和实时在线优势而打造的流量变现的场景对接类产品。[①]

第二，智能化信息生产及推送。自互联网诞生之日起，其自动处理事务的智能化趋向就备受期待，而发展至今，语音识别、自然语言处理、计算机视觉、大数据、云计算、人工智能等智慧化技术的快速发展则在宣告着种种期待即将成为现实，这意味着互联网将继续颠覆并重构媒介生态，人与媒体、信息的关系发生改变后，媒体组织的形式、生产方式、产品形态都将随之改变。从目前发展趋势来推断，智能化将要求媒介渠道/平台具备综合运用新技术，以个性化和多样化的服务来对接由内容系统和平台渠道导入的用户，以及通过一次创意、多类生产、多次分发的智能化生产过程生产出多元形态的产品，并通过算法达成内容推送的智能化，进而具备能够自动对接手机、平板电脑、桌面电脑、智能电视甚至可穿戴设备等多个终端的技术能力。[②]

第三，趣味性“微内容”的制作与传播技术供应。“微内容”（microcontent）的提法并不新鲜，它是相对于传统媒介中的大制作、重要内容或宏观内容而言的内容数据，最早由尼尔森（Jakob Nielson）提出，用以描述网页上的“超小文字段”，比如页头与标题。其后，CMS Wiki 将它定义为最小的独立的内容数据，如一个简单链接的一篇网络日志，一张图片、一段音频、一段视频，一个关于作者、标题的元数据，E－mail 的主题，以及 RSS 内容列表等。[③] 在

① 赵曙光：《消失的人口价值：从注意力竞争到产业链竞争》，《现代传播》2014 年第 6 期，第 119 页。

② 胡正荣：《智能化：未来媒体的发展方向》，《现代传播》2017 年第 6 期，第 1～10 页。

③ 严国栋、刘拥军：《“微内容”传播的社会学分析》，《东南传播》2010 年第 5 期，第 64 页。

注意力已经成为一种稀缺资源的当下，信息特别是网络评论，都是以“微内容”的形式出现的，它可能是音频网站中某首歌曲的一条评论，也可能是视频直播网站中的某条“弹幕”，还可能是对于某个网络发言的“点赞”。为激发用户的参与性——事实上，新媒体特别是社交媒体并不必然比传统媒体具有更强的参与性，它需要通过技术设置激发用户生成丰富的内容，促进人与人、人与平台等的互动，才能让渠道产生旺盛的生命力——媒介渠道需要为用户提供便捷简易的微内容制作与发布技术已经成为业界的共识。然而这种技术设置如何与变化莫测的时代文化趣味相结合，甚至培养、引领用户的媒介消费习惯，则是关键的难点。

第四，“开放”与“封闭”之间的平衡。对于媒介渠道而言，从技术设置上向大众“开放”意味着可能引入更多的新鲜“血液”，但也极有可能造成它与其他同类型产品的同质化，继而失去吸引力。对于以网络评论等 UGC 内容见长的网站/产品而言，这一“大众/分众”“广度/深度”的技术设置更应当与其整体战略匹配，事关其未来站位与趋向。盲目追逐用户覆盖率造成内容品质急剧下降，继而造成用户流失、渠道消逝的个案不胜枚举，对于以言论见长的网站，过度开放还将导致另一重危机，即具备一定影响力的网络舆论平台往往会吸引大量非常规舆论主体的目光。以编造出骇人听闻的亲身经历来作为帖文的职业“写手”以及大量试图设置话题、引导舆论走向的商业“水军”常常会通过各种方式参与该平台的网络评论，当这类非常规用户群体占比过高时，逐渐成熟的普通用户是可以普遍感知的，于是常会选择离开该平台，继而造成平台不断萎缩，这在天涯社区“娱乐八卦”版块的发展历程中有充分的展现。但是过度的封闭性设置也可能造成平台的沉寂，在以匿名性为突出特征的互联网中，个体更容易服从群体准则，群体边界过度“清晰”有可能加速群体间的不同化和群体内的相似性，增加与群内规则一致却受外群体反对的行为，[①] 如建构自己的话语体系，歧视、贬损其他社群，提升群体“门槛”等。如果渠道或平台通过技术化措施顺应这一趋势，则核心用户倾向于在更为封闭的小圈子内活动，边缘用户则以挤进核心社群为目标，社区的公开平台吸引力下降，这种情况在百度贴吧设置了分群讨论之后也有明显的显现。

（二）用户：使用意愿与内容贡献行为

在新的媒体环境下，从业界向学界都逐步开始使用“用户”这一专业术语，从“受众”到“用户”，不仅是词意的转变，更是传播内涵的颠覆，传统定义的接受者同时拥有了传播信息的权力。[②] 特别是在从“大众门户”转向“个人门户”传播模式后，用户成为主角，每一个用户都是一个传播中心，信息沿着人们的社会关系网络流动，节点的社会关系的数量与质量直接影响着信息的流动广度。[③] 因此，在考量网络媒体/网站/新媒体产品的发展前景时，其聚集的总体用户规模、增长率、黏性、活跃度、平均年龄等都成为重要的指标。

总体用户规模的大小在相当程度上决定了这一媒介渠道的话语声量，如依托于巨大的用户量级的微信、微博等就是目前我国最为重要的网络评论媒介渠道。用户的黏性及活跃度则决定了网络评论等用户自制内容的数量、质量、话题的丰富度、更新速度等，反之这些也会吸引更多用户继续停留在这一平台，延续其生命力。用户黏性通常被解释为用户忠诚度，在对依靠用户自制内容的媒介渠道如社交网站进

---

① 雷雳：《互联网心理学：新心理与行为研究的兴起》，北京师范大学出版社，2016，第287～288页。

② 杨光宗、刘钰婧：《从“受众”到“用户”：历史、现实与未来》，《现代传播》2017年第7期，第31～35页。

③ 彭兰：《从“大众门户”到“个人门户”——网络传播模式的关键变革》，《国际新闻界》2012年第10期，第8页。

行说明时，我们不妨借鉴“用户内容贡献行为”作为一种外显形式，来细化理解“黏性”这一生动却又模糊的概念。在社交媒体中，一般存在两种不同的用户内容贡献行为，即内容生产行为（content generating behavior）和内容分享行为（content sharing behavior），前者是指用户直接向社交网站贡献信息内容，如发原创帖，后者是指通过转发、分享等手段，促使信息在社交网络中广泛传播和扩散，或被其他用户再次转帖。实证研究发现，寻求声望、声誉是用户内容生产背后的驱动力之一，是网络社区成员参与行动和贡献网络公共品的最重要动机之一。其中，声望（如访客数）对于用户基于自我导向（自我表达、个人发展、享乐）的社区型公共品（发布的原创内容）的贡献度有影响；社会连带（好友数）对于用户基于他人导向（社会归属、利他互惠）的连接型公共品（转发内容）的贡献度有影响。[①] 如果从这一角度延伸，发展成熟的、各领域各层级意见领袖已经稳固的平台并非没有后顾无忧，这意味着对于多数普通用户而言，“头部”已经形成，“平等性”这一网络发言中的关键优势逐步消逝，发言等级、话语规则等已经体系化了，其迅速累积声望资本的成本过高，“来访者”“好友数”都十分有限或难以增长，会造成他们原创和转发的驱动力骤降，并可能转而去新出现的渠道平台上表达或社交。用户的平均年龄也对媒介渠道的发展走向起着决定性作用，如知名二次元网站 B 站的 APP 的用户中，30 岁以下用户占比 92.8%，其中 20～24 岁用户占比为53.6%，[②] 这一鲜明的用户群特色使得网站能够继续凭借丰富的青少年亚文化资源发展壮大。

---

① 廖望、刘于思、金兼斌：《社会媒体时代用户内容生产的激励机制》，《新闻与传播研究》2013 年第 12 期，第 68～76 页。

② 《极光大数据发布哔哩哔哩 app 研究报告》，http：//comic. people. com. cn/n1/2017/1011/c122418－29581500. html。

（三）资本：渠道的变现能力、商业支撑和“公关”介入

一般情况下，对于商业化的媒介渠道而言，助推其发展的根源在于赚取商业利益，因而渠道的变现能力或变现潜力，决定了商业资本对其的经济投入，也成为这一渠道长期发展的基础。目前互联网类产品与资本的“联姻”越来越密切，如在某款互联网产品投放初期，资本提供大量的资金支持甚至通过“烧钱”的方式来帮助产品挺过实验运营阶段；或是在该产品聚集一定力量后，资本对其进行后期投入。

但是，资本对于媒介渠道的影响还必须考虑两种情况。一种情况是资本投入后可能使媒介渠道根据资本方的长期战略调整其发展路径，特别是资本方要求快速“套现”时，可能迫使平台或渠道不顾长期发展甚至用户利益而过度营销，致使大批用户流失。另一种情况是其他资本力量“介入”这一平台进行公关活动。这类公关活动通常包括：日常商业品牌构建与维护、重大突发事件中的舆论危机公关等。在社交网站、网络社区等网络评论聚集地，这种公关行为常常以“网络水军”等有目的地介入讨论的形式来影响正常的舆论方向、节奏以达成公关目的。如故意发布垃圾信息、模糊信息等成功地稀释形成舆论一致性力量，从而引导舆论偏离主题。如前所述，随着我国网民的整体素养的提升，感知到大量公关行为的用户可能会弱化自身对于这一平台/产品的信赖感与黏性，这在某种程度上会影响网络评论的内容与活跃度。

B.5 中国网络评论的传播内容分析报告*

谢新洲　李　代　严　开　曾　轲　曾　卓**

摘　要： 网络信息爆炸的时代，网络评论内容成了用户关注、平台争夺的焦点。本报告先对所讨论的网络评论内容范畴进行界定，后分析了用户对不同内容题材和议题的关注度、满意度，接着挑选出政治、经济、社会、文化娱乐、国际等领域的网络评论焦点事件，并根据焦点事件的网络评论内容进行用户情感态度分析与接触情况分析。

关键词： 网络评论　传播内容　焦点事件

移动互联网发展带来的信息膨胀和碎片化，加速了用户对个性化、垂直化内容的需求，网络内容的生产和传播变得更加“短平快”。正因为信息爆炸式增长、媒介渠道充分开放、用户注意力碎片化，用户对内容质量和形式的要求也越来越高。在这个以“内容为王”的信息时代，网络评论的传播内容分析显得尤为重要。本报告将基于对社交媒

* 本报告调查数据的抽样方法、执行过程、质量控制与《中国网络评论传播的用户分析报告》相同。

** 谢新洲，北京大学新媒体研究院院长，博士生导师，主要研究方向为新媒体与网络传播、媒介经营管理、竞争情报与企业竞争战略等；李代，北京大学新媒体研究院助理研究员，研究方向为计算社会科学、社会分层与流动；严开，北京大学新媒体研究院硕士研究生，研究方向为新媒体传播；曾轲，北京大学新媒体研究院硕士研究生，研究方向为新媒体传播；曾卓，北京大学新媒体研究院硕士研究生，研究方向为新媒体传播。

体大数据以及问卷调查数据的分析结果，对网络评论传播内容展开讨论，并重点分析2017年网络评论各议题领域网友最关注的焦点事件。

一　网络评论的内容范畴

随着互联网技术的发展，网络评论内容依托生产渠道的改变也在不断地演变。在网络评论媒介渠道发展起步期（1994～1997年），网络评论的内容形式主要是文字长评、文字短评。在网络评论媒介渠道发展成长期（1998～2008年），依托Web 2.0技术发展起来的论坛类网站和博客为自媒体的诞生提供了平台，支撑多元化、个性化的评论内容快速增长，包括文字长短评、图片、音视频等形式。在网络评论媒介渠道发展繁盛期（2009～2013年），微博、微信等现象级渠道的崛起和发展让各式各样的内容传播越来越便捷。进入网络评论媒介渠道发展平稳期（2014年至今）以后，新渠道的涌现进一步丰富了评论内容的形式，比如直播、弹幕等。

媒体把关人和机构类传播主体主要生产的评论内容形式为文字长评，自媒体类传播主体相对于媒体把关人和机构类传播主体更加灵活，生产的评论内容形式也相对多元，包括文字长评、文字短评、图片、音频、视频、直播、动画、弹幕等。

网络评论是对事件进行评价而产生的内容，因此本报告中讨论的网络评论的议题领域参照主流媒体网站的内容分类进行划分，包括社会领域、经济领域、政治领域、文化领域、科技领域、娱乐领域、教育领域、卫生领域、军事领域、外交领域以及国际领域。

（一）网络评论题材的公众兴趣分析

网络评论的题材包括文字长评、文字短评、图片、音频、视频、直播、动画、弹幕等。调查发现，如图1所示，接触网络评论的用户对于文字长评、文字短评以及图片评论的兴趣程度最高，感兴趣者占比均超过76%。

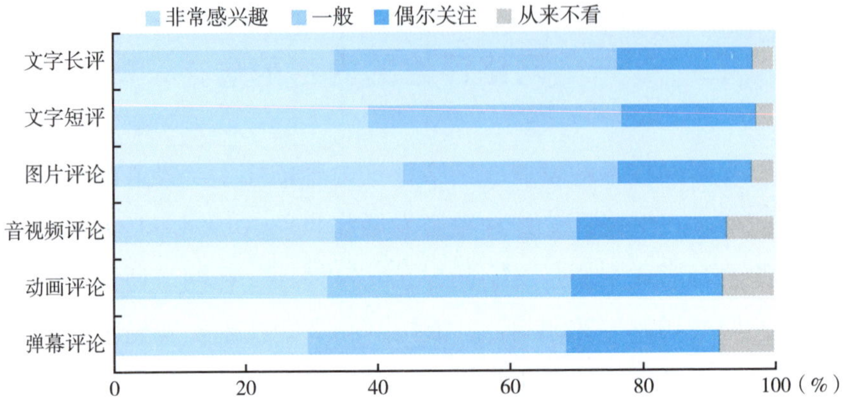

图1　不同题材网络评论的用户兴趣度

调查数据显示，43.9%的用户非常感兴趣的网络评论题材是图片评论，其次是文字短评和音视频评论（见图2）。

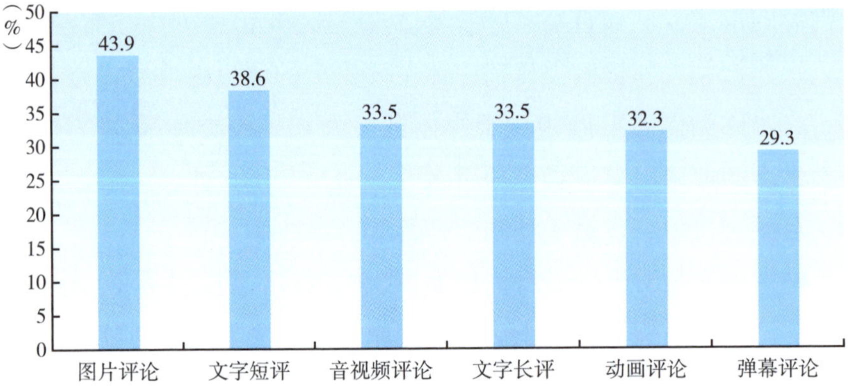

图2　用户“非常感兴趣”的网络评论题材类型

（二）网络评论类型的公众兴趣分析

从网络评论类型的角度分析，接触网络评论的用户对于传统媒体评论和网络媒体评论的兴趣程度最高，感兴趣者占比均超过76%（见图3）。

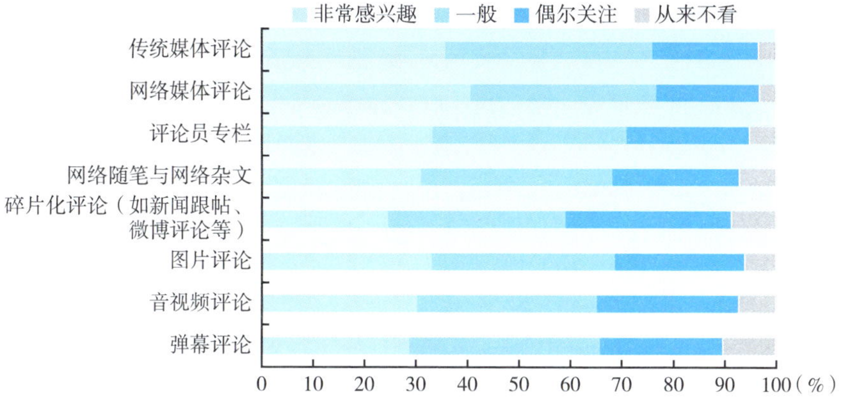

图3　各类网络评论的用户兴趣度

40.9%的用户非常感兴趣的网络评论类型是网络媒体评论，其次是传统媒体评论和评论员专栏（见图4）。

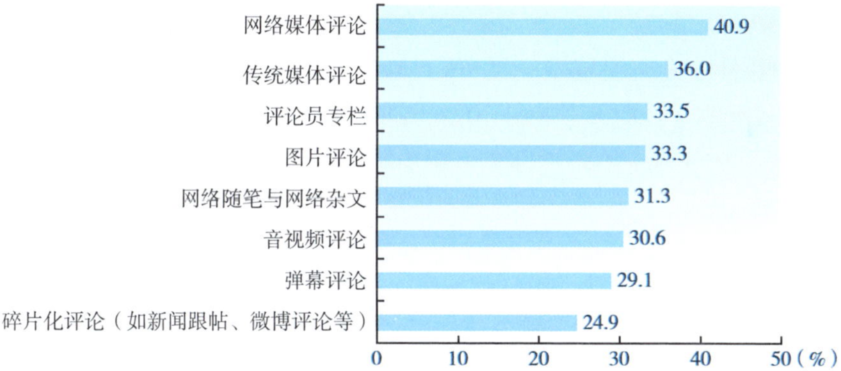

图4　用户“非常感兴趣”的网络评论类型

二　网络评论的议题分析

（一）网络评论议题的接触度分析

从用户网络评论对不同议题的接触程度来看，网络用户对娱乐领域、社会领域以及文化领域的议题接触度最高，尤其是娱乐领域议题达到45%。用户对国内各领域议题接触度较高，相比而言，对外交领域、国际领域议题的接触度较低（见图5）。

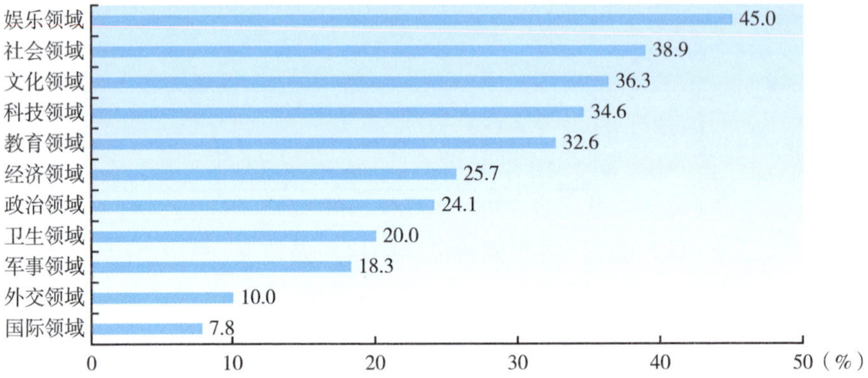

图5　各领域网络评论议题的接触度

用性别与关注领域做交叉分析显示，男性相较女性更关注政治领域和军事领域的话题，女性相较男性更关注娱乐领域的话题（见图6）。

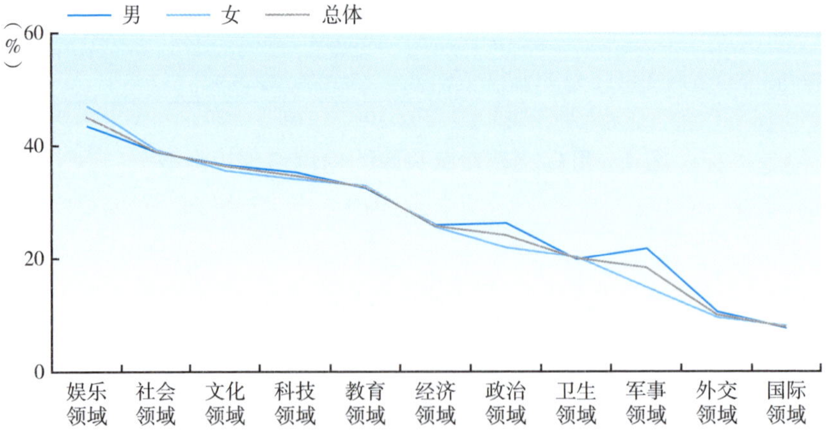

图6　不同性别用户对各领域网络评论议题的接触度

用年龄与关注领域做交叉分析显示，相比于总用户群体，50 岁以上的人群对社会领域、政治领域话题的感兴趣程度较高，而对娱乐领域的感兴趣程度较低。30 岁以下的人群对娱乐领域感兴趣程度较高，对社会领域、政治领域感兴趣程度较低（见图 7）。

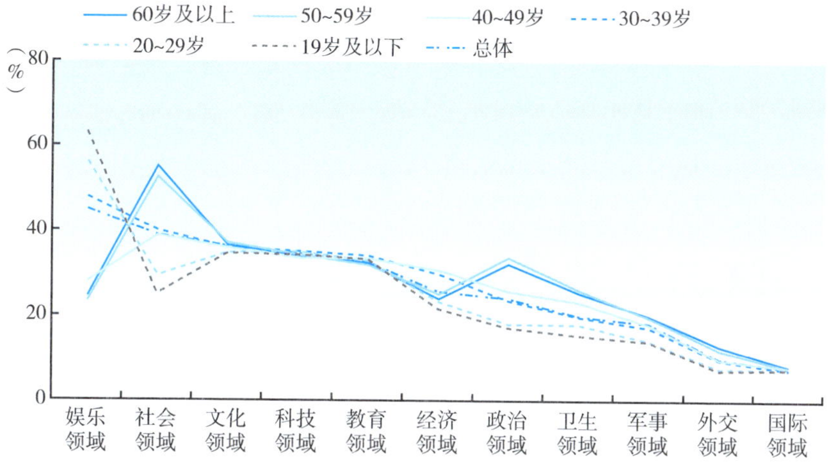

图 7　不同年龄用户对各领域网络评论议题的接触度

用学历与关注领域做交叉分析显示，大专和本科及以上学历的人群对政治领域和国际领域网络评论的感兴趣程度远高于总用户群体（见图 8）。

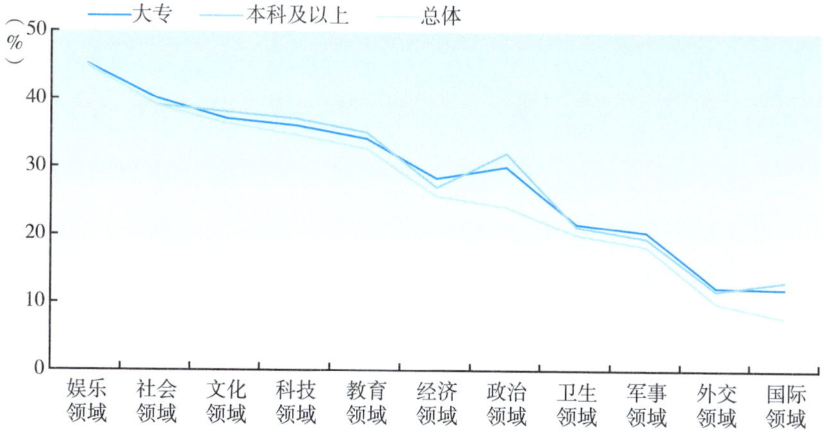

图 8　不同学历用户对各领域网络评论议题的接触度

（二）网络评论议题的关注度分析

从用户对不同领域议题关注度的角度分析，用户对军事领域、卫生领域、教育领域及经济领域议题非常关心。对政治领域、文化领域及教育领域表示关心或非常关心的用户最多（见图9）。

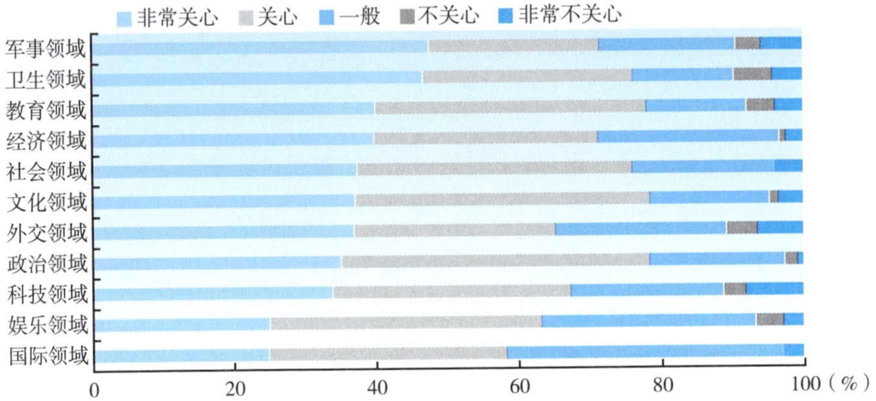

图9　各领域网络评论议题的关注度

（三）网络评论议题的满意度分析

从不同类型网络评论议题的满意度来看，用户对政治领域、外交领域及卫生领域满意度较高（见图10）。从用户对军事领域议题的网络评论来看，虽然对其接触度不高，但非常关注度、非常满意度都占据第一位。而用户对娱乐领域网络评论议题接触度虽较高，但对其非常关注度和非常满意度与接触度则呈负相关。

（四）网络评论议题用户不满意的原因分析

从用户网络评论对不同领域议题的不满意度来看，娱乐领域、社

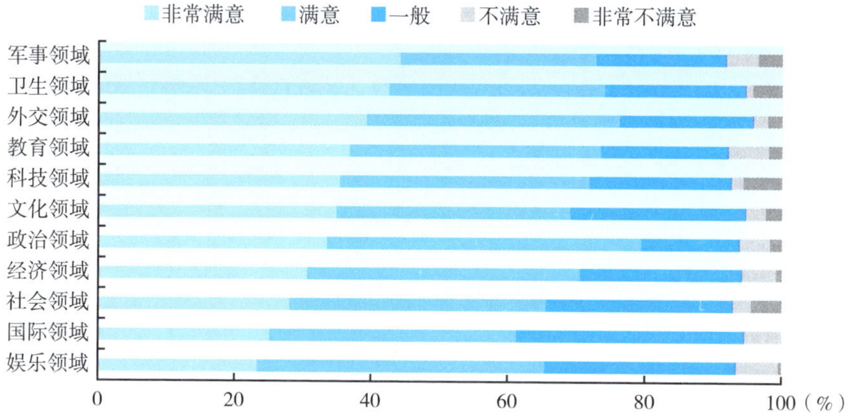

图 10　各类网络评论议题的满意度

会领域以及科技领域的不满意度较高。用户对外交领域、卫生领域、国际领域及军事领域的不满意度较低（见图 11）。

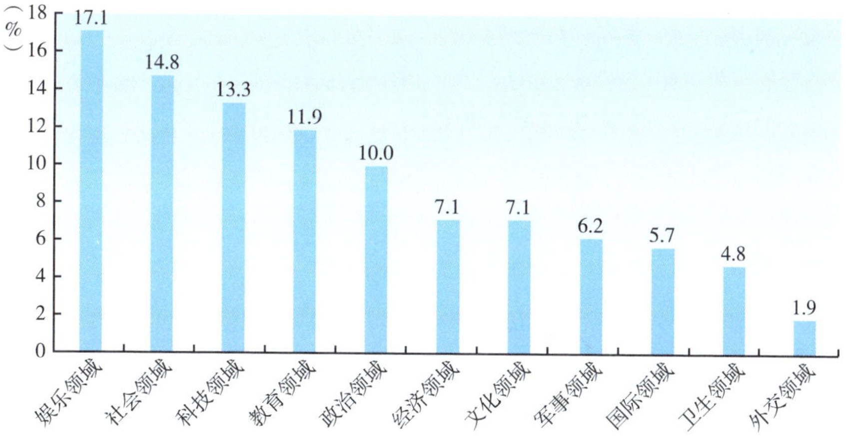

图 11　各领域网络评论议题的不满意度

如表 1 所示，用户对娱乐领域最不满意的三大原因是：太多负面内容、观点过于极端、太多无效内容。用户对社会领域最不满意的三大原因是：观点过于极端、不容易获取更多相关内容、太多负面内容。用户对科技领域最不满意的三大原因是：不容易获取更多相关内容、欠缺多元化的视角、太多负面内容。综合来看，用户对不同议题领域网络评论不满意的原因主要集中在网络评论内容获取的难易程度和网络评论内容的质量两个方面。

表1　各领域网络评论议题不满意的主要原因

议题领域	不满意的原因第一	不满意的原因第二	不满意的原因第三
社会领域	观点过于极端	不容易获取更多相关内容	太多负面内容
经济领域	太多负面内容	观点过于极端	说教味太重
政治领域	不容易获取更多相关内容	太多无效内容	内容过于单一
文化领域	欠缺多元化的视角	太多负面内容	不容易获取更多相关内容
科技领域	不容易获取更多相关内容	欠缺多元化的视角	太多负面内容
娱乐领域	太多负面内容	观点过于极端	太多无效内容
教育领域	欠缺多元化的视角	太多负面内容	内容过于单一
卫生领域	欠缺多元化的视角	太多负面内容	说教味太重
军事领域	欠缺多元化的视角	很多国外网站上不了，无法直接接触国际观点	观点过于极端
外交领域	很多国外网站上不了，无法直接接触国际观点	与日常生活相关性不大	观点过于极端
国际领域	欠缺多元化的视角	太多无效内容	内容过于单一

三　各领域网络评论 TOP10焦点事件

（一）政治领域网络评论 TOP10焦点事件

调查显示，2017 年政治领域十大焦点事件分别是：十九大召开；“一带一路”国际合作高峰论坛在北京举行；中共中央、国务院决定设立雄安新区；金砖国家峰会在厦门举行；国家监察体制改革试点在全国摊开；孙政才严重违纪被查处；香港回归 20 周年；国务院印发《全国国土规划纲要（2016～2030 年）》；《民法总则》通过实施，开启了我国公民权利保障法治化的新时代；世界政党对话共建美好世界（见图 12）。

（二）经济领域网络评论 TOP10焦点事件

调查显示，2017 年经济领域十大焦点事件分别是：乐视危机爆发，贾跃亭出国未归；2017 年中央经济工作会议明确经济由高速增长转向高质量发展；房地产市场迎来严厉调控，多个热点城市实行限购、限贷政策等；比特币疯涨，国内关闭比特币交易；2017 年双十一交易额 1682 亿元，创历史新高；国务院明确人工智能发展战略；“营改增”一周年，累计减税 6993 亿元；八部委发文力促分享经济发展；中国首个区块链标准发布；我国第三支柱个人储蓄性养老保险和商业养老保险正式进入制度建设启动阶段（见图 13）。

（三）社会领域网络评论 TOP10焦点事件

调查显示，2017 年社会领域十大焦点事件分别是：杭州保姆纵火案；红黄蓝幼儿园虐童事件；四川九寨沟地震；宁波老虎咬人事件；江歌案；章莹颖案件；山东辱母杀人案；榆林产妇跳楼；江西“戒网瘾”学校体罚事件；唐山“教科书式老赖”事件（见图 14）。

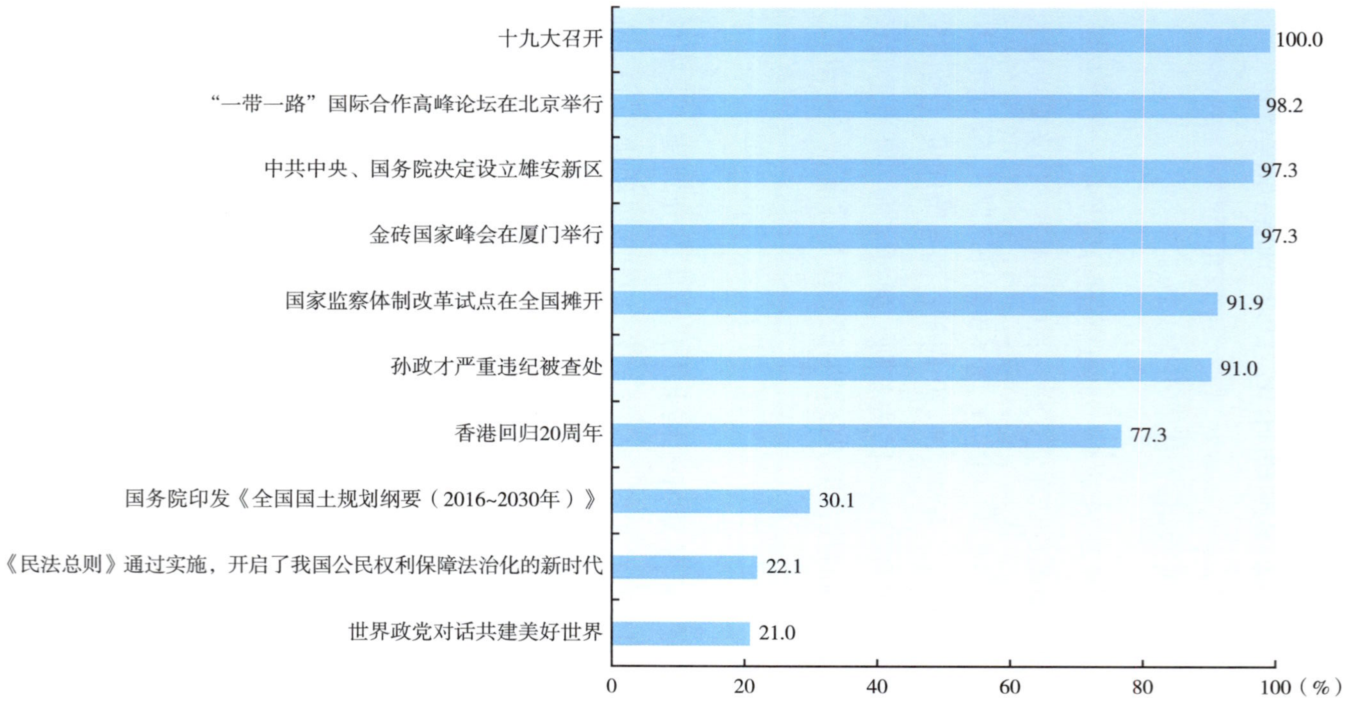

图 12　政治领域网络评论 TOP10 焦点事件关注度

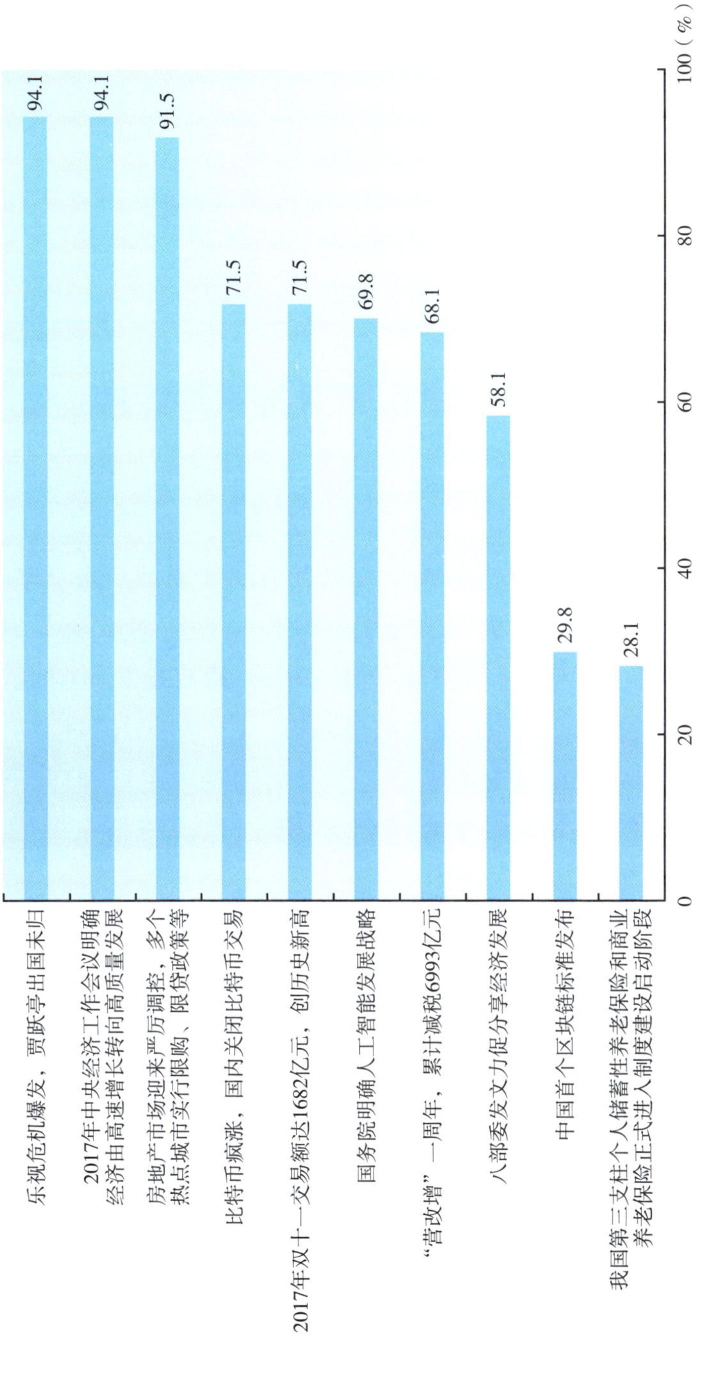

图 13　经济领域网络评论 TOP10 焦点事件关注度

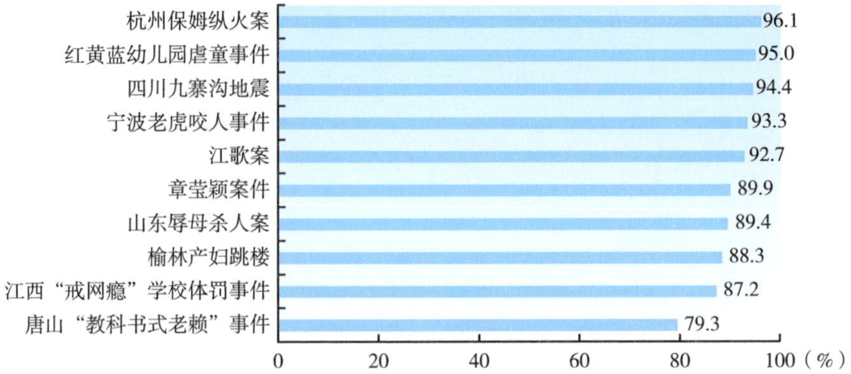

图 14　社会领域网络评论 TOP10 焦点事件关注度

（四）科技领域网络评论 TOP10焦点事件

调查显示，2017 年科技领域十大焦点事件分别是：共享单车改变中国；“天舟一号”完成多项应用；国产大飞机 C919 首飞成功；移动支付规模近 150 亿元，居全球首位；“一箭双星”发射北斗三号；“复兴号”首发，中国高铁再揽世界第一；“墨子号”圆满实现目标；可燃冰试采取得重大突破；百度无人驾驶汽车从五环开到雄安；“造岛神器”“天鲲号”下水（见图 15）。

（五）教育领域网络评论 TOP10焦点事件

调查显示，2017 年教育领域十大焦点事件分别是：小学生性教育读本引争议；沅江弑杀老师校园惨案引深思；教育部正式发布国家“双一流”正式名单；全面放开二孩政策让早幼教迎来黄金时代；《民办教育促进法》修正案终获通过，“促进”还是“促退”引争议；新高考综合改革试点在上海、浙江顺利完成了第一届学生的高考；Python 编程语言进入小学教材；义务教育道德与法治、语文和历史三科教材在全国中小学起始年级投入使用；全国“两会”强调“公平”“优质”教育；国务院印发《国家教育事业发展“十三五”规划》（见图 16）。

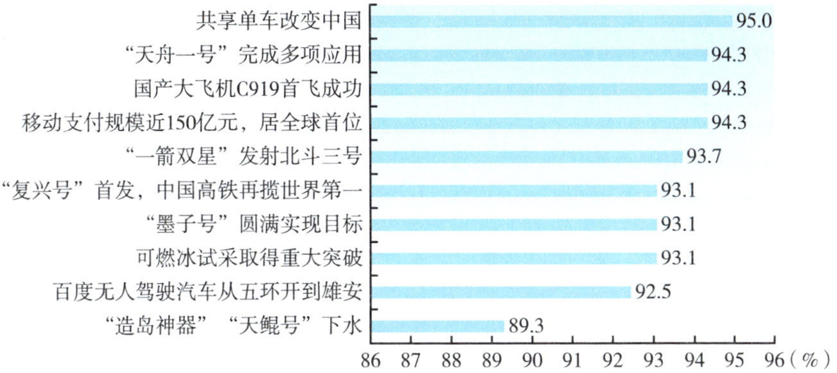

图 15　科技领域网络评论 TOP10 焦点事件关注度

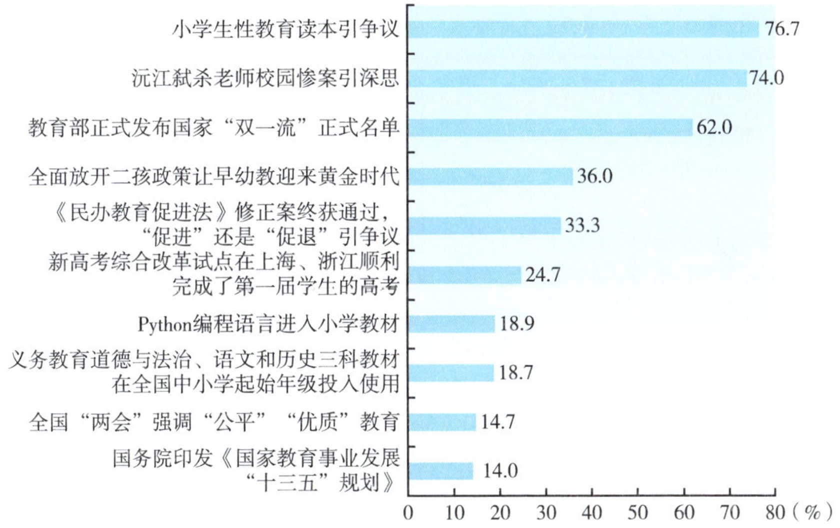

图 16　教育领域网络评论 TOP10 焦点事件关注度

（六）卫生领域网络评论 TOP10焦点事件

调查显示，2017 年卫生领域十大焦点事件分别是：全部省份接入国家异地就医结算系统；劝阻吸烟致死案一审判补 1.5 万元；HPV

疫苗在中国上市，接种更方便价格更经济；家庭医生签约服务覆盖面持续扩大；白岩松再谈“医德”；酝酿33年《中医药法》“落地”，中医药事业迎来春天；衡阳三百名“老兵”医闹；国务院批复同意设立“中国医师节”；北京进行医改；BAT三巨头相继发布医疗AI产品（见图17）。

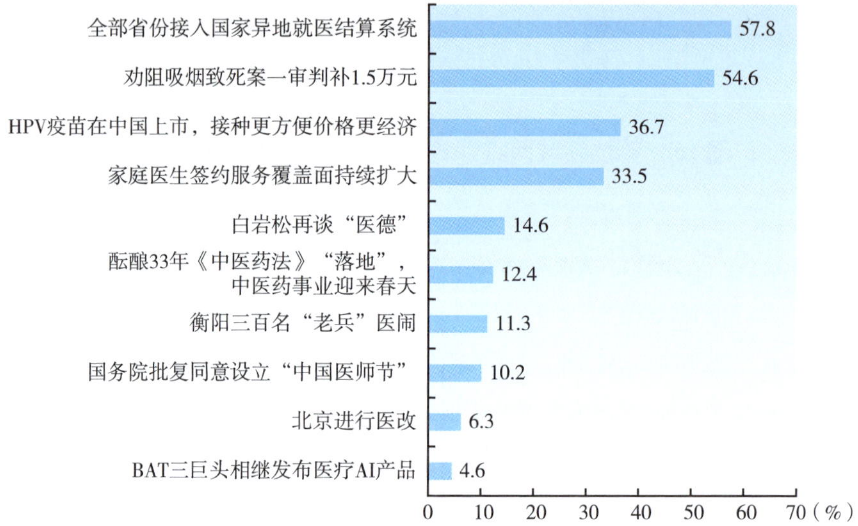

图17　卫生领域网络评论TOP10焦点事件关注度

（七）军事领域网络评论TOP10焦点事件

调查显示，2017年军事领域十大焦点事件分别是：建军90周年举行盛大阅兵；首艘国产航母下水；中印洞朗对峙；中国人民解放军驻吉布提保障基地正式启用；中国空军作战飞机首次飞越对马海峡；“东风”系列洲际导弹的多型号突破；中国国产055型万吨驱逐舰首舰下水；中俄“海上联合－2017”波罗的海军演；中国对外军售的快速发展；中国军工举行“装甲与反装甲日”活动（见图18）。

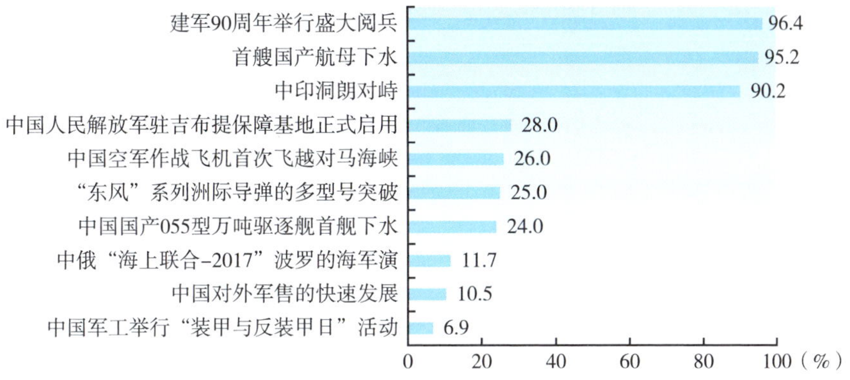

图 18　军事领域网络评论 TOP10 焦点事件关注度

（八）外交领域网络评论 TOP10焦点事件

调查显示，2017 年外交领域十大焦点事件分别是：习主席出席亚太经合组织第二十五次领导人非正式会议；萨德事件；2017 年外交部那些霸气表态；十九大后，习近平主席首次出访选择了越南、老挝；特朗普总统对华进行国事访问；中华人民共和国正式与巴拿马建交；中俄元首 5 次会晤；习近平主席出席达沃斯世界经济论坛年会并发表人类命运共同体演讲；2017 年中国外交开篇之举/习近平 2017 年首次出访；李克强总理出席东亚合作领导人系列会议（见图 19）。

（九）文化娱乐领域网络评论 TOP10焦点事件

调查显示，2017 年文化娱乐领域十大焦点事件分别是：反腐剧《人民的名义》热播；《战狼 2》创票房奇迹；鹿晗关晓彤公布恋情；周立波在美国被抓；中国有嘻哈爆火；薛之谦人设崩塌；《演员的诞生》大火；《孤芳不自赏》抠图遭轰；宋慧乔宋仲基结婚；奚梦瑶维密摔跤（见图 20）。

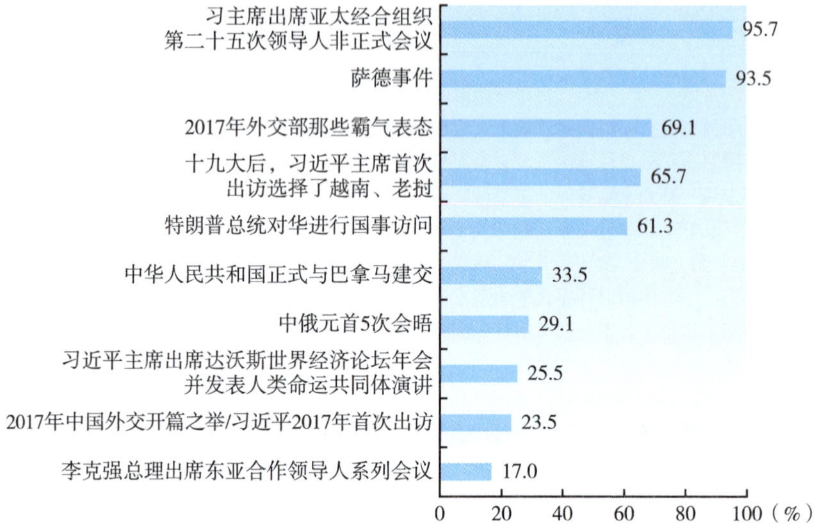

图 19　外交领域网络评论 TOP10 焦点事件关注度

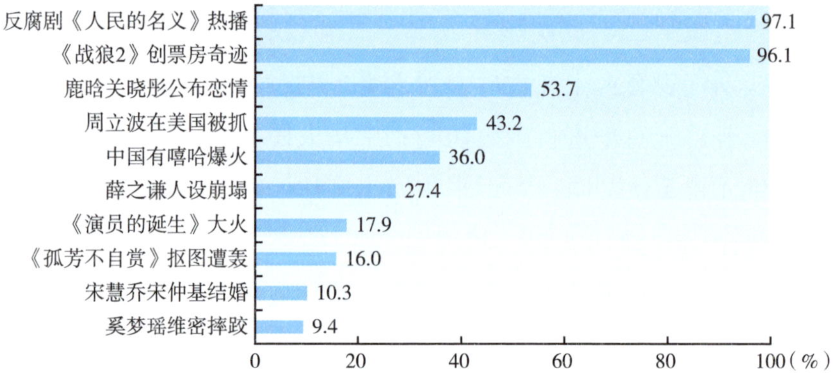

图 20　文化娱乐领域网络评论 TOP10 焦点事件关注度

（十）国际领域网络评论 TOP10焦点事件

调查显示，2017 年国际领域十大焦点事件分别是：韩国总统朴槿惠“亲信干政”丑闻曝光；朝鲜核导试验半岛局势趋紧；美国新一任总统特朗普上台；英国脱欧；美国决定退出应对气候变化的《巴黎协定》；美国拉斯维加斯枪击事件；美联储升息；叙利亚 2017 年最致命一个月；土耳其公投；卡塔尔断交风波加深中东裂痕（见图 21）。

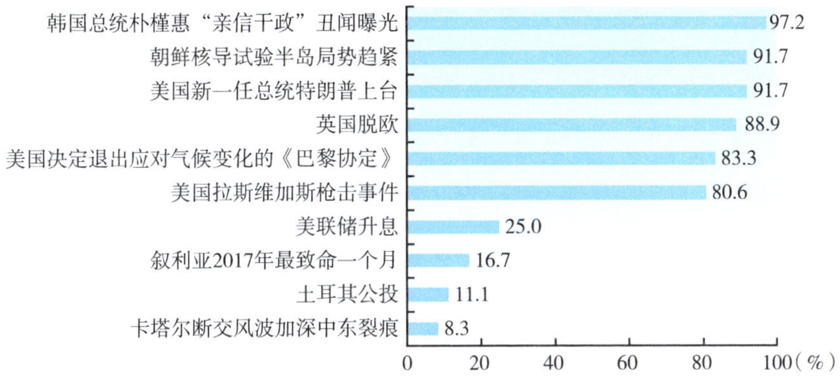

图 21　国际领域网络评论 TOP10 焦点事件关注度

四　焦点事件的网络评论内容分析

（一）政治领域焦点事件的网络评论内容分析

调查显示，2017 年政治领域中最受关注的焦点事件为十九大召开，关注该事件的人数占关注政治领域总人数的 100%。

十九大召开是指 2017 年 10 月 18 日至 10 月 24 日在北京召开的中国共产党第十九次全国代表大会。

随着十九大各会议议程的顺利推进，用户的关注重点和态度倾向也在不断变化。对社交媒体上该事件相关评论进行分词分析（结果如表 2 所示），在对事件的关注重点中，“人民”“时代”“精神”“习近平”四个关键词出现的频率最高，可知用户的目光主要聚焦于人民对美好生活的向往、中国进入新时代所发生的一系列变化、学习贯彻十九大精神和习近平总书记的讲话及工作报告上。在对该事件的态度上，“美好”“伟大”“重要”“重大”四个关键词出现的频率最高，表明用户的态度主要集中在对美好生活的向往、对中国伟大复兴事业充满希望、对党的十九大重要会议精神和领导人讲话精神保持高度的学习热情及对这一阶段党和国家取得的重大成就的肯定。

表 2　“十九大召开”社交媒体评论及用户态度关键词

序号	名词关键词	百分比(%)	形容词关键词	百分比(%)
1	人民	2.27	美好	10.5
2	时代	2.04	伟大	6.7
3	精神	2.01	重要	6.5
4	习近平	1.80	重大	2.6
5	报告	1.44	强大	2.0
6	全国	1.39	美丽	1.6
7	社会主义	1.12	充分	1.4
8	国家	1.07	平衡	1.3
9	代表	1.00	优秀	1.3
10	中央	0.97	精彩	1.2

由图 22 可知，在关注政治领域的用户中，所有的用户都关注了十九大召开，在接触该事件相关网络评论方面，有 15.3% 的用户只浏览了相关评论，深度参与该事件的用户比例为 84.7%。

2017 年全年，“十九大召开”这一事件一直受到用户的广泛关注，社交媒体上的声量和互动量随着召开日期的临近不断攀升，全年总声量约为 4010 万篇，全年总互动量约为 11308 万次。①

“十九大召开”发文量时序（见图 23）显示，在 2017 年 10 月

① 本报告中声量指在社交媒体上关于某个事件原发和转发的文章量总数，互动量指在社交媒体上关于某个事件的评论量和点赞量总数。

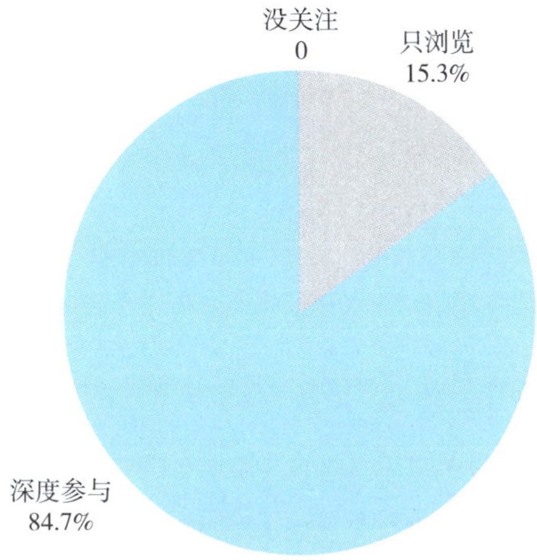

图 22　“十九大召开”网络评论用户接触情况

18 日用户对该事件的关注和参与达到峰值。10 月 18 日，随着十九大正式开幕，用户对该事件的关注达到顶峰，全天的发文量约为 818 万篇。通过对该事件中发文量的分析可知，在社交媒体中，政治事件前期的宣传和铺垫在很大程度上会影响用户的关注程度。与社会事件不同，政治事件的发生当日所受关注程度最高。之前和之后的时期，每一次相关事件的发生都会把该事件推向一个关注的小高潮。

（二）经济领域焦点事件的网络评论内容分析

调查显示，2017 年经济领域中最受关注的焦点事件是“乐视危机爆发，贾跃亭出国未归”，关注该事件的人数占关注经济领域总人数的 94. 1% 。

该事件是指 2017 年 7 月贾跃亭夫妇资产遭法院冻结，乐视资金危机爆发，随后贾跃亭辞去乐视网一切职务，飞赴美国并至今未归。该事件兼具经济、社会、娱乐多方面焦点因素，成为社交媒体上持续热议的话题。

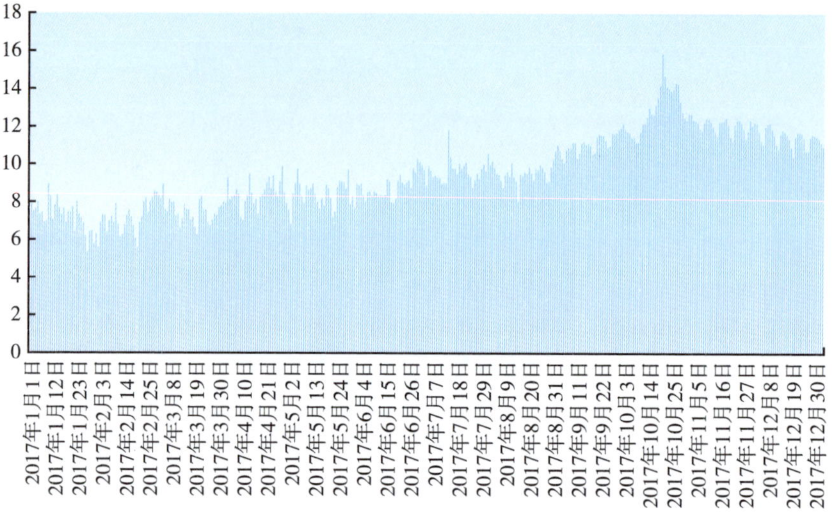

图 23 “十九大召开”发文量时序

社交媒体平台上评论针对该事件的关键词如表 3 所示，名词关键词主要有“乐视”“公司”“汽车”“工厂”等，关于“汽车”的讨论主要围绕乐视汽车业务。“房子”关键词来自用户对贾跃亭在洛杉矶南部豪宅的讨论。该事件评论的形容词关键词“奢华”“秀丽”“豪华”是用户关于贾跃亭豪宅的讨论，据称贾跃亭在美国的家安在了洛杉矶南部一个风景秀丽的海边小镇。“不同”和“守信”指的是贾跃亭留给他几个孩子的信托基金。

表 3 “贾跃亭出国未归”社交媒体评论及用户态度关键词

序号	名词关键词	百分比(%)	形容词关键词	百分比(%)
1	乐视	6.8	奢华	7.3
2	公司	3.1	秀丽	3.7
3	汽车	2.4	重要	2.6
4	工厂	1.2	不同	2.2
5	资金	0.9	成功	1.7

续表

序号	名词关键词	百分比(%)	形容词关键词	百分比(%)
6	财经	0.9	严重	1.5
7	时间	0.9	守信	1.3
8	房子	0.8	重大	1.3
9	市场	0.8	具体	1.3
10	员工	0.8	豪华	1.1

由图 24 可知，在关注经济领域的用户中，仅有 5.9% 的用户没有关注该事件，在十大经济领域的事件中没关注的人数占比最低。在接触该事件相关网络评论方面，有 26.3% 的用户只浏览了相关评论，没有参与互动。深度参与该事件的用户比例超过 2/3。

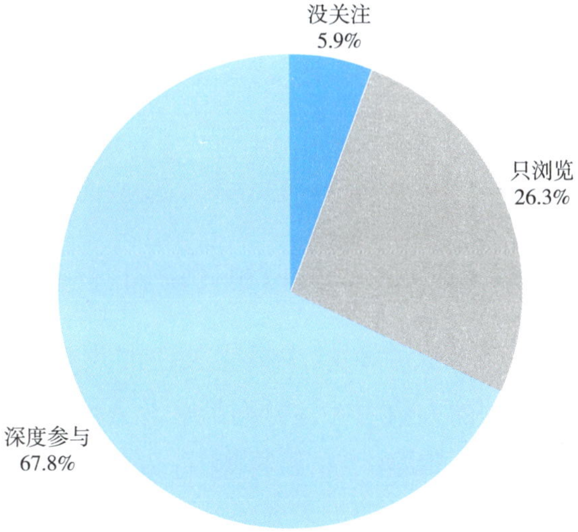

图 24　“贾跃亭出国未归”网络评论用户接触情况

从 2017 年 7 月到 2017 年底，该事件在社交媒体上总声量约为 18658 篇，总互动量约为 16574 次。由该事件发文量时序图可见，发文量高峰在 2017 年 7 月，也就是事件发生之后一个月内。9 月的高峰是因为贾跃亭回应信托事件，11 月的高峰是因为2017 年11 月7 日腾讯新闻《棱镜》发表了记者在美国对乐视创始人贾跃亭的专访，12 月的高峰是由于北京证监局责令贾跃亭在年底前回国（见图25）。

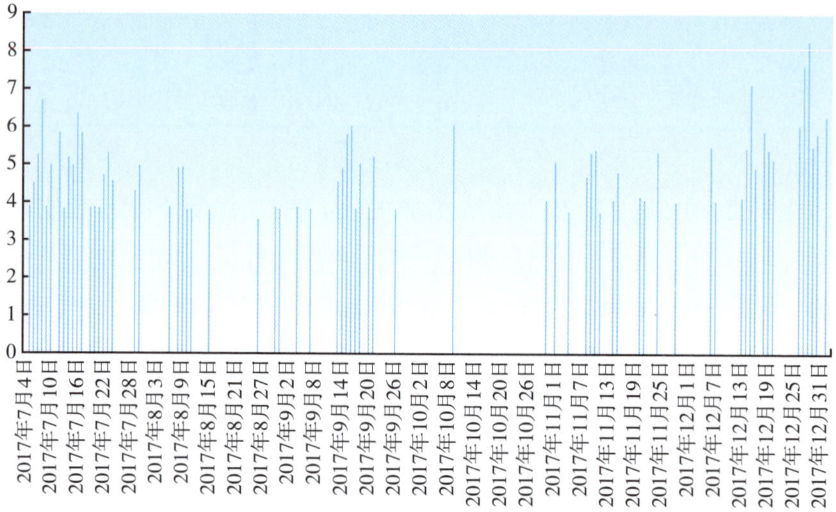

图25　“贾跃亭出国未归”发文量时序

（三）社会领域焦点事件的网络评论内容分析

调查显示，2017 年社会领域中最受关注的焦点事件为杭州保姆纵火案，关注该事件的人数占关注社会领域总人数的96.1%。

杭州保姆纵火案是指2017 年6 月22 日凌晨5 点左右，在浙江杭州蓝色钱江小区，保姆莫某纵火，导致家中女主人及三个孩子死亡的恶性事件。

随着事件的不断发酵，用户的关注重点和态度倾向也在不断发生变化。对社交媒体上该事件相关评论进行分析（结果如表4 所示），在对事件的关注重点中，除“保姆”这个重点关键词外，“物业”“孩子”“视频”“家属”四个关键词出现的频率较高，可知用户的目光聚焦于物业是否尽到救助责任以及消防设施是否完备；遇难者家属怀念家人，为其争取公道；双方律师的行为。在对事件的态度上，“公道”“正常”“重大”“清晰”四个词出现的频率较高，表明用户的态度集中在对遇难者及家属的同情、对物业公司的质疑和对辩方律师干扰正常诉讼行为的不满。

表 4　“杭州保姆纵火案”社交媒体评论及用户态度关键词

序号	名词关键词	百分比(%)	形容词关键词	百分比(%)
1	保姆	4.1	公道	2.9
2	物业	2.1	正常	2.8
3	孩子	1.5	重大	1.9
4	视频	1.2	清晰	1.4
5	家属	1.2	重要	1.3
6	火灾	1.1	不够	1.2
7	爸爸	1.1	巨大	1.2
8	问题	1.0	不错	1.1
9	先生	0.9	鲜明	1.1
10	律师	0.9	具体	1.0

由图 26 可知，在关注社会领域的用户中，仅有 3.9% 的用户没有关注该事件，在十个社会领域的事件中没关注的人数占比最低。在接触该事件相关网络评论方面，有 42.5% 的用户只浏览了相关评论，深度参与该事件的用户比例过半，为 53.6%。

从 2017 年 6 月 22 日到 2017 年 12 月 31 日，该事件在社交媒体上的声量和互动量一直较高，全年总声量约为 2635 万篇，全年总互动量约为 4098 万次，用户对此事件保持密切关注。

“杭州保姆纵火案”发文量时序图显示，在 2017 年 6 月 22 日、7 月 12 日和 12 月 19 日，用户对该事件的关注和参与达到峰值（见图 27）。6 月 22 日，纵火案一发生立刻吸引了众多用户的目光，在消防

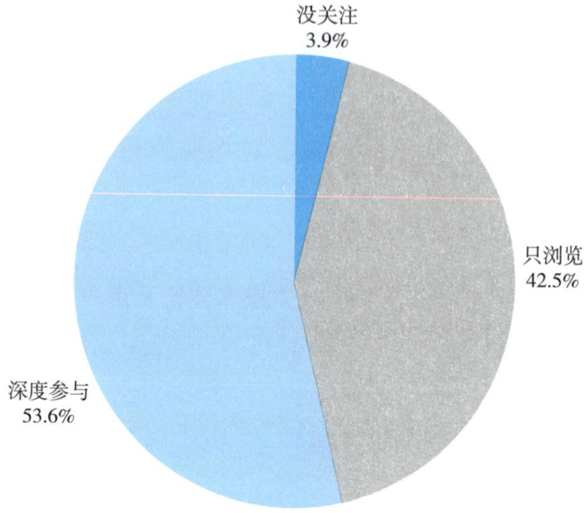

图 26　“杭州保姆纵火案”网络评论用户接触情况

安全备受关注和保姆与雇主关系紧张的当今，这样的重大恶性事件必然会受到广泛的关注。7 月 12 日，伤痛中的幸存者林爸爸在微博上称，决定联合一些好友发起设立“潼臻一生”公益基金，致力于提升中国高层住宅防火减灾水平，促进家政服务业完善保姆的甄选管理机制等。这再一次引发用户的密切关注，发文量达到整个事件中的峰值。12 月 19 日，正值该案第一次开庭的前夕，辩方律师党某在看守所会见纵火案嫌疑人莫某，莫某的道歉信及相关言辞再次将事件的发展推向高潮。通过对该事件的完整分析可知，随着事件的不断发酵，用户的关注重点也在不断变化，每一个继发的事件都可能导致用户情绪的累积乃至爆发。

（四）科技领域焦点事件的网络评论内容分析

调查显示，2017 年科技领域中最受关注的焦点事件为共享单车改变中国，关注该事件的人数占关注科技领域总人数的 95.0%。

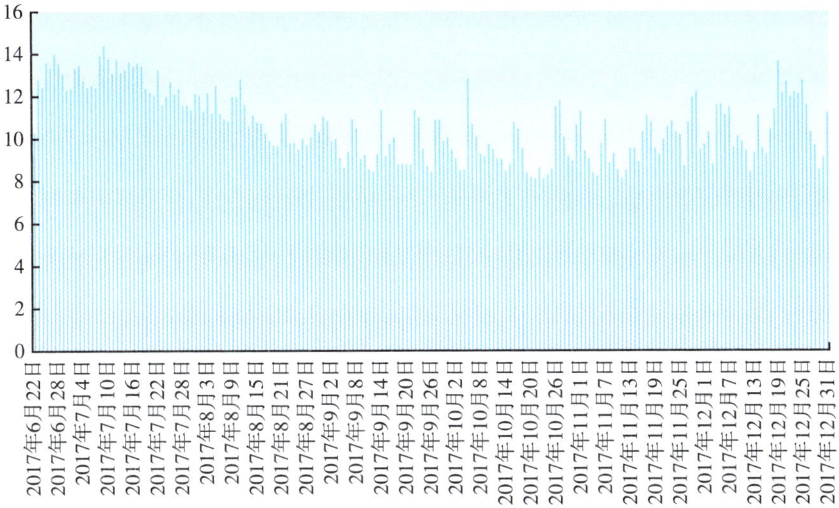

图 27　“杭州保姆纵火案”发文量时序

共享单车改变中国是指短短两年多时间，共享单车涌进城市的大街小巷，融入我们的生活。这一全新的“互联网 +”产物为大众提供了高效便捷、经济绿色的短途出行服务，为“中国模式”提供了一种注解，给中国带来了诸多积极改变。

共享单车因自身用途使广大用户持续关注，在经济模式上的创新方式也引发各界持续讨论，加之多元化的宣传强度，一直是公众的焦点。对社交媒体上该类事件相关评论进行分析（结果如表 5 所示），对该事件的关注重点集中在“视频”“电影”“新闻”“公益”等关键词上，可知用户十分关注其线上线下相结合的传播形式、公益理念及新颖的运营模式。在对这类事件的态度上，“美好”“精彩”“可爱”等词出现的频率较高，表现了用户在该类事件上呈现的较为积极的情感元素。

如图 28 所示，在关注科技领域的用户中，仅有 5.0% 用户未关注该事件。在接触该事件相关网络评论方面，只浏览了相关评论的用户占比 19.5%，深度参与该事件的用户比例高达 75.5%。

表 5　“共享单车改变中国”社交媒体评论及用户态度关键词

序号	名词关键词	百分比(%)	形容词关键词	百分比(%)
1	视频	1.7	美好	2.6
2	电影	0.9	精彩	2.3
3	新闻	0.8	可爱	1.7
4	公益	0.7	快乐	1.6
5	国家	0.7	年轻	1.5
6	粉丝	0.6	厉害	1.3
7	世界	0.6	不同	1.2
8	TFBOYS	0.5	真实	1.2
9	青年	0.5	具体	1.1
10	品牌	0.4	自由	1.0

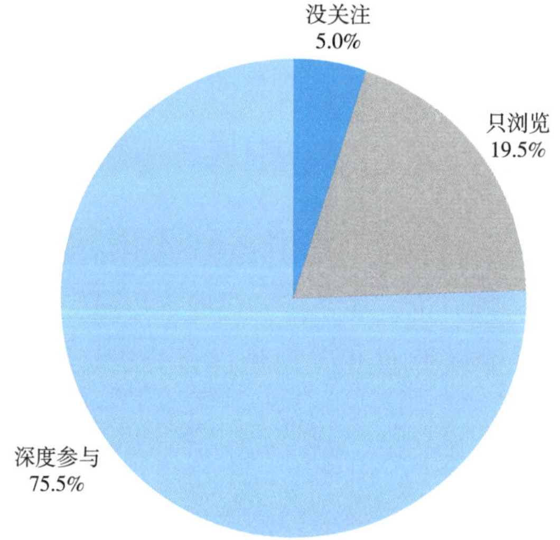

图 28　“共享单车改变中国”网络评论用户接触情况

由图 29 可见，2017 年 1～12 月共享单车的网络热度相对稳定，保持在较高的程度，该类事件网络评论的声量和互动量一直较高，在社交媒体上全年总声量约为 212 万篇，总互动量约为 627 万次。

共享单车不仅解决了中国人“最后一公里”出行难题，还在加快“出海”的过程中让中国“创新红利”惠及越来越多的海外用户。“出海”是否顺利，“落脚”了哪些城市？国内竞争激烈，众多共享单车企业如何良性运转？如何管理好共享单车？随着共享单车的国际化发展，这类事件将得到持续的关注。

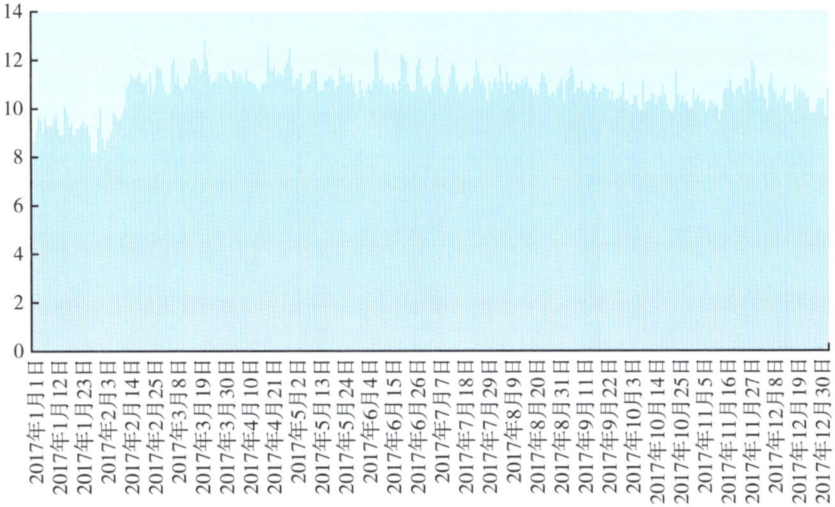

图 29　“共享单车改变中国”发文量时序

（五）教育领域焦点事件的网络评论内容分析

调查显示，2017 年教育领域中最受关注的焦点事件为小学生性教育读本引争议，关注该事件的人数占关注教育领域总人数的 76.7%。

小学生性教育读本引争议是指 2017 年 3 月浙江一个学生家长在其微博上吐槽学校发的《珍爱生命——小学生性健康教育读本》尺度太大，附上教材中部分图片和文字内容，在网上引起热议。

小学生性教育教材的普及在我国处于初始阶段，与对此相对保守的社会舆论氛围易形成观点冲突。这一事件的关注焦点是“小学生”“孩子”“儿童”“家长”“老师”等该事件的重要相关群体，家长和学校教育者均支持对性观念予以正确介绍和引导，但部分家长对图文尺度和性教育时间产生疑问。在网络评论中，“正确”“厉害”“重要”“可爱”等词语成为该事件的焦点词汇，表明用户更重视探讨教材的正确性以及对于小学生这一群体性教育的重要性（见表6）。

表6 “小学生性教育读本引争议”社交媒体评论及用户态度关键词

序号	名词关键词	百分比(%)	形容词关键词	百分比(%)
1	小学生	4.7	正确	3.7
2	孩子	2.7	厉害	2.5
3	儿童	1.5	重要	2.4
4	家长	1.4	可爱	2.1
5	老师	1.2	年轻	1.9
6	学校	0.9	神奇	1.4
7	小学	0.8	开明	1.3
8	学生	0.8	容易	1.2
9	世界	0.8	可怕	1.1
10	问题	0.5	正常	1.1

由图30可知，在关注教育领域的用户中，有23.3%的用户没有关注该事件，这次事件在所列的十个教育领域事件中关注的人数最多。有49.3%的用户深入参与转发、评论、点赞，27.4%的用户只浏览了相关网络评论。

从2017年3月开始关注该事件的用户突增，一时关注该类事件的声量和互动量很高。该事件发生期间总声量约为66万篇，总互动量约为78万次。

“小学生性教育读本引争议”发文量时序图显示，该事件的评论

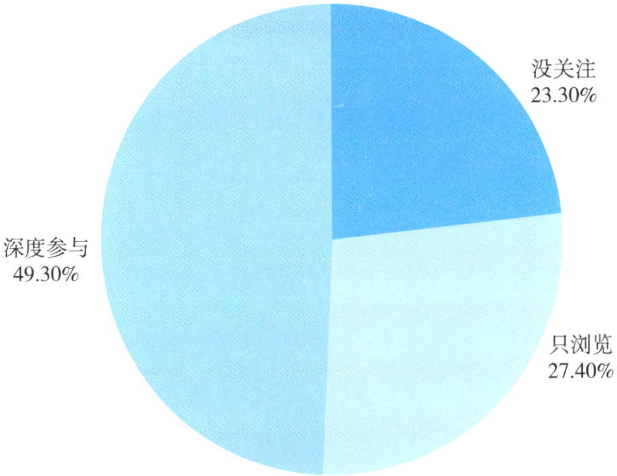

图 30　“小学生性教育读本引争议”网络评论用户接触情况

集中在3月3日当天，热度持续一周左右（见图31）。3月3日，《珍爱生命——小学生性健康教育读本》尺度太大引吐槽的新闻发布，即刻引爆网民在社交媒体平台上的讨论。

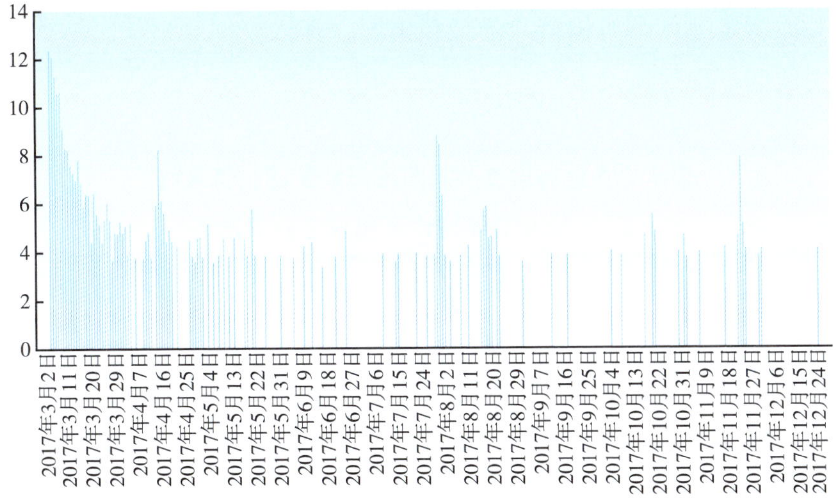

图 31　“小学生性教育读本引争议”发文量时序

（六）卫生领域焦点事件的网络评论内容分析

调查显示，2017 年卫生领域中最受关注的焦点事件为“全部省份接入国家异地就医结算系统”，关注该事件的人数占关注卫生领域总人数的 57.8%。

“全部省份接入国家异地就医结算系统”是指为方便参加医保的人员使用医保就医和结算，社会保障体系不断完善，截至 2017 年 7 月 21 日，全国 31 个省份和新疆生产建设兵团均接入国家异地就医结算系统，开通 390 个地区，占全国的 97.5%。

随着各省份接入进程的推进，用户对该事件的关注重点和态度倾向也在不断演变。对社交媒体上该事件相关评论进行分析（结果如表 7 所示），在对事件的关注重点中，“异地”“医疗”“系统”“国家”这四个关键词出现的频率最高，可知用户对该事件的关注主要集中在两个方面：各地区接入国家异地就医结算系统，已接入国家异地就医结算系统的医疗机构。在对该事件的态度上，“基本”“最新”“方便”“诚信”四个关键词出现的频率最高。可知，用户的态度主要关注特定地区和机构接入的最新情况，接入全国异地就医结算系统极大便利了参保人员就医。

表 7　“全部省份接入国家异地就医结算系统”社交媒体评论及用户态度关键词

序号	名词关键词	百分比(%)	形容词关键词	百分比(%)
1	异地	22.4	基本	24.5
2	医疗	10.6	最新	8.2
3	系统	8.9	方便	2.7
4	国家	8.5	诚信	2.5
5	机构	6.7	人均	2.3
6	定点	5.1	健康	2.0

续表

序号	名词关键词	百分比(%)	形容词关键词	百分比(%)
7	费用	4.6	重要	2.0
8	全国	4.6	最高	1.7
9	人员	4.2	平均	1.6
10	医院	4.0	必要	1.3

由图 32 可知，在关注卫生领域的用户中，有 42.2% 的用户没有关注该事件。在接触该事件相关网络评论方面，18.5% 的用户只浏览了相关评论，深度参与该事件的用户比例为 39.3%。

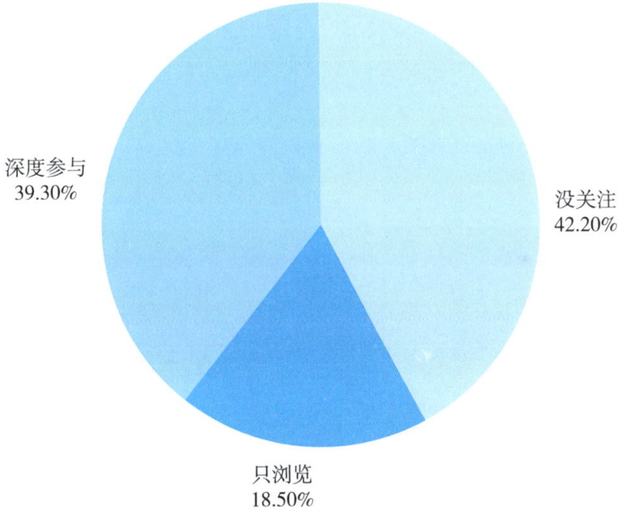

图 32　“全部省份接入国家异地就医结算系统”网络评论用户接触情况

从 2017 年 1 月 5 日到 2017 年 12 月 30 日，该事件在社交媒体上的声量和互动量呈现阶段性增长趋势，全年总声量约为 7 万篇，全年总互动量约为 7 万次，用户对此关注相对密切。

“全部省份接入国家异地就医结算系统”发文量时序图显示，2017

年6月3日、9月20日和10月23日用户对该事件的关注和参与达到峰值（见图33）。6月2日，人力资源和社会保障部召开百日攻坚视频会，要求争取在2017年9月前确保国家异地就医结算系统全面启动、联网运行，确保在线备案人员跨省异地就医住院医疗费用全部实现直接结算。该消息的发布将该事件带入用户的视野，引起广泛的关注。9月19日，一条“四川214家定点医疗机构接入国家异地就医结算系统（名单）”的消息将该事件推向了这一时段的高潮，9月20日发文量为2117篇，是前后两天的5~7倍。10月23日，“京津冀一体化再提速：北京老人到津冀养老有补贴”的消息将该事件推向用户关注的顶峰，该日发文量达到该事件的峰值。通过对该事件的完整分析可知，对于卫生领域的事件来说，每一次新的进展必然带来大量的关注。

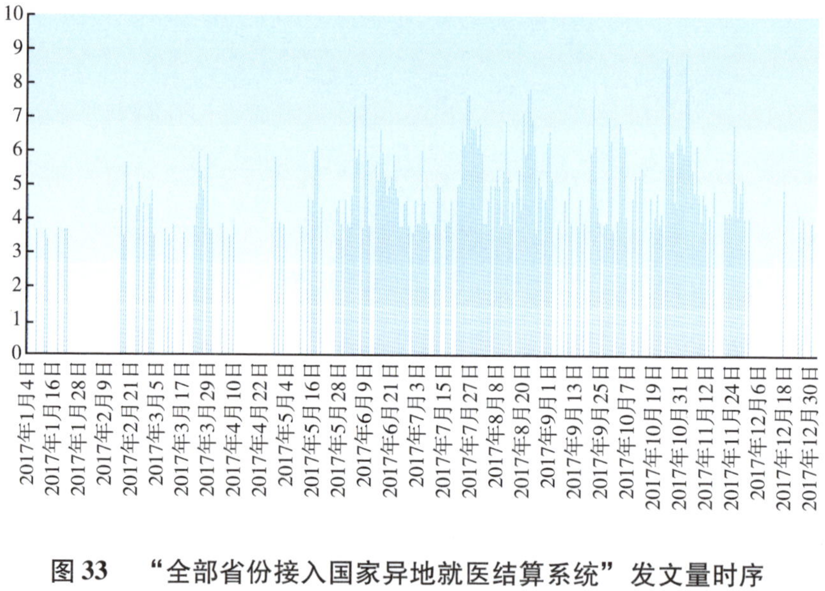

图33 “全部省份接入国家异地就医结算系统”发文量时序

（七）军事领域焦点事件的网络评论内容分析

调查显示，2017年军事领域中最受关注的焦点事件为建军

90周年大阅兵，关注该事件的人数占关注军事领域总人数的96.4%。

建军90周年大阅兵是指为了庆祝中国人民解放军建军90周年，2017年7月30日上午在朱日和训练基地举行的庆祝建军90周年大阅兵活动。

建军90周年大阅兵是新中国成立后我国首次在八一建军节举行大阅兵，创造了我国阅兵史上的新纪录，各界对此都很关注。对社交媒体上该事件相关评论进行分析（结果如表8所示），对该事件的关注重点集中在“主席”“军队”“解放军”“讲话”等关键词上，可知用户十分关注习近平主席在建军90周年大阅兵上的重要讲话以及解放军的风采。在对这一事件的态度上，“精锐”“威武”“厉害”等词出现的频率较高，表现出用户在该事件上的自豪感，许多用户纷纷转发并评论“中国军队威武”“厉害，我的祖国”。

表8　“建军90周年举行盛大阅兵”社交媒体评论及用户态度关键词

序号	名词关键词	百分比(%)	形容词关键词	百分比(%)
1	基地	2.7	重要	1.4
2	主席	2.2	精锐	0.9
3	军队	2.0	威武	0.4
4	解放军	1.2	厉害	0.3
5	讲话	1.1	伟大	0.3
6	国家	1.0	神秘	0.3
7	装备	0.9	精彩	0.3
8	亮剑	0.8	强大	0.2
9	英雄	0.7	自豪	0.2
10	风采	0.7	激动	0.2

如图 34 所示，在关注军事领域的用户中，仅有 3.6% 的用户未关注该事件。在接触该事件相关网络评论方面，只浏览了相关评论的用户占比 20.2%，深度参与该事件的用户比例高达 76.2%。

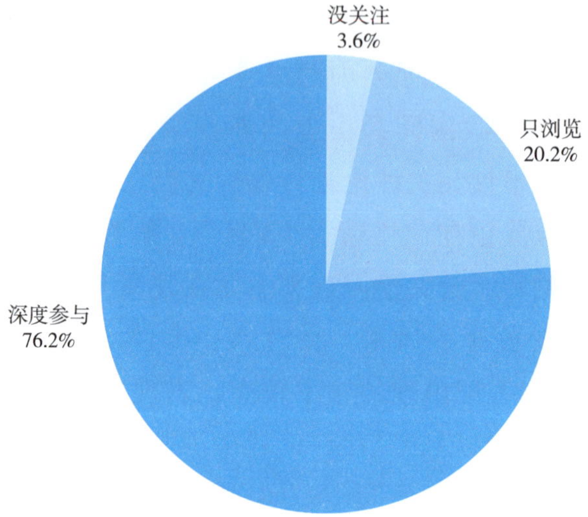

图 34 “建军 90 周年举行盛大阅兵”网络评论用户接触情况

2017 年初始就已陆陆续续出现有关建军 90 周年大阅兵的讨论，3 月 30 日国防部举行例行记者会，回应是否举行建军 90 周年阅兵活动引起了关注小高峰。7 月 30 日活动当天，对该事件的讨论达到峰值，随着活动的结束，该事件的关注度逐渐降低，但仍持续了 2 个多月（见图 35）。

（八）外交领域焦点事件的网络评论内容分析

调查显示，2017 年外交领域中最受关注的焦点事件为党的十九大后习近平主席出席亚太经合组织第二十五次领导人非正式会议，关注该事件的人数占关注外交领域总人数的 95.7%。

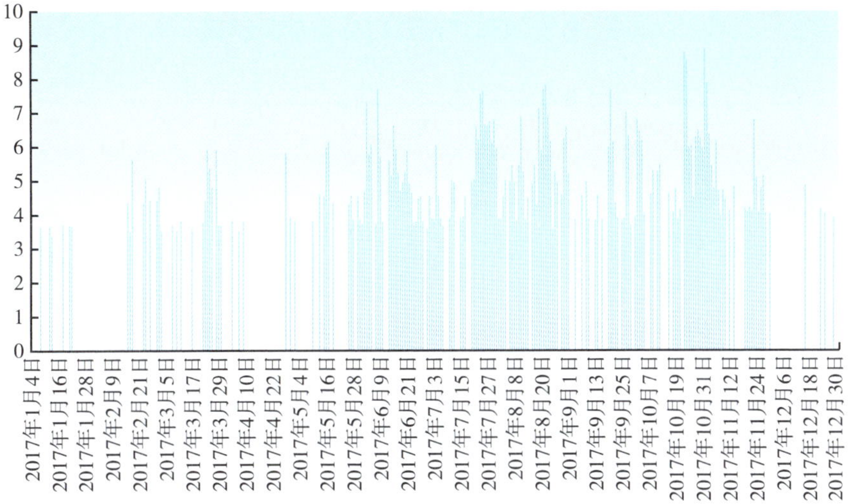

图 35 “建军 90 周年举行盛大阅兵”发文量时序

2017 年 11 月 10 ~ 14 日，习近平主席应邀赴越南岘港出席亚太经合组织第二十五次领导人非正式会议，并对越南、老挝进行国事访问。因 5 天时间里有多场双多边活动，所以备受关注，热评如潮。

对社交媒体上该事件相关评论进行分析（结果如表 9 所示），在对事件的关注重点中，“习近平”“会议”“外交”三个关键词出现的频率较高，说明用户十分关注习近平主席出席亚太经合组织第二十五次领导人非正式会议的动态，在相关微博中，转发量最高的一条为“亚太经合组织第二十五次领导人非正式会议 11 日在越南岘港举行。国家主席习近平出席并发表题为《携手谱写亚太合作共赢新篇章》的重要讲话”。在对该事件的态度上，“重要”“高级”“友好”三个词出现的频率较高，表明用户对这次会议重要性及继续发展友好关系的认同。

表9 “习主席出席亚太经合组织第二十五次领导人非正式会议”社交媒体评论及用户态度关键词

序号	名词关键词	百分比(%)	形容词关键词	百分比(%)
1	习近平	11.7	重要	1.9
2	会议	2.6	高级	1.1
3	外交	2.4	友好	0.9
4	时代	2.2	难忘	0.8
5	故事	1.9	积极	0.6
6	成果	1.8	特殊	0.6
7	APEC	1.8	自由	0.4
8	视频	1.6	精彩	0.3
9	世界	1.5	文明	0.3
10	人民	1.5	相同	0.3

由图36可知，在关注外交领域的用户中，仅有4.3%的用户未关注该事件。在接触该事件相关网络评论方面，有23.9%的用户只浏览了相关评论，深度参与该事件的用户比例较高，达71.7%。

2017年全年，“习主席出席亚太经合组织第二十五次领导人非正式会议”在媒体平台的总声量为51724篇，总互动量为70124次。“习主席出席亚太经合组织第二十五次领导人非正式会议”发文量时序图显示，2017年11月10～14日习近平主席出席亚太经合组织第二十五次领导人非正式会议期间是该事件发文量的高峰期，关注持续时间约半个月（见图37）。

（九）文化娱乐领域焦点事件的网络评论内容分析

调查显示，2017年文化娱乐领域中最受关注的焦点事件为“反腐剧《人民的名义》热播”，关注该事件的人数占关注娱乐领域总人数的97.1%。

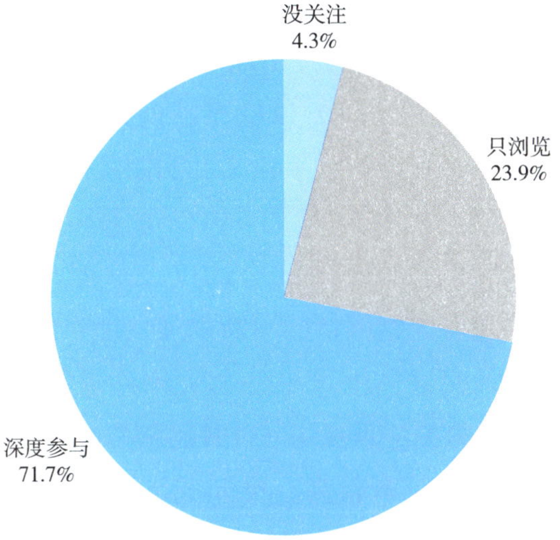

图 36　“习主席出席亚太经合组织第二十五次领导人非正式会议”网络评论用户接触情况

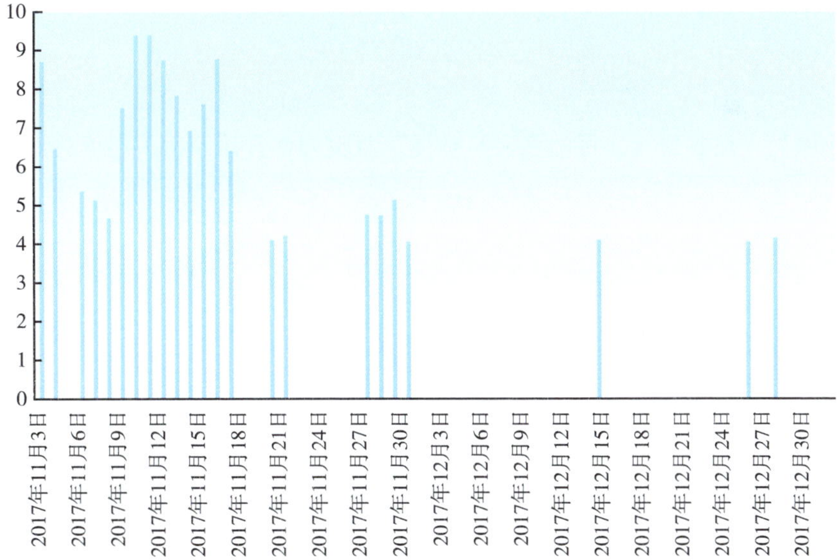

图 37　“习主席出席亚太经合组织第二十五次领导人非正式会议”发文量时序

“反腐剧《人民的名义》热播”是指最高人民检察院影视中心、中央军委后勤保障部金盾影视中心出品，众多明星出演的检察反腐电视剧《人民的名义》热播，该剧以检察官侯亮平的调查行动为叙事主线，讲述了当代检察官维护公平正义和法制统一、查办贪腐案件的故事。

诞生在中国反腐形势如火如荼的2017年，《人民的名义》必然会收获无数关注，随着该剧剧情的不断发展，用户的关注重点和态度也在不断改变。对社交媒体上该事件相关评论进行分析（结果如表10所示），在对事件的关注重点中，“书记”“电视剧”“演员”“吴刚”四个关键词出现的频率较高，可知关注该事件的用户被该剧入选2017年最受欢迎的电视剧、演员以较低的片酬出演和“达康书记”的扮演者吴刚所吸引。在对该剧的态度上，“真实”“完美”“厉害”“好看”四个关键词出现的频率最高，由此可知，用户对该剧的评价以正面评价居多。其中真实反映社会的现实、演员对所饰演角色的完美演绎使得该剧成功捕获用户的关注。

表10　“反腐剧《人民的名义》热播”社交媒体评论及用户态度关键词

序号	名词关键词	百分比(%)	形容词关键词	百分比(%)
1	书记	2.4	真实	2.1
2	电视剧	0.7	完美	2.0
3	演员	0.6	厉害	1.5
4	吴刚	0.6	好看	1.4
5	陆毅	0.5	合法	1.3
6	国家	0.5	最高	1.2
7	律师	0.4	公平	1.1
8	记者	0.4	年轻	1.1
9	法院	0.4	清楚	1.1
10	法律	0.4	精彩	1.0

由图 38 可知，在关注文化娱乐领域的用户中，仅有 2.9% 的用户没有关注《人民的名义》。在接触该剧相关网络评论方面，有 27.1% 的用户只浏览了相关评论，深度参与该事件的用户比例达 70%。

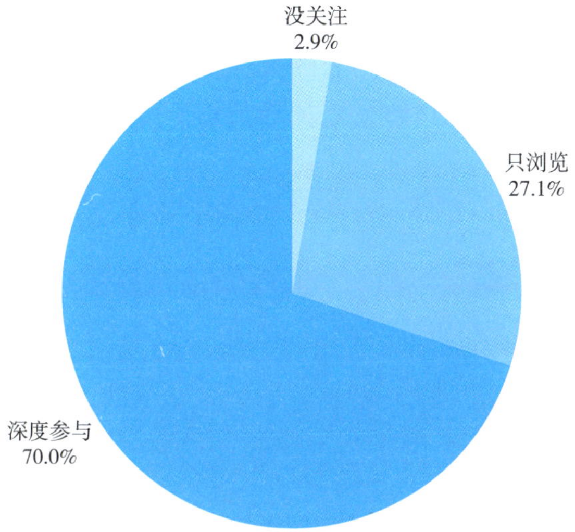

图 38 “反腐剧《人民的名义》热播”网络评论用户接触情况

从 2017 年 1 月 21 日到 12 月 25 日，该事件在社交媒体上的声量和互动量在短暂的沉寂后一直较高，全年总声量约为 16 万篇，总互动量约为 41 万次。

“反腐剧《人民的名义》热播”全年发文量时序图显示，2017 年 4 月 25 日、6 月 22 日、7 月 22 日和 12 月 19 日用户对该事件的参与和关注达到峰值（见图 39）。《人民的名义》从 2017 年 3 月 28 日正式在湖南卫视播出，随着剧情的展开，发文量也在不断攀升，在 4 月 25 日达到第一个峰值。4 月 25 日，该剧在湖南卫视播出 46、47 集，随着剧情接近尾声，再加上 4 月中旬以来，送审样本的泄露，用户对该剧的关注达到顶峰，这一天的发文量为 5272 篇。6 月 16 日，《人民的名义》提名第 23 届上海电视节白玉兰奖多个奖项，用户再次掀起对该剧的关注高潮，在6月22日达到顶点。7月22日，《人民的名义》片尾曲的演唱者江映蓉在沈阳参加商演，又一次将该剧带入用户的视野。12月19日，剧中演员在微博上晒出部分演员聚会的照片，引发用户对该剧的重刷和关注。通过对该事件的完整分析可知，随着剧情的不断推进，用户的关注重点也在不断变化，每一个继发的事件都可能引发用户对该事件的再次关注。

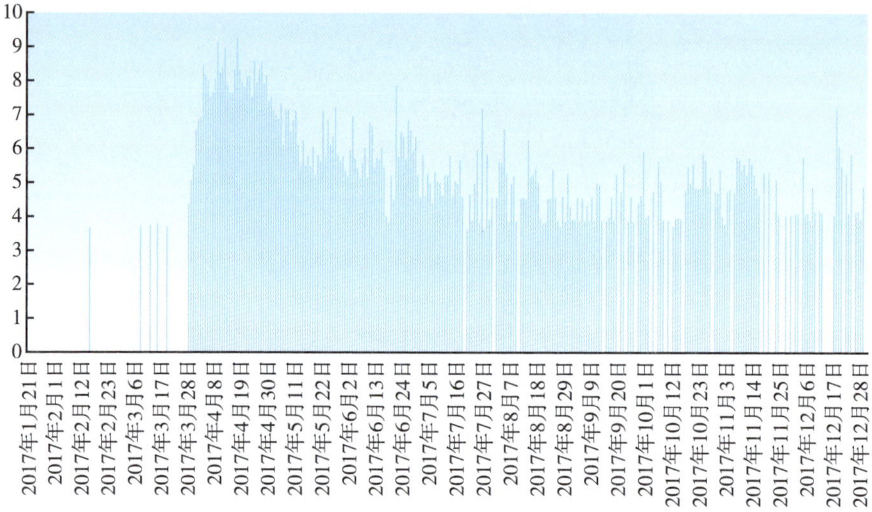

图39　“反腐剧《人民的名义》热播”发文量时序

（十）国际领域焦点事件的网络评论内容分析

调查显示，2017年国际领域中最受关注的焦点事件为“韩国总统朴槿惠‘亲信干政’丑闻曝光”，关注该事件的人数占关注国际领域总人数的97.2%。

2016年10月，韩国JTBC电视台称在崔顺实丢的电脑中发现其修改过的朴槿惠演讲稿，“亲信干政”丑闻曝光，随后一直备受民众关注。

对社交媒体上该事件相关评论进行分析（结果如表11所示），在对事件的关注重点中，“总统”“亲信”“法院”三个关键词出现的频率较高，可知用户十分关注该事件的核心人物的状态，以及韩国宪法法院对朴槿惠弹劾案的裁决。

表 11 “韩国总统朴槿惠‘亲信干政’丑闻曝光”社交媒体评论及用户态度关键词

序号	名词关键词	百分比(%)	形容词关键词	百分比(%)
1	总统	4.5	精彩	0.3
2	丑闻	3.1	热闹	0.2
3	亲信	3.1	不同	0.2
4	政治	1.8	不行	0.2
5	法院	1.8	正常	0.1
6	集团	1.0	重要	0.1
7	闺蜜	1.0	清楚	0.1
8	问题	0.9	通俗	0.1
9	女儿	0.9	民主	0.1
10	律师	0.8	特殊	0.1

由图 40 可知，在关注国际领域的用户中，仅有 2.8% 的用户没有关注该事件。在接触该事件相关网络评论方面，有 44.4% 的用户只浏览了相关评论，深度参与该事件的用户比例为 52.8%。

“韩国总统朴槿惠‘亲信干政’丑闻曝光”以来，该事件在我国引发了极大的关注，2017 年该事件在社交媒体上全年的总声量约为 15.6 万篇，总互动量约为 66.1 万次（见图 41）。“韩国总统朴槿惠‘亲信干政’丑闻曝光”发文量时序图显示，2017 年整年都有关于该事件的讨论，但讨论主要集中于 2017 年 1～4 月。从 2016 年 10 月被曝光开始，朴槿惠亲信干政丑闻一直在发酵，随着事态的升级，2017 年 1 月初，“亲信干政”事件核心人物崔顺实的女儿郑某在丹麦被拘捕，对该事件的讨论一直持续不断，2017 年 3 月 10 日朴槿惠被弹劾，对该事件的讨论达到顶峰，并持续保持了多天的高关注度，同时，后续朴槿惠的多次出庭受审也受到持续的关注。

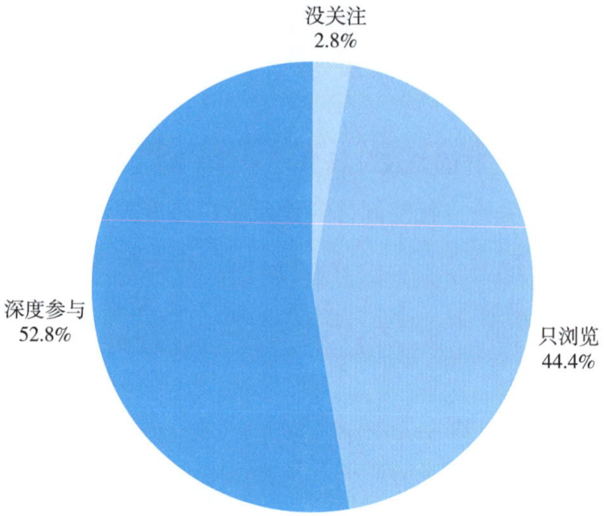

图 40 “韩国总统朴槿惠‘亲信干政’丑闻曝光”网络评论用户接触情况

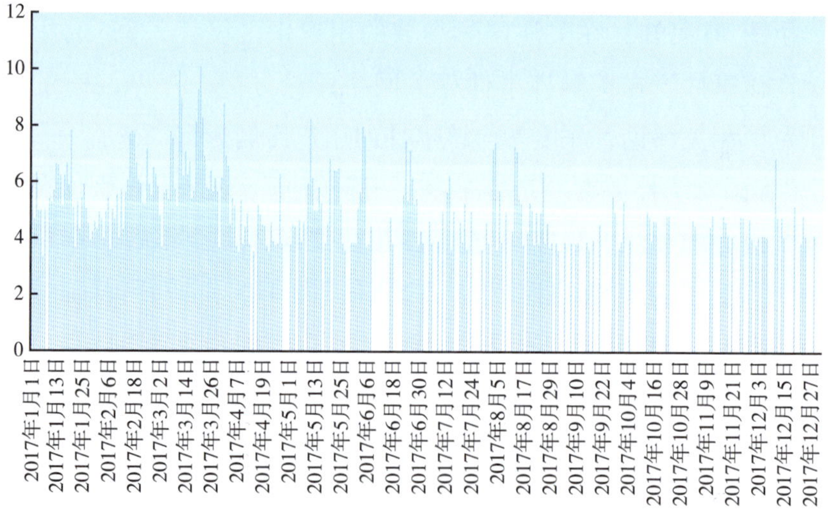

图 41 “韩国总统朴槿惠‘亲信干政’丑闻曝光”发文量时序

B.6
中国网络评论的传播效果分析报告*

赵曙光**

摘　要： 本报告通过对网络评论用户进行线上抽样调查，考察分析了用户对网络评论的认知度、认知特点，评价态度及其影响因素，参与度、参与特点，结果显示用户对传统和大众化的渠道认知度普遍较高；“便捷、丰富、多元”成为用户眼中网络评论的代名词；关注的专注程度影响了用户的参与度。本报告进而分析了网络评论在传播过程中对用户认知、行为以及事件发展走向的影响效果。

关键词： 用户认知　用户行为　传播效果

一　中国网络评论传播的认知度分析

（一）网络评论的用户认知度

在网络评论有效触达的用户中，55.2%的用户表示对自己接触的网络评论有主观认知，44.8%的用户对实际接触的网络评论缺乏认

* 本报告调查数据的抽样方法、执行过程、质量控制与《中国网络评论传播的用户分析报告》相同。

** 赵曙光，南京大学新闻传播学院教授，博士生导师、南京大学紫金传媒研究院（北京）副院长、中国新闻史学会传播学研究委员会副会长、中国青年报·中青在线全媒体社会调查中心联席主任，主要研究方向为媒介经济、数据挖掘。

知。存在这种差异的主要原因在于网络评论以更加多元的形式出现，比如视频弹幕、知乎问答、论坛回帖等，用户并未在主观上将其视为网络评论，但在客观上此类评论已经实现有效的用户触达（见图1）。

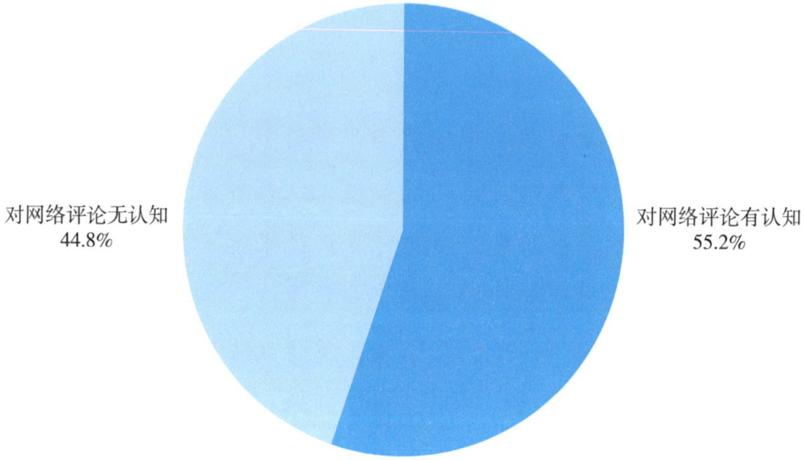

图1　网络评论的公众认知度

（二）各渠道网络评论的公众认知度

对十大类常见网络评论形式的用户认知度进行比较发现，“新闻评论”、“微博评论”和“微信评论”这三类网络评论的用户认知度最高，而“论坛回帖”“直播弹幕”“广播评论”这三类网络评论的用户认知度偏低（见图2）。

（三）网络评论的公众认知特点

网络评论产生作用的公众认知。从用户对网络评论产生作用的认知来看，认为“评论是对新闻的补充，能够帮助了解新闻”的受众最多，占比达56.6%，其次约有43.9%的用户认为网络评论能够“助力网友社交，构建网络社群”（见图3）。

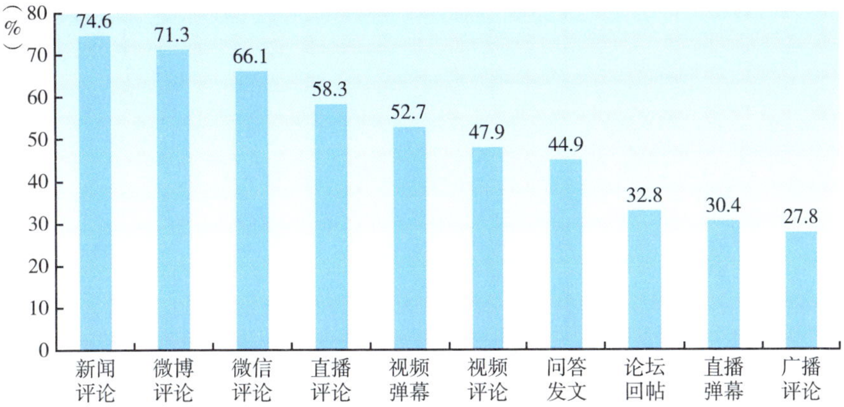

图 2　各类网络评论的公众认知度

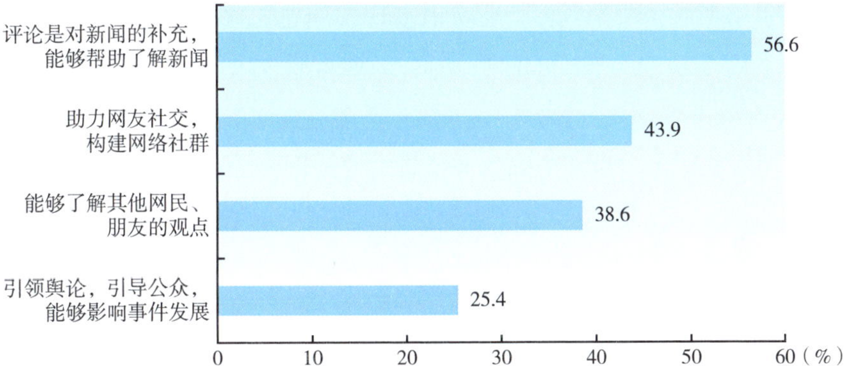

图 3　网络评论产生作用的公众认知

网络评论信息特点的公众认知。从图 4 可见，网民认为网络评论具有“观点多元”“丰富新闻内容”“覆盖面更广”“文字、视频等形态多样”等特点，占比均超过 30%；而认为网络评论具有“与他人互动更便捷”特点的用户占比较低。由此可知，在用户对网络评论信息特点的认知中，“与他人互动更便捷”并非网络评论信息的主要特点。

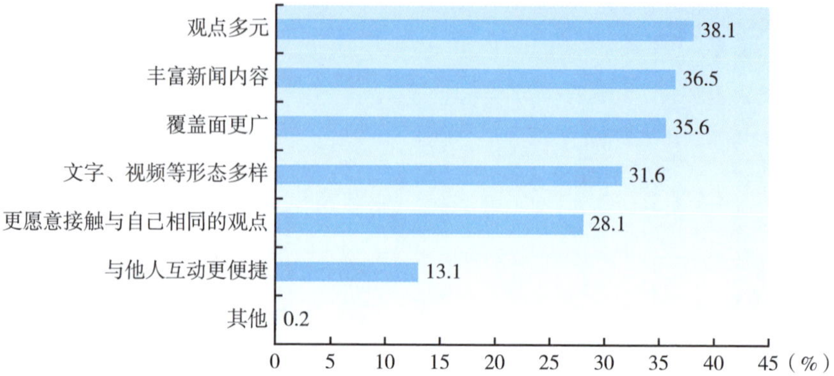

图 4　网络评论信息特点的公众认知

网络评论现实价值的公众认知。在网络评论现实价值的认知中，34.2%的用户认为网络评论“反映很多现实问题”，63.2%的用户认为网络评论“只反映出一部分问题，仍有一些问题被诸多因素限制无法反映”，仅有极少数用户（2.7%）认为“大部分现实问题都无法反映”。整体来看，绝大多数用户认为网络评论具有反映现实问题的价值（见图5）。

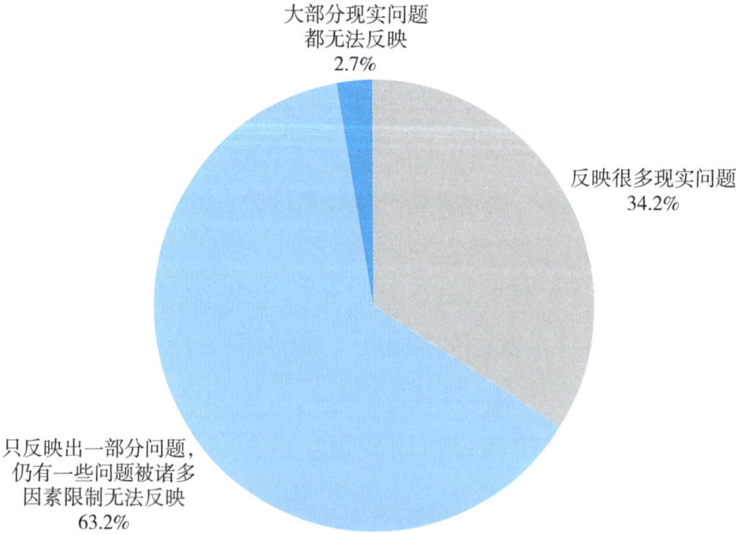

图 5　网络评论现实价值的公众认知

二 中国网络评论传播的满意度分析

（一）网络评论的公众满意度

调查数据显示，82.8%的用户对网络评论内容表示“满意”，其中，表示“非常满意”和“比较满意”的比例为21.0%和61.8%（见图6）。

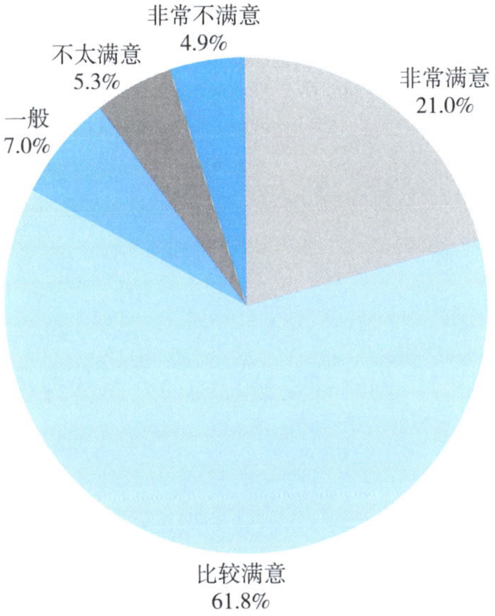

图6 网络评论的公众满意度

（二）网络评论信息的公众总体评价

半数以上的用户对网络评论信息持有正面态度，31.5%的用户认为网络评论信息“丰富多彩，挺有意思”，11.3%的用户认为网络评论信息“传播正能量，塑造主流价值观”，10%的用户认为网络评论信息“网络精华在评论”；28.3%的用户持有保留态度，认为网络评论信息“参差不齐，有待优化”。另外，有18.8%的用户认为网络评论信息“真伪混杂，不能辨别信息”（见图7）。

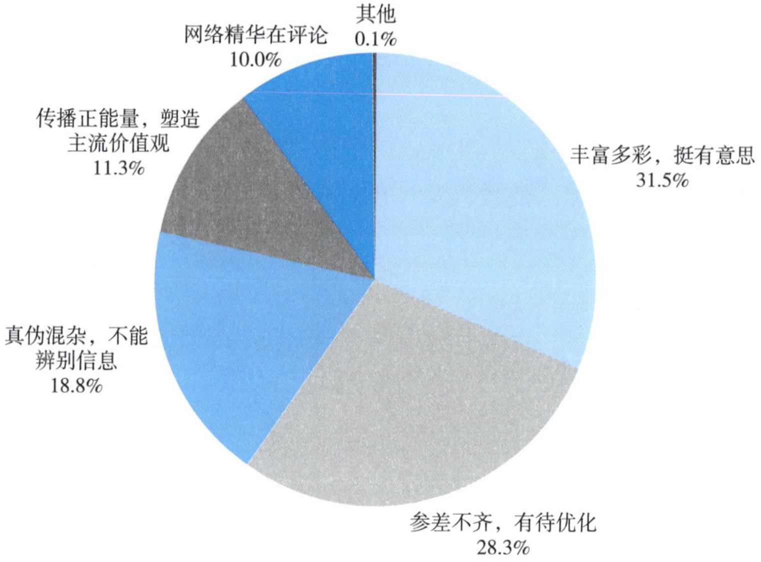

图7　网络评论信息的公众总体评价

（三）网络评论用户评价态度的影响因素

接触动机对用户评价态度的影响。从图8可知，基于求知动机关注网络评论的用户更倾向于对其得出正面评价，在“网络精华在评论”“丰富多彩，挺有意思”“传播正能量，塑造主流价值观”三种评价中，基于求知动机进行接触的用户占比明显高于基于便利动机的用户。另外，在给出的五种评价中，被动关注的用户人数占比都是最少的。总体上看，接触动机在一定程度上会影响用户对网络评论的评价，主动获取网络评论的用户对其评价更为正面。

接触渠道对用户评价态度的影响。由图9可知，用户对知乎等问答平台、微博、视频网站、广播音频类平台、微信、新闻客户端等渠道的

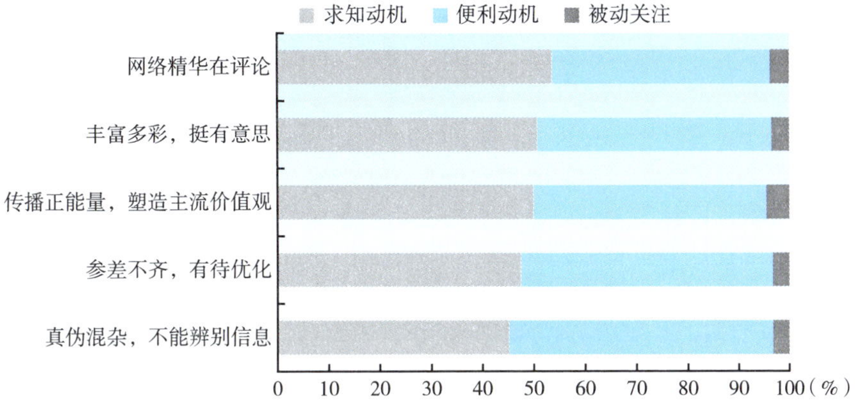

图 8　接触动机对网络评论满意度的影响

网络评论持有正面态度的人数占比均超过 50%。其中，用户认为微博、知乎等问答平台、微信三类新媒体渠道的网络评论“传播正能量，塑造主流价值观”的人数占比超过 30%；用户认为知乎等问答平台、视频网站、新闻网站三类媒体渠道“网络精华在评论”的人数占比超过 15%；用户认为直播类平台、广播音频类平台、微博、视频网站四类媒体渠道的网络评论“丰富多彩，挺有意思”的人数占比超过 10%。

用户认为微博、新闻网站、直播类平台、论坛类平台、新闻客户端的网络评论“参差不齐，有待优化”的人数占比超过 30%。用户认为论坛类平台、新闻网站、视频网站、微信的网络评论“真伪混杂，不能辨别信息”的人数占比超过 20%。

总体上看，微博、微信、新闻客户端、知乎等问答平台等新兴移动端媒体渠道的用户对网络评论持有更为积极的态度，对其评价更为正面。同时也要看到，微博、直播类平台、视频网站、新闻客户端等渠道，由于内容产出量大、内容时效性较强，用户对于网络评论内容难有时间进行真伪求证，认为网络评论“参差不齐”乃至“真伪混杂”的用户占比更高。

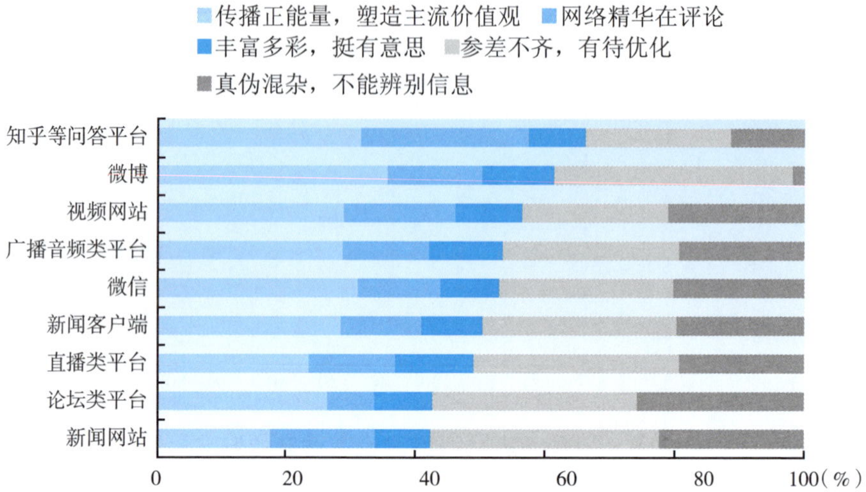

图 9　接触渠道对网络评论满意度的影响

接触时长对用户评价态度的影响。由图 10 可知，接触时长越长，用户对网络评论持有正面态度的人数占比越高。单次浏览网络评论类信息花费 30 分钟及以上的用户中，有半数以上的用户对网络评论内容持有正面态度。其中，接触时长在 2 小时以上的用户中，有 63.3% 持有正面态度，接触时长在 1～2 小时的用户中有 62.9% 持有正面态度，接触时长在 30 分钟至 1 小时的用户中有 59.9% 持有正面态度。

在各类接触时长的用户群体中，认为网络评论“参差不齐，有待优化”的用户人数占比，与用户单次浏览网络评论类信息花费时长则成反比关系。单次浏览网络评论类信息花费 30 分钟以下的用户中，有超过 30% 的用户认为网络评论“参差不齐，有待优化”。

总体上看，用户对网络评论的正面评价与单次浏览网络评论类信息花费时长有正相关关系，用户单次浏览花费越多时间进行深度阅读，对网络评论内容的理解和认知越深刻，评价也越偏向正面。而用户单次浏览时长不足时，往往会使其更倾向于评价网络评论参差不齐，这可能与用户无法短时间快速获取有效信息而产生的不满心态有关。

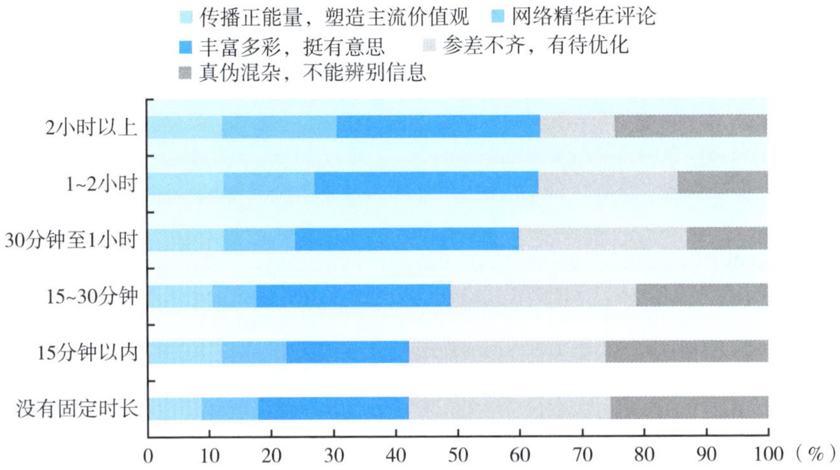

图 10　接触时长对网络评论满意度的影响

（四）网络评论的真伪求证情况

网络评论真伪求证的总体情况。46.2% 的用户会主动求证网络评论信息的真伪，53.8% 的用户表示对网络评论信息的真伪“从不求证”（见图 11）。

不同内容类型网络评论的真伪求证情况。按照网络评论的内容类型来看，用户对国家政策、社会新闻、健康养生等与自身利益密切相关的网络评论信息更为谨慎，分别有 45.1%、44.7%、43.8% 的用户对这些类型的网络评论真伪进行求证。而对于娱乐信息、科技信息、文化信息等类型的网络评论，用户的求证行为占比则相对较低（见图 12）。

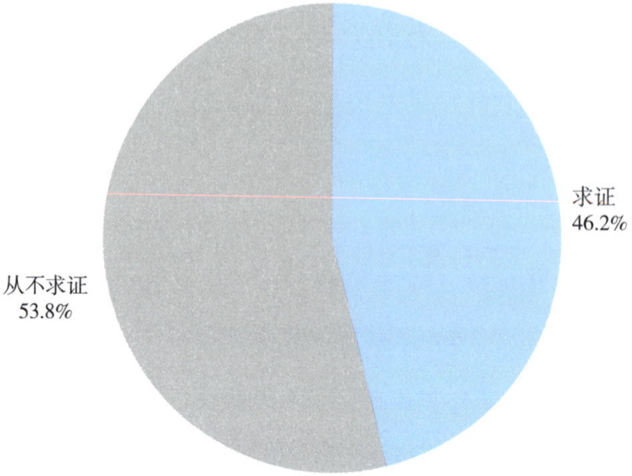

图 11　用户对网络评论真伪的求证情况

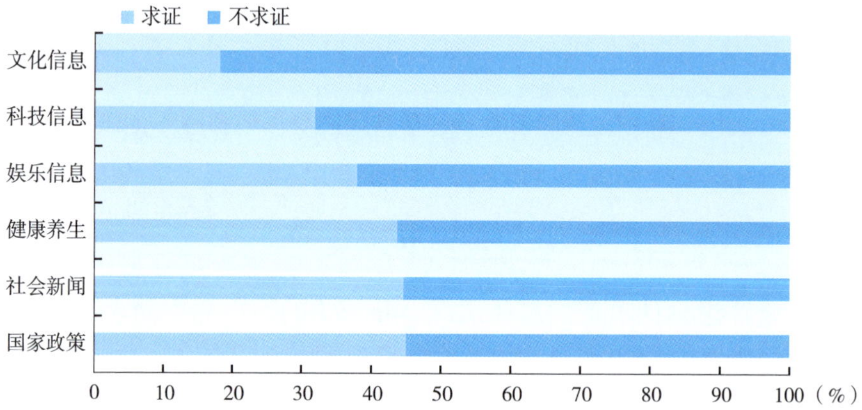

图 12　用户对不同内容类型的网络评论真伪的求证情况

网络评论的求证路径。对于多数用户而言，对网络评论的真伪进行求证，主要还是借助官方渠道或专业人士的力量。其中，有 77. 3% 的用户主要通过“官方网站”求证，36. 8% 的用户会自行查找原帖，23. 5% 的用户会找“专业人士”求证（见图 13）。

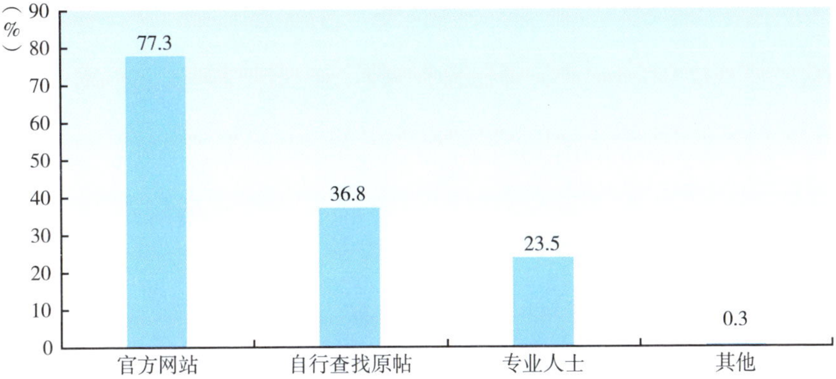

图 13　用户求证网络评论真伪的主要路径

三　中国网络评论传播的参与度分析

（一）网络评论的用户参与度

从调查情况来看，用户在网络评论的互动参与方面态度较为积极，经常参与网络评论互动的用户比例为 36.9%，58.7% 的用户偶尔参与互动，只有 4.5% 的用户基本不转发评论点赞（见图 14）。

（二）网络评论的公众参与特点

专注少数话题领域更容易促进用户参与互动。研究对用户关注话题领域数量和互动参与意愿进行了交叉分析。分析发现，用户关注的话题领域数量越少，对所关注话题越专注，参与互动的意愿也越强烈。由图 15 可见，关注 9 个及以上话题领域的用户，经常参与互动的人数占比为 76%，而关注 3 个及以下话题领域的用户，经常参与互动的人数占比则为 79.8%，参与度更高。

卫生、教育、文化领域的转发参与度更高。由图 16 可知，卫生领域的转发参与度最高，达到 54.3%，其次为教育领域（52.7%）、

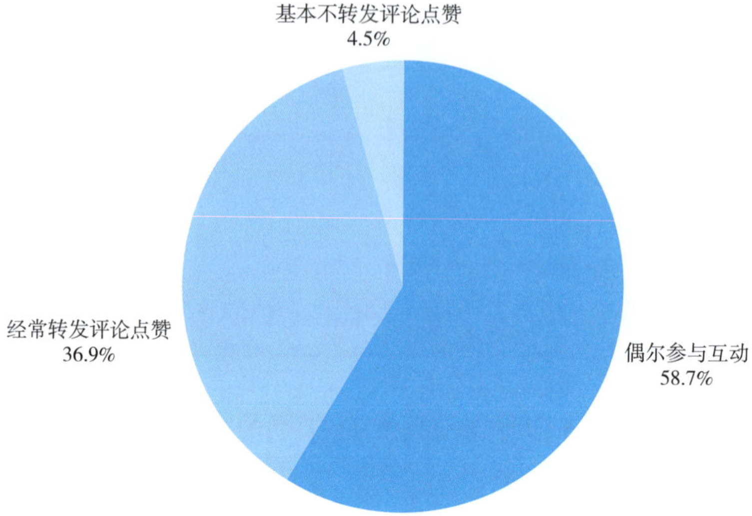

图 14　网络评论的用户参与度

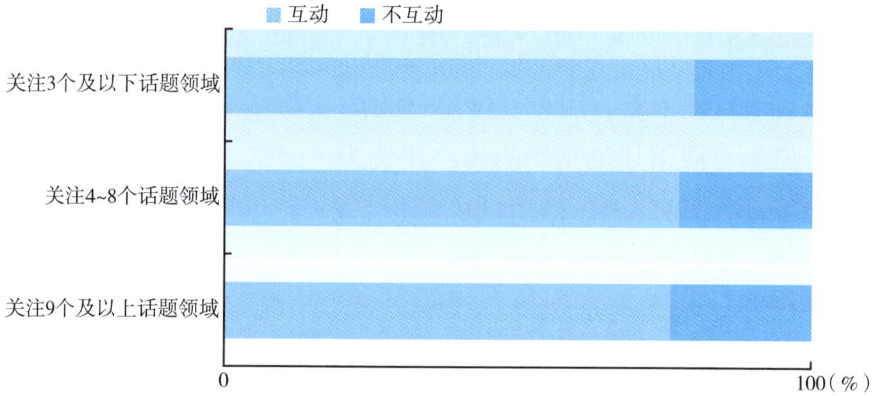

图 15　关注话题领域数量对用户参与度的影响

文化领域（49.7%）。而社会领域（36.3%）、军事领域（35.7%）、外交领域（32.6%）的用户转发参与度相对较低。从调查数据可以看到，在与自身切身利益密切相关的话题领域方面，转发人数占比更高，对事件的主动扩散传播意愿更强。

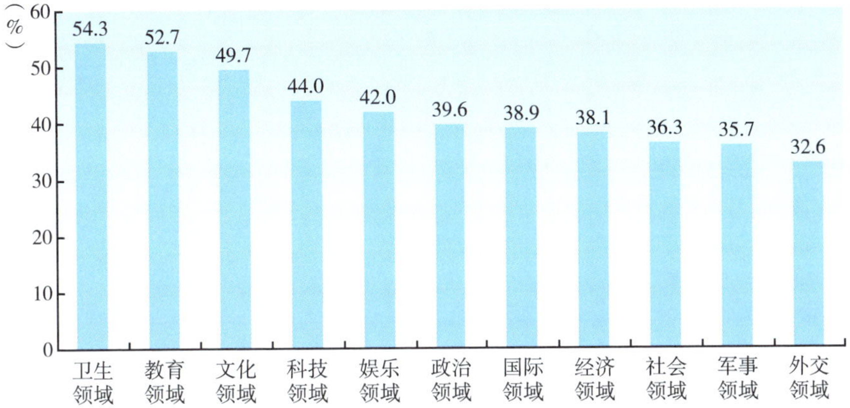

图 16　各话题领域网络评论的转发情况

外交、政治、科技领域的评论参与度更高。由图 17 可知，外交领域的评论参与度最高，达到 45.7%，其次为政治领域（45%）、科技领域（44.7%）。而国际领域（36.1%）、社会领域（33.5%）、军事领域（27.4%）的用户评论参与度相对较低。从调查数据可以看到，用户的经济领域、国际领域、军事领域等信源渠道相对较窄，在专业知识储备要求较高的话题领域，评论人数占比更低，对事件的主动评论意愿也更弱。需要注意的是，用户对于专业知识储备要求较低的社会领域，其主动评论意愿也相对较弱，这可能与社会领域信源庞杂、舆论环境不佳和事件发展经常反转有较大关系。

军事、政治、经济领域的点赞参与度更高。由图 18 可知，军事领域的点赞参与度最高，达到 39.3%，其次为政治领域（38.7%）、经济领域（37.3%）。而娱乐领域（27.1%）、外交领域（19.6%）、国际领域（19.4%）的用户点赞参与度相对较低。从调查数据可以看到，用户对军事、政治和经济领域的正向互动参与意愿更强，这与我国近年来在这些领域持续发展的社会现实状况有密切关系。相对而言，外交领域、国际领域与用户日常生活距离较远，正向互动参与度则相对较低。

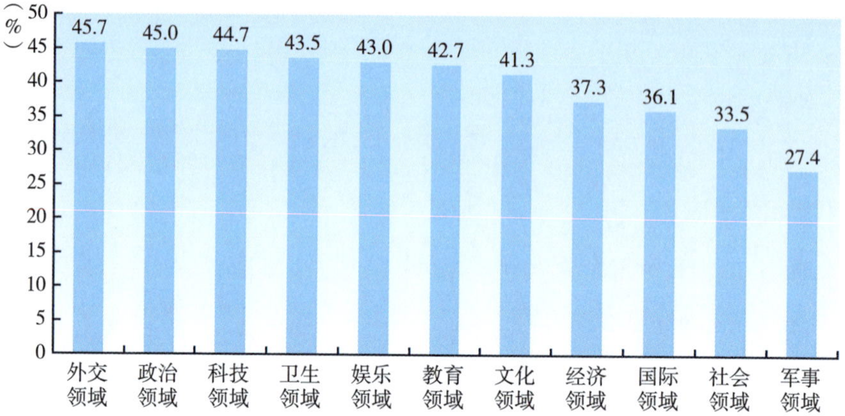

图 17　各类话题领域网络评论的评论情况

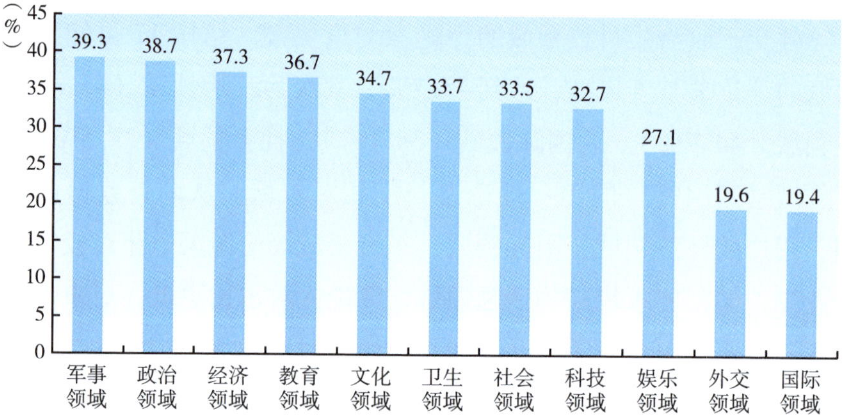

图 18　各类话题领域网络评论的点赞情况

四　中国网络评论传播的影响效果分析

（一）网络评论对用户认知的影响

网络评论对用户认知的总体影响。37.8%的用户认为网络评论对自己的“影响非常大”，49%的用户认为网络评论对自己的“影响一般”，仅有13.2%的用户认为网络评论对自己“几乎没影响”。总的来看，多数用户认为网络评论对自己会产生一定的影响（见图19）。

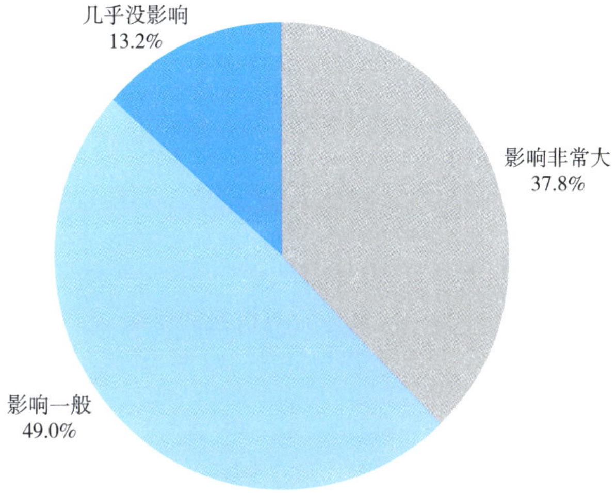

图19　网络评论对用户认知的总体影响

网络评论对情绪的影响。从网络评论对情绪的影响来看，有86.9%的用户认为网络评论会对自己的情绪产生影响，其中34.2%的用户认为“影响非常大”，52.7%的用户认为“影响一般”（见图20）。

网络评论对个人观点形成的影响。从网络评论对个人观点形成的影响来看，有82.8%的用户认为网络评论会对自己的观点形成产生影响，其中29.0%的用户认为“影响非常大”，53.8%的用户认为“影响一般”（见图21）。

网络评论对视野拓展的影响。从网络评论对视野拓展的影响来看，与网络评论对“情绪”及“个人观点形成”的影响不同，在对“视野拓展”的影响中，半数用户认为网络评论对视野拓展的“影响

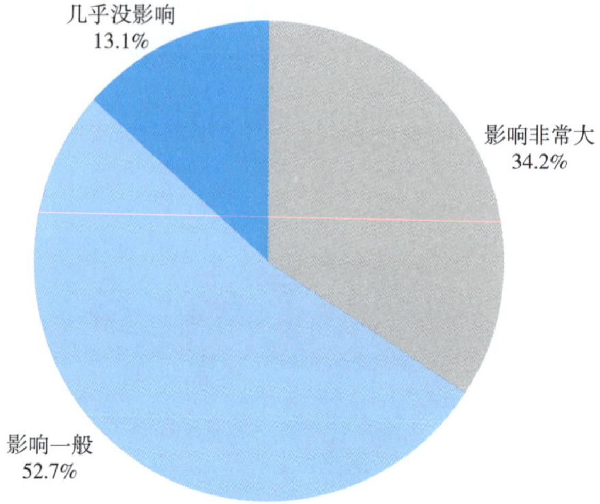

图 20　网络评论对情绪的影响

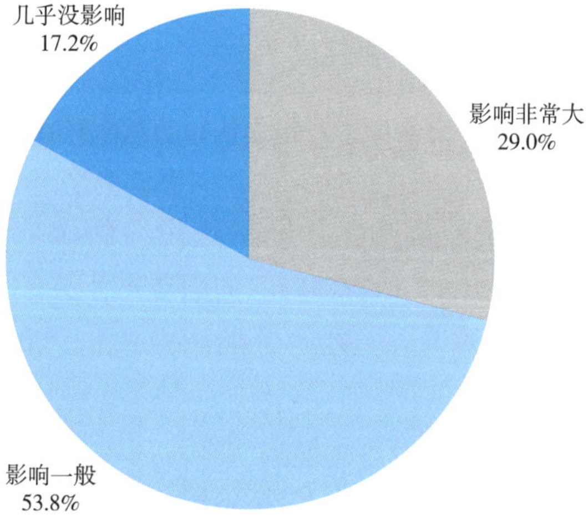

图 21　网络评论对个人观点形成的影响

非常大”。共有 90.8% 的用户认为网络评论会对自己的视野拓展产生影响，其中 50.2% 的用户认为“影响非常大”，40.6% 的用户认为“影响一般”（见图 22）。

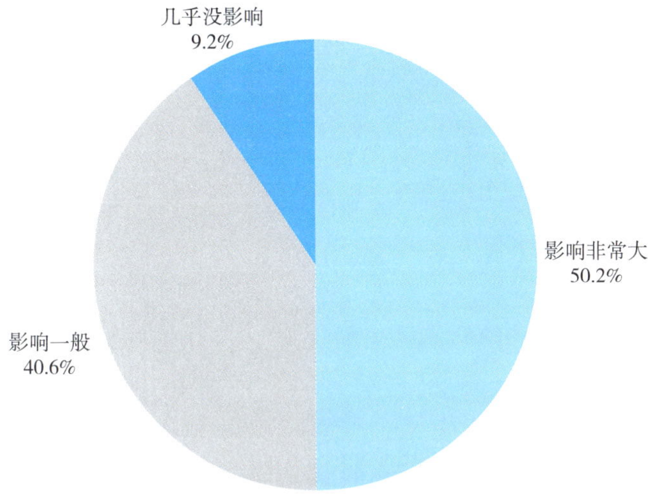

图 22　网络评论对视野拓展的影响

（二）网络评论对用户行为的影响

网络评论对用户行为的总体影响。从网络评论对用户行为的影响来看，有 75. 2% 的用户认为网络评论会对自己的行为产生影响，与网络评论对用户认知的影响效果相比，网络评论对用户行为的影响效果相对偏小，其中 24. 9% 的用户认为网络评论对自己的行为“几乎没影响”（见图 23）。

网络评论对用户关注热议事件的影响。当某个事件受到网络热议时，有 42. 8% 的用户会“在网络上寻找更多信息，关注网络评论，并发表评论”，其次有 29. 8% 的用户会“通过报纸、电视等其他媒介获取更多信息”，“等待官方正式披露信息”的用户仅占 20. 4%（见图 24）。由此可见，随着科技的发展，网络媒体因其便捷高效的特点，日益成为用户的主要信息来源，网络评论成为用户对热议事件关注的主要影响因素。

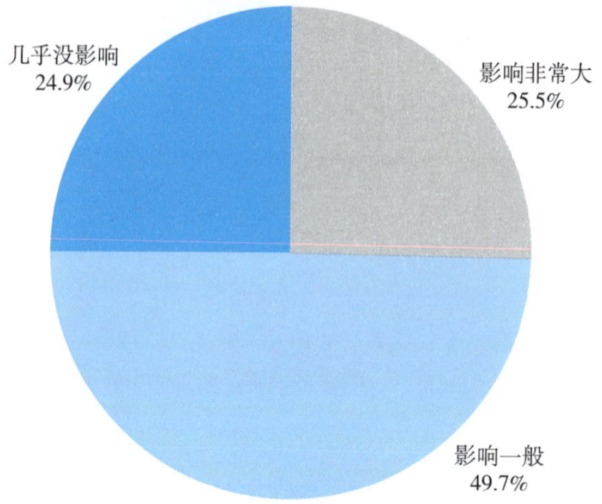

图 23　网络评论对用户行为的总体影响

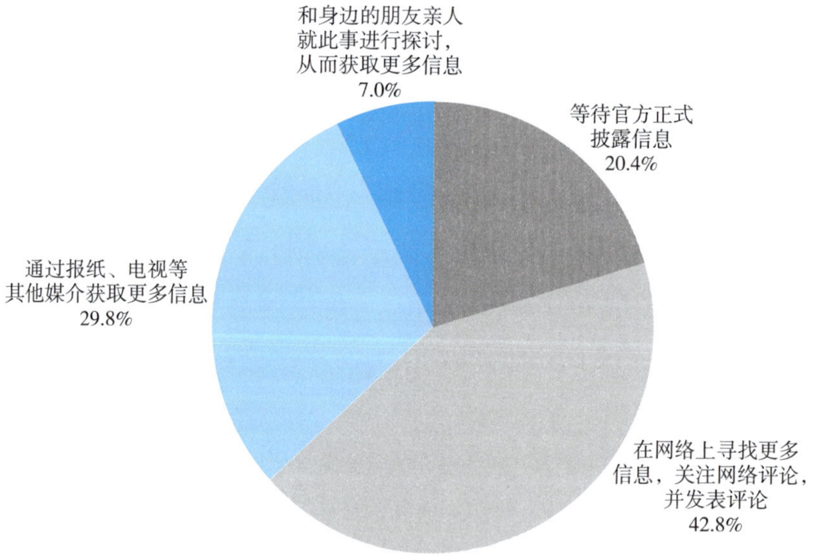

图 24　网络评论对用户关注热议事件的影响

网络评论对用户处理舆情压力的影响。当某些网络评论的价值取向与自身观点不同，面对舆论压力时，有超过半数的用户会主动“寻找依据来支撑自己的观点”（见图 25）。

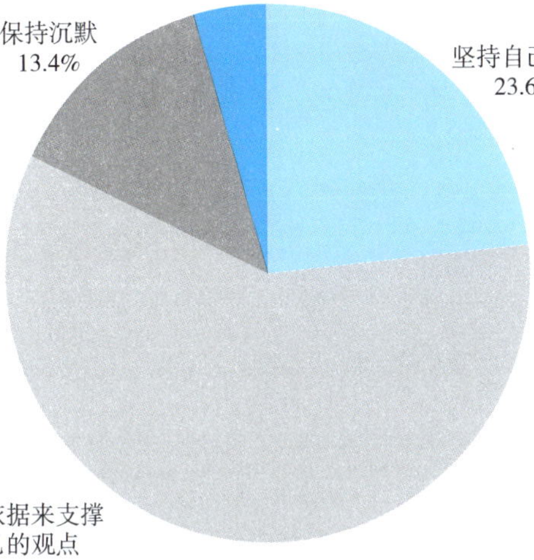

图 25　网络评论对用户处理舆情压力的影响

（三）网络评论对事件发展的影响

网络评论对舆情形成的影响。从网络评论对舆情形成的影响来看，认为能“形成强势舆论，影响事件发展”的用户占 13.7%，30.7% 的用户认为网络评论能在“大范围内形成舆论”，47.3% 的用户认为网络评论能够在“小范围内形成舆论”。由此可知，绝大多数用户认为网络评论能够对舆情形成一定程度的影响（见图 26）。

网络评论对事件传播的影响。用户对网络评论对事件传播影响的态度，与对舆情形成的影响类似，超过 90% 的用户认为网络评论对事件传播能够产生不同程度的影响（见图 27）。

网络评论对解决问题的影响。当涉及网络评论对解决具体问题的影响时，与网络评论在事件舆论形成、传播效果上的影响相比，持正面态度的用户占比相对偏低。有 76.8% 的用户认为网络评论对解决问题有正面帮助，其中 39.0% 的用户认为“被指向者迫于舆论压力，

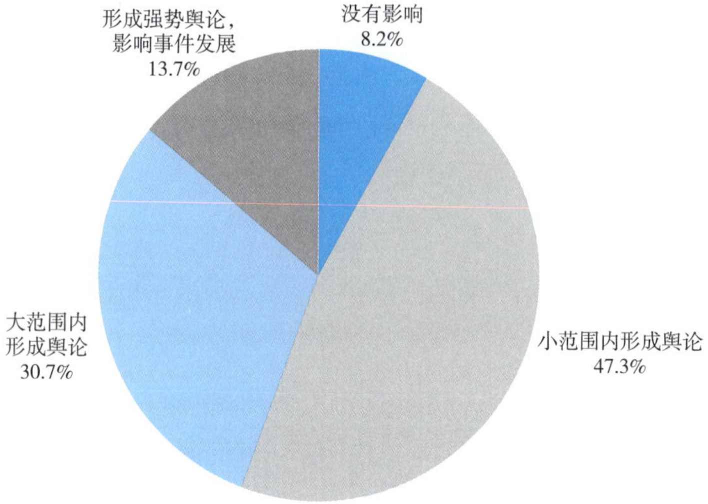

图 26　网络评论对舆情形成的影响

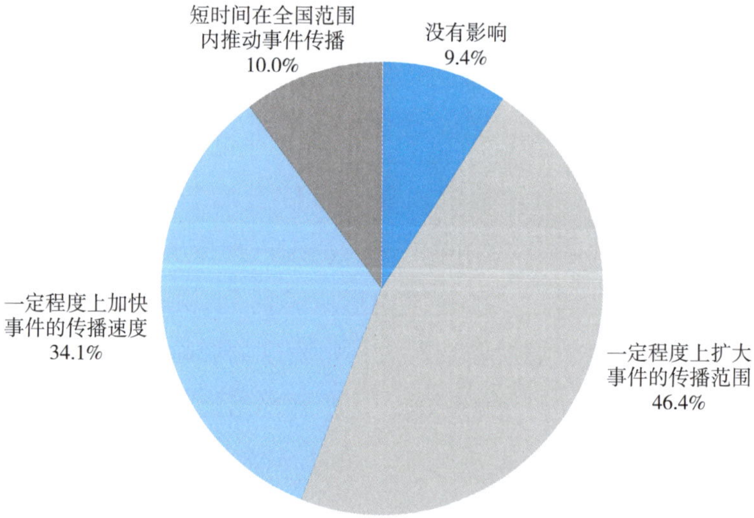

图 27　网络评论对事件传播的影响

对事件有很大帮助”，37.8%的用户认为“有影响，但帮助不大”。另外，有18.4%的用户认为“没有影响，只是网民在唱独角戏”，

4.8%的用户态度悲观，认为网络评论对解决问题“没有帮助，反而形成负面影响”（见图28）。

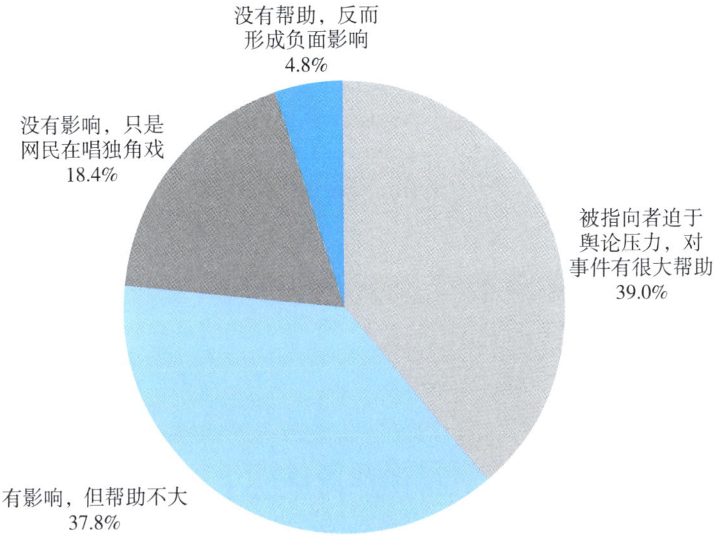

图28　网络评论对解决问题的影响

政策法规篇

Policy and Regulations

B.7

引导与规范：我国网络内容建设与管理的政策法规

丁丁　姜赟　李凯　耿磊*

摘　要： 回首党的十八大以来极不平凡的五年，习近平总书记高瞻远瞩、把握大势，紧密结合我国互联网发展治理实践，提出一系列新理念新战略，系统阐述事关网络安全和信息化发展的重大理论和实践问题，形成了内涵丰富、博大精深、科学系统的关于网络强国的重要思想。

* 丁丁，人民日报社研究部副主任，高级编辑，主要研究方向为新闻理论、新闻阅评、党报评论、媒体发展等；姜赟，人民日报社评论部新媒体评论室主编，研究方向为新媒体评论；李凯，人民日报社研究部新闻报道业务研究室主任，主任编辑，研究方向为新闻理论、新闻业务、舆论学；耿磊，人民日报社研究部编辑，研究方向为传媒经济学。

关键词： 网络治理 网络安全 政策法规 网络强国

探讨网络内容与建设的政策法规，需要从网络政策法规说起。从我国网络发展史来看，自 1994 年正式接入互联网以来，我国网络政策法规的出台就与互联网的发展同步。从网络系统安全到网络信息安全，再到对网络信息传播行为的规范等，网络政策法规的制定工作不断展开、深入推进。

一 我国网络政策法规沿革

具体来说，我国网络政策法规的进程大体可分为三个时期：起步期（1994～1999 年），发展期（2000～2012 年），推进期（2013 年至今）。

1. 网络政策法规起步期(1994～1999年)

这一时期，网络政策法规的制定尚处在摸索阶段。1994 年 2 月，《中华人民共和国计算机信息系统安全保护条例》出台。条例所称的计算机信息系统，是指“由计算机及其相关的和配套的设备、设施（含网络）构成的，按照一定的应用目标和规则对信息进行采集、加工、存储、传输、检索等处理的人机系统”①。从条例的这个表述来看，当时还没有清晰的网络概念。

为了加强对计算机信息网络国际联网的管理，保障国际计算机信息交流的健康发展，国务院于 1996 年 2 月发布了《中华人民共和国计算机信息网络国际联网管理暂行规定》。这是我国第一部网络法规，1997 年又做了修订。这个规定对一些用语进行了界定，对我国

① 《中华人民共和国计算机信息系统安全保护条例》，http://www.mps.gov.cn/n2254314/n2254409/n2254419/n2254429/c3721836/content.html。

网络发展以及此后制定政策法规都产生了重要影响。例如，界定了“计算机信息网络国际联网（国际联网），是指中华人民共和国境内的计算机信息网络为实现信息的国际交流，同外国的计算机信息网络相连接；互联网络，是指直接进行国际联网的计算机信息网络”①。这是对“网络”较早的法律解释。1997 年 6 月我国针对域名管理还出台了《中国互联网络域名注册实施细则》。

1997 年 12 月，《计算机信息网络国际联网安全保护管理办法》发布。其中规定了利用网络传播信息的内容——任何单位和个人不得利用国际联网制作、复制、查阅和传播下列信息：（一）煽动抗拒、破坏宪法和法律、行政法规实施的；（二）煽动颠覆国家政权，推翻社会主义制度的；（三）煽动分裂国家、破坏国家统一的；（四）煽动民族仇恨、民族歧视，破坏民族团结的；（五）捏造或者歪曲事实，散布谣言，扰乱社会秩序的；（六）宣扬封建迷信、淫秽、色情、赌博、暴力、凶杀、恐怖，教唆犯罪的；（七）公然侮辱他人或者捏造事实诽谤他人的；（八）损害国家机关信誉的；（九）其他违反宪法和法律、行政法规的。② 这是我国最早对网络信息传播内容的管理法规，虽然没有对具体信息进行解释，但对此后一些法规，包括网络评论在内的网络信息传播有很大影响。

2. 网络政策法规发展期(2000 ~2012年)

进入 21 世纪后，信息技术迅猛发展，网络日益影响人们的生产生活，发挥了越来越重要的作用，如何用好管好网络成为时代课题。在这样的背景下，我国陆续出台了关于网络管理、内容、主体等各方面的政策法规。

---

① 《中华人民共和国计算机信息网络国际联网管理暂行规定》，http：//www. mps. gov. cn/n2254314/n2254409/n2254419/n2254429/c3721842/content. html。

② 《计算机信息网络国际联网安全保护管理办法》，http：//www. mps. gov. cn/n2254314/n2254409/n2254443/n2254451/c4113546/content. html。

比如，关于网络安全，出台了《计算机信息网络国际联网保密管理规定》（2000年）、《全国人大常委会关于维护互联网安全的决定》（2000年）等；关于域名，出台了《中文域名注册管理办法（试行）》（2000年）、《中文域名争议解决办法（试行）》（2000年）、《关于互联网中文域名管理的通告》（2000年）、《关于审理因域名注册、使用而引起的知识产权民事纠纷案件的若干指导意见》（2000年）、《最高人民法院关于审理涉及计算机网络域名民事纠纷案件适用法律若干问题的解释》（2001年）、《互联网络域名管理办法》（2017年）等；关于传播内容，出台了《互联网信息服务管理办法》（2000年）、《互联网视听节目服务管理规定》（2008年）、《专网及定向传播视听节目服务管理规定》（2016年）等；关于著作权，出台了《信息网络传播权保护条例》（2006年）；关于市场管理，出台了《规范互联网信息服务市场秩序若干规定》（2011年）、《互联网文化管理暂行规定》（2011年）等。

特别值得一提的是，这一阶段里，国家出台了两个重要文件。一个是2006年5月由中共中央办公厅、国务院办公厅印发并实施的《2006～2020年国家信息化发展战略》，从战略高度指出，信息化是推动经济社会变革的重要力量，是覆盖我国现代化建设全局的战略举措。该战略中关于建设先进网络文化的相关部分明确提出，要规范网络文化传播秩序，使科学的理论、正确的舆论、高尚的精神、优秀的作品成为网上文化传播的主流；要倡导网络文明，强化网络道德约束，建立和完善网络行为规范，积极引导广大群众的网络文化创作实践，自觉抵御不良内容的侵蚀，摈弃网络滥用行为和低俗之风，全面建设积极健康的网络文化。

另一个是《中华人民共和国政府信息公开条例》，由国务院2007年4月5日发布，自2008年5月1日起施行。该条例是为了保障公民、法人和其他组织依法获取政府信息，提高政府工作的透明度，促进依法行政，充分发挥政府信息对人民群众生产、生活和经济社会活动的服务作用而制定的。条例规定，行政机关应当及时、准确地公开政府信息，如发现影响或者可能影响社会稳定、扰乱社会管理秩序的虚假或者不完整信息时，应当在其职责范围内发布准确的政府信息予以澄清。同时还规定，各级人民政府应当建立健全政府信息公开工作考核制度、社会评议制度和责任追究制度，定期对政府信息公开工作进行考核、评议。这是尊重和满足群众知情权、参与权、表达权、监督权的充分体现。

3. 网络政策法规推进期（2013年至今）

党的十八大以来，在习近平总书记关于网络强国的重要思想的指引下，我国关于网络的立法工作步入快车道，相继出台了多部法律法规。

2013 年 9 月，最高人民法院、最高人民检察院出台《关于办理利用信息网络实施诽谤等刑事案件适用法律若干问题的解释》，对“捏造事实诽谤他人”做了详细解释。

2014 年 8 月 26 日，国务院发布《关于授权国家互联网信息办公室负责互联网信息内容管理工作的通知》（国发〔2014〕33 号），授权重新组建的国家互联网信息办公室负责全国互联网信息内容管理工作，并负责监督管理执法。

2016 年 7 月，中共中央办公厅、国务院办公厅印发《国家信息化发展战略纲要》，并于当月起实施。这一纲要是根据新形势对《2006～2020 年国家信息化发展战略》的调整和发展，是规范和指导未来 10 年国家信息化发展的纲领性文件，是国家战略体系的重要组成部分，是信息化领域规划、政策制定的重要依据。

2016 年 12 月 15 日，国务院印发并实施《“十三五”国家信息化规划》，旨在贯彻落实“十三五”规划纲要和《国家信息化发展战略纲要》，是“十三五”国家规划体系的重要组成部分，是指导“十三五”期间各地区、各部门信息化工作的行动指南。

2016年12月27日，国家互联网信息办公室发布并实施《国家网络空间安全战略》，旨在阐明中国关于网络空间发展和安全的重大立场，指导中国网络安全工作，维护国家在网络空间的主权、安全、发展利益。其中明确提出要依法治理网络空间，全面推进网络空间法治化。

2017年6月1日，《中华人民共和国网络安全法》施行。这部法律是我国关于网络安全政策法规的集大成者，也是制定其他有关法规的基石和参照。其中，对“网络”一词做了明确界定：网络，是指由计算机或者其他信息终端及相关设备组成的按照一定的规则和程序对信息进行收集、存储、传输、交换、处理的系统。①

在《网络安全法》出台前后，我国密集出台了一系列有关网络的法规。比如，《关于促进移动互联网健康有序发展的意见》由中共中央办公厅、国务院办公厅印发，自2017年1月起实行。又如《互联网信息搜索服务管理规定》（2016年8月1日起施行）、《移动互联网应用程序信息服务管理规定》（2016年8月1日起施行）、《互联网直播服务管理规定》（2016年12月1日起施行）、《互联网信息内容管理行政执法程序规定》（2017年6月1日起施行）、《互联网新闻信息服务管理规定》（2017年6月1日起施行）、《互联网新闻信息服务许可管理实施细则》（2017年6月1日起施行）、《互联网跟帖评论服务管理规定》（2017年10月1日起施行）、《互联网论坛社区服务管理规定》（2017年10月1日起施行）、《互联网群组信息服务管理规定》（2017年10月8日起施行）、《互联网用户公众账号信息服务管理规定》（2017年10月8日起施行）、《互联网域名管理办法》（2017年11月1日起施行）、

① 《中华人民共和国网络安全法》，http：//www.miit.gov.cn/n1146295/n1146557/n1146614/c5345009/content.html。

《微博客信息服务管理规定》（2018 年 3 月 20 日起施行）等。这些政策法规的相继出台，标志着我国的网络管理逐渐走上法治化轨道。

二　网络内容建设与管理的政策法规

通过上述梳理我国网络政策法规的沿革，可以发现，在这些政策法规中，直接有关网络评论的内容虽然不多，但相关精神则在多部有关网络内容建设与管理的政策法规中有所体现，彰显了对网络内容进行管理的总的精神要义和基本原则。

总的精神要义来自宪法这一根本大法。《中华人民共和国宪法》第三十五条规定，中华人民共和国公民有言论、出版、集会、结社、游行、示威的自由。第四十七条规定，中华人民共和国公民有进行科学研究、文学艺术创作和其他文化活动的自由。国家对于从事教育、科学、技术、文学、艺术和其他文化事业的公民的有益于人民的创造性工作，给以鼓励和帮助。[①] 这些规定为人们在网络上发表评论提供了法律上的根本保障。

宏观规划和发展战略体现于《国家信息化发展战略纲要》《“十三五”国家信息化规划》《国家网络空间安全战略》等宏观性强的政策法规中。《国家信息化发展战略纲要》对规范网络文化传播秩序做出了部署，要求综合利用法律、行政、经济和行业自律等手段，规范网络信息传播秩序，坚决遏制违法有害信息网上传播，巩固壮大健康向上的主流舆论。《“十三五”国家信息化规划》明确提出，要完善法律法规、健全法治环境，特别是要完善信息化法律框架，统筹信息化立法需求，优先推进电信、网络安全、密码、个人信息保护、电子商务、电子政务、关键信息基础设施等重点领域相关立法工作，加快

① 《中华人民共和国宪法》，http：//www. gov. cn/guoqing/2014 -03/06/content_ 2630691. htm。

推动政府数据开放、互联网信息服务管理、数据权属、数据管理、网络社会管理等相关立法工作。《国家网络空间安全战略》提出，要坚持依法治网、依法办网、依法上网，让互联网在法治轨道上健康运行；要依法构建良好网络秩序，保护网络空间信息依法有序自由流动，保护个人隐私，保护知识产权；任何组织和个人在网络空间享有自由、行使权利的同时，须遵守法律，尊重他人权利，对自己在网络上的言行负责。

管理法规体现于《中华人民共和国网络安全法》。它于2017年6月1日正式施行，是我国网络安全领域的第一部综合性基础法律。《互联网直播服务管理规定》《互联网新闻信息服务管理规定》《互联网跟帖评论服务管理规定》《互联网论坛社区服务管理规定》《互联网群组信息服务管理规定》《互联网用户公众账号信息服务管理规定》等都以《网络安全法》为基本遵循。之所以这么说，是因为《网络安全法》不但对网络安全管理，还对网络内容管理做出了许多规定。比如，第六条规定，推动传播社会主义核心价值观，采取措施提高全社会的网络安全意识和水平，形成全社会共同参与促进网络安全的良好环境；第十九条规定，大众传播媒介应当有针对性地面向社会进行网络安全宣传教育；第四十六条规定，任何个人和组织不得设立用于实施诈骗，传授犯罪方法，制作或者销售违禁物品、管制物品等违法犯罪活动的网站、通信群组，不得利用网络发布与实施诈骗，制作或者销售违禁物品、管制物品以及其他违法犯罪活动有关的信息；第四十八条规定，任何个人和组织发送的电子信息、提供的应用软件，不得含有法律、行政法规禁止发布或者传输的信息；等等。[①]

网络评论是网络内容建设的重要组成部分，从主体与客体的区分

① 《中华人民共和国网络安全法》，https://wenku.baidu.com/view/2fe5836768eae009581b6bd97f1922791788be58.html。

来看，我国网络政策法规对包括网络评论在内的网络内容的生产和传播的主客体都有所规范。网络评论的主体主要指观点信息的发布者和运营者，网络评论的客体主要指评论的内容。

《网络安全法》第七十条规定，发布或者传输法律、行政法规禁止发布或者传输的信息的，依照有关法律、行政法规的规定处罚；第七十一条规定，违法行为依照有关法律、行政法规的规定记入信用档案，并予以公示；第四十七条规定，网络运营者应当加强对其用户发布的信息的管理，发现法律、行政法规禁止发布或者传输的信息的，应当立即停止传输该信息，采取消除等处置措施，防止信息扩散，保存有关记录，并向有关主管部门报告；等等。[①]

《互联网信息内容管理行政执法程序规定》指出，“专网及定向传播视听节目服务，是指以电视机、各类手持电子设备等为接收终端，通过局域网络及利用互联网架设虚拟专网或者以互联网等信息网络为定向传输通道，向公众定向提供广播电视节目等视听节目服务活动，包括以交互式网络电视（IPTV）、专网手机电视、互联网电视等形式从事内容提供、集成播控、传输分发等活动”[②]。虽然没有把信息具体分为事实性信息和观点性信息等，但该规定对信息做了约束，指出，专网及定向传播视听节目服务单位传播的节目不得含有以下内容：“（一）违反宪法确定的基本原则，煽动抗拒或者破坏宪法、法律、行政法规实施；（二）危害国家统一、主权和领土完整，泄露国家秘密，危害国家安全，损害国家荣誉和利益；（三）诋毁民族优秀文化传统，煽动民族仇恨、民族歧视，侵害民族风俗习惯，歪曲民族历史和民族历史人物，伤害民族感情，破坏民族团结；（四）宣扬宗

① 《中华人民共和国网络安全法》，https：//wenku. baidu. com/view/2fe5836768eae009581b6bd97f1922791788be58. html。

② 《专网及定向传播视听节目服务管理规定》，http：//www. sarft. gov. cn/art/2016/5/29/art_113_ 30905. html。

教狂热，危害宗教和睦，伤害信教公民宗教感情，破坏信教公民和不信教公民团结，宣扬邪教、迷信；（五）危害社会公德，扰乱社会秩序，破坏社会稳定，宣扬淫秽、赌博、吸毒，渲染暴力、恐怖，教唆犯罪或者传授犯罪方法；（六）侵害未成年人合法权益或者损害未成年人身心健康；（七）侮辱、诽谤他人或者散布他人隐私，侵害他人合法权益；（八）法律、行政法规禁止的其他内容。”《互联网文化管理暂行规定》中，明确互联网文化产品是指，“通过互联网生产、传播和流通的文化产品”，并指出从事互联网文化活动，“应当遵守宪法和有关法律、法规，坚持为人民服务、为社会主义服务的方向，弘扬民族优秀文化，传播有益于提高公众文化素质、推动经济发展、促进社会进步的思想道德、科学技术和文化知识，丰富人民的精神生活”。[①]

2013 年 9 月，最高人民法院、最高人民检察院出台《关于办理利用信息网络实施诽谤等刑事案件适用法律若干问题的解释》，对“捏造事实诽谤他人”做了详细解释：（一）捏造损害他人名誉的事实，在信息网络上散布，或者组织、指使人员在信息网络上散布的。（二）将信息网络上涉及他人的原始信息内容篡改为损害他人名誉的事实，在信息网络上散布，或者组织、指使人员在信息网络上散布的；明知是捏造的损害他人名誉的事实，在信息网络上散布，情节恶劣的，以“捏造事实诽谤他人”论。另外，第三条规定，利用信息网络诽谤他人，具有下列情形之一的，应当认定为《刑法》第二百四十六条第二款规定的“严重危害社会秩序和国家利益”：（一）引发群体性事件的；（二）引发公共秩序混乱的；（三）引发民族、宗教冲突的；（四）诽谤多人，造成恶劣社会影响的；（五）损害国家

① 《互联网文化管理暂行规定》，http://www.gov.cn/gongbao/content/2003/content_62435.htm。

形象，严重危害国家利益的；（六）造成恶劣国际影响的；（七）其他严重危害社会秩序和国家利益的情形。[①]

2016 年 6 月 25 日，国家互联网信息办公室发布《互联网信息搜索服务管理规定》，于当年 8 月 1 日起生效。在对网上信息进行整合、方便用户查阅使用方面，搜索引擎确实发挥了重要作用，但也存在不少问题，有些搜索结果含有谣言、淫秽、色情、暴力、凶杀、恐怖等违法信息，有些搜索结果有失客观公正、违反行业道德、误导公众判断。为规范互联网信息传播秩序，国家互联网信息办公室出台了该规定。其中规定，互联网信息搜索服务提供者不得以链接、摘要、快照、联想词、相关搜索、相关推荐等形式提供含有法律法规禁止的信息内容。

2016 年 6 月 28 日，国家互联网信息办公室发布《移动互联网应用程序信息服务管理规定》，自当年 8 月 1 日起施行。移动互联网应用程序（APP）已成为移动互联网信息服务的主要载体，据不完全统计，国内应用商店上架的 APP 超过 400 万款，且数量还在高速增长，但内容质量参差不齐，少数 APP 传播暴力恐怖、淫秽色情及谣言等违法违规信息。《移动互联网应用程序信息服务管理规定》将网络实名制分成两大层次：一是要求 APP 提供者对注册用户的实名制审核；二是要求 APP 商店对上架应用提供者信息的实名制审核。规定还要求，移动互联网应用程序提供者和互联网应用商店服务提供者不得利用移动互联网应用程序从事危害国家安全、扰乱社会秩序、侵犯他人合法权益等法律法规禁止的活动，不得利用移动互联网应用程序制作、复制、发布、传播法律法规禁止的信息内容。

2017 年 1 月，《关于促进移动互联网健康有序发展的意见》由中

① 《关于办理利用信息网络实施诽谤等刑事案件适用法律若干问题的解释》，http://www.court.gov.cn/shenpan-xiangqing-5913.html。

共中央办公厅、国务院办公厅印发并实行。这个意见是为深入贯彻落实习近平总书记关于网络强国的重要思想，促进我国移动互联网健康有序发展而制定的法规。其中，第十六条规定：打击网络违法犯罪。坚决打击利用移动互联网鼓吹推翻国家政权、煽动宗教极端主义、宣扬民族分裂思想、教唆暴力恐怖等违法犯罪活动。严厉查处造谣诽谤、电信网络诈骗、攻击窃密、盗版侵权、非法售卖个人信息等违法犯罪行为。全面清理赌博、传销、非法集资、淫秽色情、涉枪涉爆等违法违规信息。这些规定具有指导性，涉及的信息包括评论类信息。[①]

上面这些例子都可以看成对网络评论的规范与约束，是在写作、发表、传播网络评论时需要注意把握的，或可弘扬倡导，或应严格避免。

三　与网络评论直接相关的政策法规

随着网络舆论对社会的影响越来越大，近年来，我国积极加强了对网络舆论的引导，进一步健全完善了相关法规规章，如《互联网新闻信息服务管理规定》《互联网新闻信息服务许可管理实施细则》《互联网跟帖评论服务管理规定》《互联网论坛社区服务管理规定》《互联网群组信息服务管理规定》《互联网用户公众账号信息服务管理规定》《互联网直播服务管理规定》《微博客信息服务管理规定》等。

《互联网新闻信息服务管理规定》对“新闻信息”进行界定时指出，新闻信息“包括有关政治、经济、军事、外交等社会公共事务

① 《关于促进移动互联网健康有序发展的意见》，http：//www. gov. cn/zhengce/2017 - 01/15/content_ 5160060. htm。

的报道、评论，以及有关社会突发事件的报道、评论”，并指出，这些报道和评论，“应当遵守宪法、法律和行政法规，坚持为人民服务、为社会主义服务的方向，坚持正确舆论导向，发挥舆论监督作用，促进形成积极健康、向上向善的网络文化，维护国家利益和公共利益”[①]。有了这一界定，规定下文提到的条款都包含“评论”。比如，申请互联网新闻信息采编发布服务许可的，应当是新闻单位（含其控股的单位）或新闻宣传部门主管的单位；互联网新闻信息服务提供者的采编业务和经营业务应当分开，非公有资本不得介入互联网新闻信息采编业务；互联网新闻信息服务提供者及其从业人员不得通过采编、发布、转载、删除新闻信息，干预新闻信息呈现或搜索结果等手段谋取不正当利益；互联网新闻信息服务提供者转载新闻信息，应当转载中央新闻单位或省、自治区、直辖市直属新闻单位等国家规定范围内的单位发布的新闻信息，注明新闻信息来源、原作者、原标题、编辑真实姓名等，不得歪曲、篡改标题原意和新闻信息内容，并保证新闻信息来源可追溯；互联网新闻信息服务提供者转载新闻信息，应当遵守著作权相关法律法规的规定，保护著作权人的合法权益；互联网新闻信息服务提供者和用户不得制作、复制、发布、传播法律、行政法规禁止的信息内容[②]……相信这一法规的出台，将使报道与评论的发布与转载更为规范。

《互联网新闻信息服务许可管理实施细则》，旨在进一步细化《互联网新闻信息服务管理规定》有关条款，提高互联网新闻信息服务许可管理规范化、科学化水平，促进互联网新闻信息服务健康、有序发展。虽然细则中没有“评论”字样，但具体规定了互联网新闻

① 《互联网新闻信息服务管理规定》，http：//www. cac. gov. cn/2017 - 05/02/c_ 1120902760. htm。

② 《中华人民共和国国务院公报》，http：//www. gov. cn/gongbao/content/2017/content _ 5232377. htm。

信息服务包括互联网新闻信息采编发布服务、转载服务和传播平台服务，获准提供采编发布服务的可同时提供转载服务，获准提供传播平台服务，拟同时提供采编发布服务、转载服务的应依法取得许可。细则明确要求，通过互联网站、应用程序、论坛、博客、微博客、公众账号、即时通信工具、网络直播等形式向社会公众提供互联网新闻信息服务，应当取得互联网新闻信息服务许可，禁止未经许可或超越许可范围开展互联网新闻信息服务活动。实际上，互联网新闻信息采编发布的内容就包含评论类信息，这个细则对发布包括评论在内的新闻信息主体做了约束。

《互联网跟帖评论服务管理规定》将“评论”写进标题，是专门针对“跟帖评论”出台的法规。这一规定所称跟帖评论服务，“是指互联网站、应用程序、互动传播平台以及其他具有新闻舆论属性和社会动员功能的传播平台，以发帖、回复、留言、‘弹幕’等方式，为用户提供发表文字、符号、表情、图片、音视频等信息的服务”①。规定对跟帖评论服务提供者进行严格约束，明确应当严格落实主体责任，依法履行 8 条义务：按照“后台实名、前台自愿”原则，对注册用户进行真实身份信息的认证，不得向未认证真实身份信息的用户提供跟帖评论服务；建立健全用户信息保护制度，收集、使用用户个人信息应当遵循合法、正当、必要的原则，公开收集、使用规则，明示收集、使用信息的目的、方式和范围，并经被收集者同意；对新闻信息提供跟帖评论服务的，应当建立先审后发制度；提供“弹幕”方式跟帖评论服务的，应当在同一平台和页面同时提供与之对应的静态版信息内容；建立健全跟帖评论审核管理、实时巡查、应急处置等信息安全管理制度，及时发现和处置违法信息，并向有关主管部门报

① 《互联网跟帖评论服务管理规定》，http：//www.cac.gov.cn/2017－08/25/c_ 1121541842.htm。

告；开发跟帖评论信息安全保护和管理技术，创新跟帖评论管理方式，研发使用反垃圾信息管理系统，提升垃圾信息处置能力；及时发现跟帖评论服务存在的安全缺陷、漏洞等风险，采取补救措施，并向有关主管部门报告；配备与服务规模相适应的审核编辑队伍，提高审核编辑人员专业素养；配合有关主管部门依法开展监督检查工作，提供必要的技术、资料和数据支持。[①] 根据《互联网跟帖评论服务管理规定》，建立了多项制度。一是检查制度。各级互联网信息办公室应当建立健全日常检查和定期检查相结合的监督管理制度，依法规范各类传播平台的跟帖评论服务行为。二是安全评估制度。跟帖评论服务提供者提供与互联网新闻信息服务相关的跟帖评论新产品、新应用、新功能的，应当报国家或者省、自治区、直辖市互联网信息办公室进行安全评估。三是信用评估制度。国家和省、自治区、直辖市互联网信息办公室应当建立跟帖评论服务提供者的信用档案和失信黑名单管理制度，并定期对跟帖评论服务提供者进行信用评估。四是约谈整改制度。跟帖评论服务提供者信息安全管理责任落实不到位，存在较大安全风险或者发生安全事件的，国家和省、自治区、直辖市互联网信息办公室应当及时约谈；跟帖管理服务提供者应当按照要求采取措施，进行整改，消除隐患。

《互联网论坛社区服务管理规定》在事实上对包括评论在内的信息在论坛社区播发做出了规定。“互联网论坛社区服务提供者不得利用互联网论坛社区服务发布、传播法律法规和国家有关规定禁止的信息。”“互联网论坛社区服务提供者应当与用户签订协议，明确用户不得利用互联网论坛社区服务发布、传播法律法规和国家有关规定禁止的信息，情节严重的，服务提供者将封禁或者关闭有关账号、版

① 《互联网跟帖评论服务管理规定》，http：//www. cac. gov. cn/2017 －08/25/c_ 1121541842. htm。

块；明确论坛社区版块发起者、管理者应当履行与其权利相适应的义务，对违反法律规定和协议约定、履行责任义务不到位的，服务提供者应当依法依约限制或取消其管理权限，直至封禁或者关闭有关账号、版块。”“互联网论坛社区服务提供者应当加强对其用户发布信息的管理，发现含有法律法规和国家有关规定禁止的信息的，应当立即停止传输该信息，采取消除等处置措施，保存有关记录，并及时向国家或者地方互联网信息办公室报告。”① ……这些规定对论坛社区上的评论信息发布具有法律约束力。

《互联网群组信息服务管理规定》，对互联网群组如何管理进行了规范。现在，微信群、QQ 群等已成为观点性信息交流激荡的平台，这些群组是互联网用户通过互联网站、移动互联网应用程序等建立的，用于群体在线交流信息的网络空间。这一规定抓住了群组的核心力量进行约束。规定所称互联网群组信息服务提供者是指提供互联网群组信息服务的平台，所称互联网群组信息服务使用者包括群组建立者、管理者和成员，并指出，“互联网群组信息服务提供者和使用者，应当坚持正确导向，弘扬社会主义核心价值观，培育积极健康的网络文化，维护良好网络生态”。“互联网群组信息服务提供者应当按照‘后台实名、前台自愿’的原则，对互联网群组信息服务使用者进行真实身份信息认证，用户不提供真实身份信息的，不得为其提供信息发布服务。”“互联网群组建立者、管理者应当履行群组管理责任，依据法律法规、用户协议和平台公约，规范群组网络行为和信息发布，构建文明有序的网络群体空间。互联网群组成员在参与群组信息交流时，应当遵守法律法规，文明互动、理性表达。”“互联网群组信息服务提供者应当建立黑名单管理制度，对违法违约情节严重

① 《互联网论坛社区服务管理规定》，http：//www. cac. gov. cn/2017 -08/25/c_ 1121541921. htm。

的群组及建立者、管理者和成员纳入黑名单，限制群组服务功能，保存有关记录，并向有关主管部门报告。”“互联网群组信息服务提供者应当按规定留存网络日志不少于六个月。”①

《互联网用户公众账号信息服务管理规定》所称互联网用户公众账号信息服务，是指“通过互联网站、应用程序等网络平台以注册用户公众账号形式，向社会公众发布文字、图片、音视频等信息的服务”。和《互联网群组信息服务管理规定》类似，这一规定也要求，“互联网用户公众账号信息服务提供者和使用者，应当坚持正确导向，弘扬社会主义核心价值观，培育积极健康的网络文化，维护良好网络生态”。“互联网用户公众账号信息服务提供者应当落实信息内容安全管理主体责任，配备与服务规模相适应的专业人员和技术能力，设立总编辑等信息内容安全负责人岗位，建立健全用户注册、信息审核、应急处置、安全防护等管理制度。”“互联网用户公众账号信息服务使用者不得通过公众账号发布法律法规和国家有关规定禁止的信息内容。”规定还特别指出，“互联网用户公众账号信息服务提供者开发上线公众账号留言、跟帖、评论等互动功能，应当按有关规定进行安全评估”。“互联网用户公众账号信息服务提供者应当按照分级分类管理原则，对使用者开设的用户公众账号的留言、跟帖、评论等进行监督管理，并向使用者提供管理权限，为其对互动环节实施管理提供支持。”“互联网用户公众账号信息服务使用者应当对用户公众账号留言、跟帖、评论等互动环节进行实时管理。对管理不力、出现法律法规和国家有关规定禁止的信息内容的，互联网用户公众账号信息服务提供者应当依据用户协议限制或取消其留言、跟帖、评论等互动功能。”②

《互联网直播服务管理规定》对互联网直播进行了界定，“是指

① 《互联网群组信息服务管理规定》，http：//www. cac. gov. cn/2017－08/25/c_ 1121541921. htm。

② 《互联网用户公众账号信息服务管理规定》，http：//www. cac. gov. cn/2017 －09/07/c_ 1121624269. htm。

基于互联网，以视频、音频、图文等形式向公众持续发布实时信息的活动”。规定要求，“互联网直播服务提供者提供互联网新闻信息服务的，应当依法取得互联网新闻信息服务资质，并在许可范围内开展互联网新闻信息服务”。“通过网络表演、网络视听节目等提供互联网直播服务的，还应当依法取得法律法规规定的相关资质。”“互联网直播服务提供者应当落实主体责任，配备与服务规模相适应的专业人员，健全信息审核、信息安全管理、值班巡查、应急处置、技术保障等制度。提供互联网新闻信息直播服务的，应当设立总编辑。”“互联网直播服务提供者应当建立直播内容审核平台，根据互联网直播的内容类别、用户规模等实施分级分类管理，对图文、视频、音频等直播内容加注或播报平台标识信息，对互联网新闻信息直播及其互动内容实施先审后发管理。”“互联网直播服务提供者以及互联网直播服务使用者不得利用互联网直播服务从事危害国家安全、破坏社会稳定、扰乱社会秩序、侵犯他人合法权益、传播淫秽色情等法律法规禁止的活动，不得利用互联网直播服务制作、复制、发布、传播法律法规禁止的信息内容。”规定还特别提出，“互联网直播服务提供者应当加强对评论、弹幕等直播互动环节的实时管理，配备相应管理人员”，“互联网直播发布者发布新闻信息，应当真实准确、客观公正。转载新闻信息应当完整准确，不得歪曲新闻信息内容，并在显著位置注明来源，保证新闻信息来源可追溯”，“用户在参与直播互动时，应当遵守法律法规，文明互动，理性表达”。[①] “文明互动，理性表达”，是上文所述的多部法规都提到的，这实际上从法律的角度对网络评论提出了明确要求。

① 《互联网直播服务管理规定》，http：//www. cac. gov. cn/2016 - 11/04/c_ 1119847629. htm；《互联网直播新规 5 个关键词：要建主播黑名单互动实时管理》，http：//news. cnfol. com/chanyejingji/20161105/23760981. shtml；《国家网信办发布〈互联网直播服务管理规定〉》，http：//www. chinastock. com. cn/yhwz_ about. do？ methodCall = getDetailInfo&docId = 5549289。

综上所述，随着我国网信事业的发展，包括网络评论管理在内的网络政策法规正不断完善。习近平总书记指出，要加强互联网领域立法，完善网络信息服务、网络安全保护、网络社会管理等方面的法律法规，坚持依法治网、依法办网、依法上网，让互联网在法治轨道上健康运行。“我们要本着对社会负责、对人民负责的态度，依法加强网络空间治理，加强网络内容建设，做强网上正面宣传，培育积极健康、向上向善的网络文化，用社会主义核心价值观和人类优秀文明成果滋养人心、滋养社会，做到正能量充沛、主旋律高昂，为广大网民特别是青少年营造一个风清气正的网络空间。”①

① 《习近平：在网络安全和信息化工作座谈会上的讲话（2016 年 4 月 19 日）》，《人民日报》2016 年 4 月 26 日。

B.8

观察与借鉴：国外网络内容建设与管理有关情况

丁丁 姜赟 李凯 耿磊*

摘 要： 本报告重点从立法、监管、审查等方面介绍美国、俄罗斯、欧洲主要国家（地区）及亚洲其他主要国家网络内容建设与管理的情况，为中国提供经验借鉴。

关键词： 网络言论 立法 监管

一 美国

（一）立法保障网络言论

美国宪法《第一修正案》规定："国会不得指定有关下列事项的法律，即确定一种宗教或者禁止信仰自由；限制言论自由或者出版自由；或限制人们和平集会的权利以及向政府请愿的权利。"①

但是在美国，言论自由也绝非无限制的自由。首先，根据美国法

* 丁丁，人民日报社研究部副主任，高级编辑，主要研究方向为新闻理论、新闻阅评、党报评论、媒体发展等；姜赟，人民日报社评论部新媒体评论室主编，研究方向为新媒体评论；李凯，人民日报社研究部新闻报道业务研究室主任，主任编辑，研究方向为新闻理论、新闻业务、舆论学；耿磊，人民日报社研究部编辑，研究方向为传媒经济学。

① 熊静波：《权利之间的界限——以美国宪法第一修正案为中心》，《现代法学》2007 年第 4 期。

律规定，政府可以在涉及某项重大利益时，在对内容保持中立且保持其他沟通渠道畅通的情况下对言论的时间、地点和方式施加限制。其次，根据《第一修正案》，政府可对特定类别的言论施加限制，包括煽动即刻暴力的言论，对个人或群体构成真实威胁、诽谤的言论和淫秽言论。最后，美国宪法保护公民免受政府对言论自由的限制，但它不适用于私人一方限制另一方言论的情形，例如雇主限制雇员言论。

美国关于网络言论的成文立法主要包含在《1996 年电信法案》里。《1996 年电信法案》即美国电信法，它源自于对《1934 年通讯法案》的修订。该法案的通过，主要是为了减少政府对电子通信技术与市场的管制，从而促进其发展。不过，该法案的第五部分，关于通信规范里，也包含了部分限制网络言论的条款。第 223 节的（a）款规定，“任何人，在州际或国际通信中，明知接受通信者在 18 岁以下，仍以电子通信手段故意传播任何淫秽或不雅的评论、要求、建议、提议、图像或其他通信；或任何人，故意允许在其控制下的电子通信设施上传播上述被禁止的信息，均应处以罚款或两年以下监禁，或两刑并罚”。[①]

可见，美国法律对网络言论持相对开放态度，但是也有部分限制条款，主要是为了防止淫秽、色情、暴力等信息侵害少年儿童。

（二）政府监管加行业自律

美国网络言论的管理部门主要是联邦通信委员会（Federal Communications Commission，FCC）。1927 年美国议会制定《广播法案》并成立联邦广播委员会，1934 年议会通过更完善的《通讯法

① 秦前红、黄明涛：《论网络言论自由与政府规制之间的关系——以美国经验为参照》，《武汉科技大学学报》2014 年第 4 期。

案》，将联邦广播委员会改组为联邦通信委员会，旨在对美国国内所有通信手段进行监管。

1997 年，美国联邦通信委员会明确表达了政府对于网络言论的态度："第一，政府政策应避免不必要的管制，不应当轻易介入网络空间。第二，由于互联网与其他传统媒体具有不同的特点，管理传统媒体的规范不应当简单的适用于网络管理。"[①] 这一理念后来也被相继出台的法律所继承，《儿童网络隐私保护法案》《未成年人互联网保护法》《反垃圾邮件法》等法案都体现出很大程度宽容和保护网络言论自由、政府介入较少而主要依靠行业自律的立法导向。

（三）废止网络中立原则

网络中立原则是指，宽带服务提供商应平等对待所有网络流量，禁止其通过屏蔽、限速、付费优先等方式歧视或偏袒不同网站，从而保证网络数据传输的"中立性"。

该原则最早由美国哥伦比亚大学教授蒂姆·吴于 2003 年提出。到 2015 年 6 月 12 日，《开放互联网法令》所有条款生效，标志着网络中立原则被 FCC 全面确认。原则有三个要点：一是透明。宽带服务提供商必须公开网络管理做法、运营状况和宽带服务条款。二是禁止屏蔽。固定宽带服务提供商不得屏蔽合法内容、应用、服务或不伤害他人的设备，移动宽带服务提供商不得屏蔽合法网站，或与其存在竞争关系的语音、视频服务。三是禁止不合理的歧视。宽带服务提供商不得对合法网络流量进行不合理的歧视。

但是，美国现任总统唐纳德·特朗普上台后，任命的新联邦通信委员会主席阿吉特·帕伊（Ajit Pai），对于网络中立原则一直抱有怀

---

① 朱金周：《国际上三网融合的监管体制和政策及对我国的启示》，《电信软科学研究》2008 年第 6 期。

疑态度。在 2017 年 12 月 14 日的月度会议上，美国联邦通信委员会以 3∶2 的投票结果，决定废止 2015 年通过的《开放互联网法令》（*Open Internet Order*），这意味着网络中立原则被推翻。

网络中立原则的废止，意味着此后美国网络运营商可以区别对待不同的互联网公司网站。其最大影响可能在于网络资费和企业网络成本方面。互联网公司可能被迫支付费用购买路线和网速，而网络运营商亦将有权为自家网络业务优先提供带宽和速度，变相挤压其他竞争者空间。这些行为将可能导致消费者被转嫁成本。

此外，网络中立原则被废止，为网络运营商区别对待不同的用户在法理上提供了支持。失去了网络中立原则的指导，网络运营商或将占据互联网的主导权，阻碍互联网领域的创新和机遇。

（四）向全球输出价值观

美国一直认为网络空间是其战略空间之一，对网络言论话语权的争夺是其争夺全球战略优势的重要内容。

为此，美国制定了网络空间国际战略，推行国际网络空间外交，强化网络安全，并得到了民主与共和两党、政府与国会的一致认可，也得到了企业、智库与媒体等各界的支持。最具代表性的是 2016 年 6 月，共和党保守派智库美国企业研究所发布的政策研究报告《美国的网络空间战略——促进自由、安全与繁荣》。报告指出，美国的网络空间战略必须反映和服务于美国的理想，确保全球互联网的自由、开放、可接入。

为了争夺全球网络话语权，美国还在负责公共外交和公共事务的副国务卿属下设立专门部门，负责通过网络言论输出美国价值。例如国际信息局，该局旨在利用数字通信技术，以传统媒体渠道和新型媒体渠道相结合的方式促进与外国公众的交流，目标是在全球范围内建立美国的信誉。

二 俄罗斯

（一）完善网络言行监管法律体系

《俄罗斯联邦宪法》第 29 条明确规定，宪法保障大众传媒自由，禁止书刊检查。其内涵就是不对信息产品的内容进行检查。不过近年来，随着国际局势的变化，俄罗斯面临的恐怖主义威胁、敌对势力渗透等方面的压力逐渐加大。为应对网络上出现的一些新问题，如谣言和有害信息的传播、恐怖主义言论滋生等，为保证国内网络安全，俄罗斯颁布了一批法律，在保障言论自由的同时，规范用户网络言行。具体来讲，主要有《俄罗斯保护儿童免受不良信息危害的网络审查法》（亦称《网络审查法》或《网络黑名单法》），主要是为了防止诱导青少年网络犯罪的网络言行；《反盗版法》，主要是针对网络侵权行为；最著名的当属《俄罗斯知名博主新规则法》（亦称《知名博主管理法案》），主要是为了规范网络“大 V”的不当言行；此外还有为配合国家反恐行动出台的《禁止极端主义网站法案》等。

这些关涉网络言论的立法，主要目的有三：一是维护网络安全，打击网络恐怖活动、犯罪和病毒等；二是保护用户利益，尤其是未成年人权益等；三是规范网络文化、保护知识产权等。其中，2002 年通过的《俄罗斯反极端活动法》，明确规定俄罗斯联邦禁止传播和以传播为目的制作或持有极端主义的材料或物品，以及 2012 年颁布并实施的《俄罗斯保护儿童免受不良信息危害的网络审查法》，都是俄罗斯有关网络审查的最直接而重要的法律文件。

此外，俄罗斯传统立法，如《俄联邦大众传媒法》《俄联邦信息、信息技术与信息保护法》《俄联邦广告法》等，也都有对通信活动进行监管的条款，也会影响到网络言论。还有如《禁止脏话法》等具体法律，主要针对网络不文明言论等具体问题。

（二）完善网络评论监管执法格局

俄罗斯政府为保障网络安全，以《俄联邦宪法》等法律法规为依据，大体上确立了以联邦安全局为主，以内务部、联邦媒体与文化管理局等机构为辅的网络监管执法工作格局。俄罗斯各联邦主体下设相关机构执行中央决策，并做好本地区网络监管执法工作。

（三）加大网络言论审查力度

为减小恐怖主义威胁，进一步规范网络言行，俄罗斯近年来逐渐加大了对网络言论的审查力度。

俄国际文传电讯社称，在《俄罗斯保护儿童免受不良信息危害的网络审查法》实施20小时内，收到3400余条举报信息，当天有6个含儿童色情内容的网站已被列入“违禁信息统一清单”。[①]

根据《知名博主管理法案》规定，凡是网页日访问量超过3000次的博主必须在联邦通信、信息技术和大众传媒监督局等监督机构登记，并参照大众媒体相关管理办法进行管理。这在事实上认定了每天超过3000次访问量的社交媒体用户等同于新闻工作者，明确禁止其发布虚假信息，禁止发布与恐怖主义、色情、暴力相关的信息等，并须实名登记，在网页上公布姓名、电子邮箱。同时，法律赋予联邦行政机关实施监控的权力，可根据通知关闭相关网页或删除相关信息。

2014年5月，俄罗斯总统普京签署法案，正式把否认纳粹二战罪行和歪曲苏联二战角色的言行认定为违法行为。2014年7月4日，

---

① 《俄罗斯7成民众支持网络黑名单法案》，http：//news.21cn.com/caiji/roll/a/2012/1108/15/13556861.shtml。

俄罗斯杜马批准一项法律，规定两年后禁止本国公民将数据存储于国外服务器。

三　欧洲

（一）德国：制度规范网络言论

《基本法》构成了德国法律体系的基础，也是言论自由保护的基础，网络言论被纳入言论自由的范围内，受到宪法保护。同时，德国在西方国家中率先专门立法对网络有害言论进行规制，也率先规定可以对传播违法网络言论的网络服务提供商定罪。德国主要从立法规制和司法审查两个方面，对言论自由进行规范管理。

首先，为了阻止激进的网上言论，德国制定了《信息和传播服务法》（又称《多媒体法》）。作为欧洲第一个全面规制网络内容的立法，该法从三方面管理互联网内容：加强对非法内容传播的管制，通过法令设定特定的“网络警察”监控危害性内容的传播，将在网上制作或传播对儿童有害内容的言论视为犯罪。

其次，通过对普通法律的延伸来规制网络言论自由，如《德国刑法典》规定，处罚向 18 岁以下的人发表或者传播“暴力描述”“非人道”言论者，禁止对可能产生同纳粹帝国有关联想的激进政治言论在网上传播等。《多媒体法》和《刑法法典》等对什么是互联网上的不良信息，什么样的言论应受法律保护，以及什么样的信息和言论应受法律制裁，都做出了具体解释。

需要指出的是，在德国的司法实践中，当出现网络言论自由与其他公共利益冲突的情况时，司法机构多倾向于对网络言论自由做出一定限制，尤其是在涉及反儿童色情以及反法西斯复兴的言论方面，“公共利益”会较“个人的言论自由”更为重要。

（二）法国：多管齐下治理网络言论

在立法层面，虽然社交网络的言论受言论自由法律保护，但法国将网络上出现的煽动种族仇恨、侮辱、诽谤、歧视等方面的内容，包括照片、视频和文字，都划归为违法内容。无论是普通网民还是社交网站，都要对在网络上发布的内容负责，违反规定的始作俑者最高可被判处 4.5 万欧元的罚款和长期监禁。2016 年 8 月，法国一名男子因在社交网站上宣扬恐怖主义被判入狱 18 个月；法国前选美小姐也曾因宣誓效忠极端组织“伊斯兰国”，在社交网站上鼓吹“圣战”而被判处入狱 2 年。[①] 社交网站和即时通信软件平台则有责任将不当和非法言论删除，否则将被诉诸司法程序，同时社交网站可能会面临高额罚金。

在行政层面，法国司法系统内专门设置网络警察，并设立专门处理网络非法内容举报的部门。政府鼓励公众在社交网络上发现谣言后尽快报警，由警方进行核实辟谣。散布谣言者一经查明，根据相关法律将受到严惩。

（三）英国：有规矩的自由行动

在英国，媒体或者自媒体人可以对不同议题发表不同观点、持有不同立场，其基本原则是有规矩的自由行动。英国对于诽谤、冒犯等侵犯人格权的网络言行有着严格的禁止性立法。2003 年出台的《传播法》规定，利用公共电子网络，传播被认为“严重冒犯或者带有猥亵、淫秽、威胁性质”的信息，将被视为犯罪。

如果说，2003 年的《传播法》相关条款主要是针对个人的话，那么 2013 年通过的《诽谤法》则对网络平台运营商影响更大。该法

① 《法国加强互联网言论监管》，http：//www.xinhuanet.com/2017－09/18/c_ 1121678071.htm。

第5节规定，网络诽谤行为的原告无法确定实施诽谤的具体行为人，且就该诽谤事实向网站运营商发送了通知，那么运营商应该对诽谤内容履行删除义务。[①]

（四）欧盟：中立规则影响网络言论运行机制

欧盟是西欧国家推行欧洲经济、政治一体化，并具有一定超国家机制和职能的国际组织。2015年11月，欧盟出台《欧盟网络中立条例》，规定了不得屏蔽或者以流量调控的形式，歧视任何网络内容、应用和服务的基本原则。[②] 这一网络中立规则，从实际上影响了欧盟网络言论的运行机制。形成这样的规则，主要是由于欧盟地域广泛、文化多元、现实政治环境不同等因素。从历史来看，网络中立规则也是对于欧盟一以贯之的言论自由政策的延续。2007年，欧盟通过的《欧盟基本权利宪章》第11条就明确规定了言论自由原则。

此外，欧盟的政策和立法，在保障言论自由这一基本价值的同时，又要兼顾对公民人格权的保护和对社会公序良俗的维护。例如，在2003年发布的《欧委会建议案》中，有专门关于保护人格权（如名誉权等）不受侵犯的规定。且该领域立法近年来不断完善，尤其是在禁止大众媒体侵犯人格权方面取得了显著进步。

不过近年来，随着恐怖主义日渐猖獗，为防止恐怖分子利用网络媒体制造不良影响，欧盟也出台了一些限制网络言论的政策。例如2017年4月，欧盟宣布考虑通过立法手段来协调脸书、推特和谷歌之类的网络平台，遏制网络仇恨和煽动暴力言论等方面的内容。

---

① 杨晓波、徐敬宏：《英国：网络环境下的诽谤治理》，《网络传播》2013年第11期。

② 曹建峰、李正：《欧盟网络中立规则评述——一个更开放的欧盟互联网》，《信息安全与通信保密》2016年第12期。

四　亚洲

（一）韩国：加强维护网络言论秩序

韩国是世界上第一个专门为网络审查立法和设立网络审查机构的国家。1995 年，韩国成立了世界上最早的网络审查机构——信息通信伦理委员会，并出台了《电子传播商务法》。该法授权上述委员会对网络进行监察，对网络纠纷进行仲裁，关闭国内非法或不健康网站，屏蔽国外不良网站。2000 年 7 月，韩国警察厅成立了网络犯罪应对中心，其“网络警官”既具有丰富的侦查经验又具备电脑专业知识，担负着接受检举、进行调查、开发新技术和进行国际合作等多项打击网络犯罪的任务。2010 年，为应对频繁的网络袭击事件，韩国国防部成立了“信息安全司令部”，以维护韩国的国家网络安全。此外，韩国还建立了“违法和有害信息报告中心”等投诉渠道来监督网上信息传播，任何人都可以拨打热线电话或在网上举报。

2005 年 1 月 27 日，韩国修订原有的《定期发行物登记等相关法律》，并将其更名为《关于保证新闻自由和功能的相关法律》（简称《新闻法》），并于同年 7 月 28 日施行。韩国的《新闻法》在立法目的中强调对新闻自由的保护，在具体法条中也规定：新闻及网络新闻的编辑及独立受法律保护；若非依据本法或其他法律，任何人不得干涉、限制新闻及网络新闻编辑的自由与独立；新闻事业者及网络新闻事业者需依据本法，保障编辑人员的自律性编辑活动。[①]

① 辛香兰：《韩国〈新闻法〉与法国〈出版自由法〉的对比研究》，《新闻传播》2009 年第 12 期。

（二）新加坡：重视网络言论管理

为杜绝非法内容和谣言传播，以及危害社会稳定和国家安全的信息扩散，新加坡政府成立媒体发展管理局，专门从事网络管理、监控，特别是过滤网络信息。该机构要求有关政治或宗教问题讨论的论坛和网站必须事先注册。

新加坡政府要求，互联网服务供应商应主动屏蔽某些特定网站和网上的不实信息和言论，如果失职将被处以罚款、暂停甚至吊销营业执照的处罚。1997 年制定的《新加坡因特网运行准则》具体界定了社会所认为的侵犯性内容，即色情、暴力以及可能削弱新加坡民族与宗教和谐的内容，对相关网络言论进行了具体限制。

除了针对互联网行业设立专门的法律外，新加坡原有的《诽谤法》《煽动法》《维护宗教融合法》等相关法律也适用于互联网言论内容的管理。

理　论　篇

Theory Reports

B.9
国内网络评论理论研究综述

张涛甫　赵曙光　冯文丽*

摘　要： 本报告通过文献计量分析法分析出2000～2017年学界和业界对网络评论的关注点和讨论点。从心理学等角度出发，探讨了用户个体和用户群体在网络评论大环境中的心理与行为；从不同角度和领域，系统阐述了网络评论的传播对社会发展带来的影响；纵向研究网络评论传播渠道的演变，理论性地介绍和展望了网络评论的渠道发展方向。

关键词： 文献计量分析　传播效果　用户行为　传播渠道

* 张涛甫，复旦大学新闻学院执行院长，教授，研究方向为新闻理论、政治传播、媒介与社会、媒介文化、中国现代报纸副刊史等；赵曙光，南京大学新闻传播学院教授，博士生导师、南京大学紫金传媒研究院（北京）副院长、中国新闻史学会传播学研究委员会副会长、中国青年报·中青在线全媒体社会调查中心联席主任，主要研究方向为媒介经济、数据挖掘；冯文丽，复旦大学新闻学院博士研究生，研究方向为政务传播等。

一　网络评论的文献计量分析

本次文献计量研究在数据搜集阶段依托中国知网数据库平台，以“网络评论”为检索关键词，以“2000～2017年”为搜索时间跨度，共计检索到有效学术研究领域相关文献1150篇，并将标题、作者、摘要、关键词以及其引用的参考文献等指标导出为文本格式，通过CiteSpace Ⅴ. 5. 0. R1SE版本软件自有的转换工具转换成可用于分析的数据资料（见表1）。

表1　CiteSpace分析要素

分析要素	参数
时间跨度(Timespan)	2000～2017年
时段切片(SliceLength)	1年
分析标准(SelectionCriteria)	识别每个切片中出现频次前20的关键词
分析节点(NodeType)	关键词

本次研究的文献计量分析以每一年为一个切片单位，以每个切片单元中出现频次筛选出每个单位切片下共被引频次最高的关键词、主题词等分析节点指标，从话题聚类和时间变迁两个维度对网络评论研究成果进行分析，形成可视化知识图谱以及相应的参数报告。其基础分析单元是关键词共被引分析，通过识别和追踪具体关键词及其在样本整体中出现的时间、地位与关联性而勾勒出人物报道写作研究领域关注点的发展形态与主题分布结构。

在识别关键词频次而形成的可视化知识图谱中，节点越大则说明这个关键词在学者对网络评论的研究与讨论中被提及的次数越多，进而反映出该关键词及其所代表的话题在网络评论研究领域受到的关注度更高，或者属于研究重点聚焦议题。节点外圈的深色边框的宽窄，节点内同心圆的大小，也是 CiteSpace 文献计量分析在识别关键词过程中所反馈的要素特征——中心性强度（Centriality）。节点外圈的边框越宽，则说明这个关键词在文献计量分析中显现出越强的中心性关系，说明这个关键词在网络评论研究中与其他关键词的联系和互动更为密切。而节点内同心圆的大小所代表的是关键词的突现性（Burst），节点内同心圆越大、越靠近圆心，则说明这个关键词在文献计量分析所截取的时间段内凸显性越强，也就是说这个关键词在短时间内受到了更多研究者的关注与探讨，属于被识别出的热点和前沿领域（见图 1）。

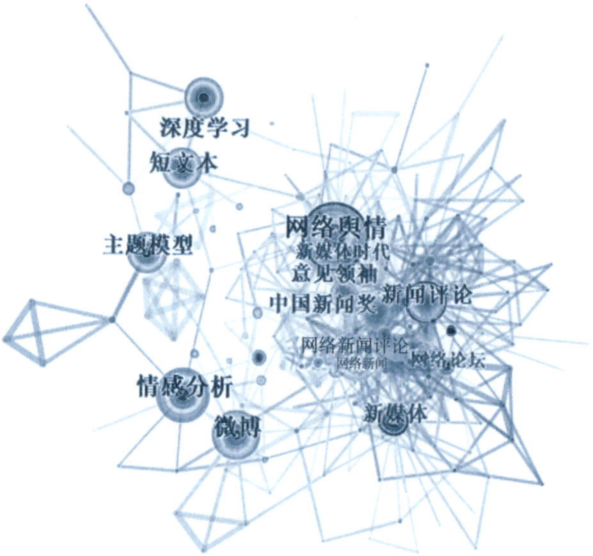

图 1　网络评论研究关键词分析

利用 CiteSpace 对网络评论研究全样本进行分析，在排除干扰项、合并重复项后得到图 1，可以看出网络评论研究所识别的关键词中共被引频次最高，即最受研究者关注的前 10 个关键词分别是："网络舆情""情感分析""微博""网络新闻评论""主题模型""深度学习""新闻评论""短文本""中国新闻奖""新媒体"。同时，关键词中心性分析显示，"新媒体""新闻评论""网络舆情""网络新闻评论”“情感分析”“网络新闻”“中国新闻奖”“网络论坛”“微博”“意见领袖”是中心性最强、与其他关键词联系和互动最为密切的10个关键词。

此外，结合关键词凸显性分析功能可以看出，凸显性最强的10个关键词是“短文本”“深度学习”“新媒体”“主题模型”“网络论坛”“微博”“情感分析”“自媒体”“热点事件”“在线评论”，说明这些关键词近来颇受研究者的关注与讨论。

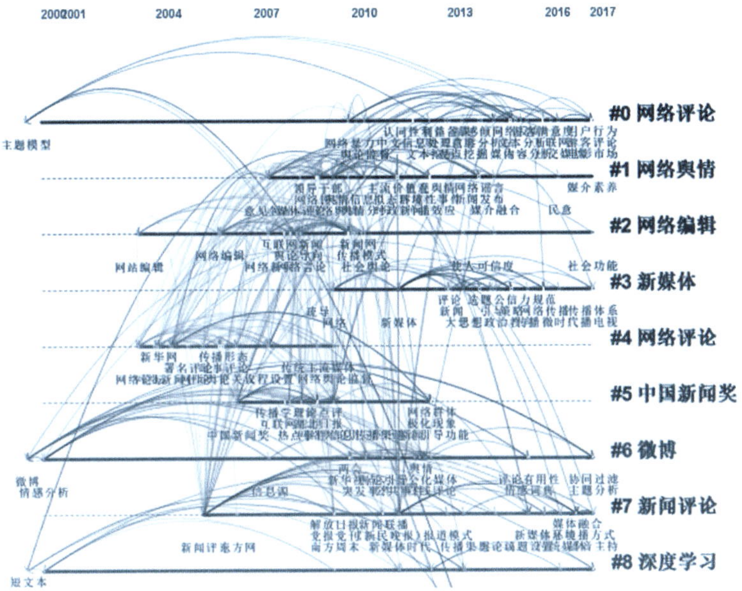

图2 网络评论研究关键词主题聚类分析（时间轴视角）

表2 人物写作研究文献计量分析（时间轴）数据分析

序号	聚类主题	形成年份	节点数	重点关键词
#0	网络评论	2013	45	用户行为、市场、认同、倾向性、舆论监督、观点挖掘、传播内容、主题模型
#1	网络舆情	2011	30	媒介素养、主流价值观、民意、媒介融合、意见领袖、拟态环境

续表

序号	聚类主题	形成年份	节点数	重点关键词
#2	网络编辑	2009	27	互联网新闻、传播模式、舆论导向、社会舆论、网络言论
#3	新媒体	2014	25	评论、选题、公信力、引导策略、传播体系、微时代、新媒体
#4	网络评论	2005	21	网络舆论、传统主流媒体、议程设置、网络舆论监督、传播形态
#5	中国新闻奖	2009	19	网络群体、极化现象、热点事件、引导功能、网络论坛
#6	微博	2010	17	微博、舆情、情感分析、突发事件、热点事件、协同过滤、主题分析
#7	新闻评论	2009	17	媒体融合、新媒体环境、传播渠道、舆论议题、引导方式
#8	深度学习	2015	10	短文本、深度学习、社交网络

结合图 2 和表 2 可以看出，“主题模型”、“微博”、“情感分析”、“短文本”以及“深度学习”等关键词属于对网络评论内容、形式的讨论，这些关键词出现在 2000 年前后，即网络评论研究兴起之初，分别包含于“#0 网络评论”、“#6 微博”和“#8 深度学习”的主题聚类之中，且对“#1 网络舆情”、“#3 新媒体”和“#7 新闻评论”等其他各个主题聚类上后续出现的关键词产生持续互动与影响效果，说明在新媒体技术发展以及自媒体平台推广和普及的过程中，微博等文本形式及其所承载的内容表达和情感态度诉求首先受到网络评论研究者的关注，这也说明传播内容是网民媒介接触活动中最直接、最显著、最容易被获取和观测的研究对象与要素特征。另外，三个聚类主题的形成时间都在 2010 年之后，说明网络评论的内容研究迄今仍是网络评论研究领域的重要课题。

综合来看，关键词识别与解读环节显示，“网络舆情”“情感分析”“微博”“热点事件”“意见领袖”是网络评论研究领域中兼具共被引频次高、中心性强、突现性强三大特点的 5 个重要关键词，同时也从不同维度分别强调了网络评论的构成要素——传播渠道、传播内容、参与主体以及评论效果。

以 2017 年的时间节点为截面，可以看出，最新出现的关键词是“用户行为”“游客评论”“媒介素养”“社会功能”“传播体系”“协同过滤”“主题分析”“媒体融合”“引导方式”，分别属于“#0 网络评论”“#1 网络舆情”“#2 网络编辑”“#3 新媒体”“#6 微博”“#7 新闻评论”的主题聚类之中。这些关键词重点围绕网络评论中参与主体的接触行为、传播渠道和舆论引导效果等方面，凸显对网民参与网络评论活动的引导与监管效果的关注，也显示出新闻从业与研究者对传统主流媒体与新媒体的相互借鉴与融合趋势的探讨。

二　网络评论的用户及其使用行为研究

德国心理学家勒温（Kurt Lewin）提出的“参与改变理论”认为，个体态度的改变依赖于他参与群体活动的方式。网络评论主体具有意见生产者与接收者的双重性，网民兼具网络评论的信源和受众两种属性，故其行为和倾向性特征更加复杂。国内学界对网络评论中展现的网民行为及心理进行了较为丰富的研究探索。

多篇研究均关注到传统媒体的新闻评论在网络舆论场中的引导作用遭到削弱，受众的独立主体意识日益强烈，在诸多公共事件中越来越拒绝“被灌输主流观点”。李倩分析，报纸、电视、广播等传统媒体通常设有一些固定框架去获得受众，对于这些媒介传达的信息，大众往往保持警觉的态度，只能单向被动接受，在一定程度上不利于信息的畅通传播，而网络自身的显著特点决定了受众参与信息传播的权利最大化。[①] 典型案例如 2008 年 9 月韩寒和作协副主席郑彦英的“网络嘴仗”事件，有研究分析了相关新闻事件的跟帖，发现这一事件中一些有影响力的新闻评论也未能有效影响网民的跟帖态度。[②]

有学者认为，互联网时代的议程设置已经发生了主体地位的转移更迭，网民通过网络评论实现了自下而上、反权威的“自我赋权”。[③] 网民能替代传媒把关人成为新的议程设置者，是因为互联网“去中心化”的特性。网民发布评论的技术限制降低，传播学理论中的“把关人”功能显著弱化。网络打破了时空阻隔，几何级提升了网络评论的传播力，使网络评论议程设置的效果彰显。吴闻莺认为，网络评论的形成中，网民作为主体通常经历“围观—议题极化—议题动员”三阶段：“通常情况下，具有普遍性、显著性、冲突性、戏剧化指标的议题有利于被围观。议题传播过程中的信息不确定性、有说服力信息的出现，以及暗示、感染机制都有助于议题的极化过程。最后是议题的动员过程，大多数的议题参与者在认知和态度上达成共识，并形成明确的传播效果期待。”[④]

针对“网络群体性事件”，一些学者进行了研究。杨斌成、何芝莹将之定义为：“网络群体事件是指部分利益受损群体或网民利用网络围绕某一主题或利益事件，采取网络聚集、围观、声援或人肉方式制造社会舆论，影响事件进程或结果的传播活动。”[⑤] 这种条件下产生的网络评论往往激烈情绪化，易引发不同观点者成为“沉默的大多数”进而造成“情绪化观点即等同于真实民意”的假象，误导社

---

① 李倩：《网络评论与受众言说价值实现》，《青年记者》2010 年第 11 期，第 8 ~ 9 页。

② 张毓：《从“韩寒事件”看网络评论的舆论引导作用》，《新闻世界》2009 年第 12 期，第 141 页。

③ 陈浩、吴世文：《新媒体事件中网络社群的自我赋权》，《新闻与传播》2009 年第 3 期。

④ 吴闻莺：《微博网舆论聚合效应研究——微博围观、微博极化与微博动员》，《大连理工大学学报》（社会科学版）2013 年第 1 期，第 133 ~ 136 页。

⑤ 杨斌成、何芝莹：《网络群体事件的形成模式与舆论传播机制》，《中州学刊》2013 年第 5 期，第 168 页。

会公众乃至政策。集群行为是“在集体共同推动和影响下发生的个人行为，是社会互动的结果”[①]。而网络集群行为作为一般集群行为的延伸和创新，属于特殊的群体行为方式。[②] 它除了具备一般集群行为的共有特质外，还具有诸多不一样的特质，[③] 如行为互动符号化、成员参与超功利化、成员关系松散与自发分工并存、不在场与匿名化状态下的有限理性以及跨时空的“微观点”汇合成网络集群行为。[④]

当议题受众的聚集与分化中心议题被导入社交网络之后，就会引发议题受众的关注和聚集。在所有受众群体中，存在着数量不足20%的“关键少数”，他们一般具有清晰的群体立场，在接受某一议题时往往带着所属群体的“有色眼镜”，能够从自己的既定立场出发，对中心议题进行加工推送，发表带有明显倾向性的意见和观点。而持有不同立场的另外超过80%的受众，一般不选择在网上发言，是“沉默的大多数”，很少对正在形成的舆论产生反作用。即使某些刺激性议题触动了他们的神经，使他们打破了“沉默的螺旋”，在社交网络上发声表明态度，但言论和立场也往往是不坚定的，会随着议程设置及所获取的支持的变化而发生变化。即便如此，这个数量庞大的受众群体还是会在自己所认同的意见领域下聚集，分化成对中心议题持有不同意见的子群体。

张华对网络社群有具体的研究。他认为网络社群的崛起将本来趋

---

① 李臣：《国内网络集群行为研究文献综述》，《淮海工学院学报》（社会科学版）2012 年第 5 期，第 36～39 页。

② 刘霞：《非常规突发事件动态应急群决策：“情景－权变”范式》，《云南社会科学》2010 年第 5 期，第 22～26 页。

③ 于建嵘：《集体行动的原动力机制研究——基于 H 县农民维权抗争的考察》，《学海》2006 年第 2 期，第 28～34 页。

④ 吴闻莺：《微博网舆论聚合效应研究——微博围观、微博极化与微博动员》，《大连理工大学学报》（社会科学版）2013 年第 1 期，第 133～136 页；邓希泉：《网络集群行为的主要特征及其发生机制研究》，《社会科学研究》2010 年第 1 期，第 108～112 页；田大宪、贾举：《网络集群行为的生成机理与调控方略》，《当代传播》2010 年第 4 期，第 39～42 页。

于原子化的个人有效组织了起来，显示了强大的自组织能力。在一些网络群体性事件中，形成了不同类型的网络社群，带来了不同的影响。[①] 具体体现为，情绪型网络社群虽然在网络舆论中对事件的解决缺少积极的实质性贡献，但一定程度上舒缓了社会情绪，有助于避免发生大的社会动荡。专业型网络社群以专业知识和求真精神有助于社会问题的解决，并促使各级政府直面问题，承担其应有责任。理念型网络社群的积极作用表现在始终凭借理念和理性，为建设现代化社会贡献智识。[②]

在网络舆论形成的过程中，一个中心议题使受众聚集并开始分化后，通常很快就被网络管理者或意见领袖发现，并由他们进行二次加工和传播，使得网络讨论圈的范围不断扩大，网络舆论加速蔓延。事实上，意见领袖与受众在出现的顺序上并不存在绝对的先后。无论意见领袖何时出现，都将利用其身居信息高位、分析深刻、表达能力强的优势，促使多数意见在经过几回合的交流、协调、扬弃之后，逐渐整合出一种被多数受众所接受的意见，并加速网络受众的聚集和分化，极大程度地推动一种相对稳定的网络舆论的形成。在意见领袖的吸引下，规模庞大的普通受众开始分化成非正式的受众团体，与其他受众团体产生舆论震荡，或是持观望态度、不加评论，仅仅扩散原发日志，或是明确支持一方反对另一方。但无论何种选择，无疑都在扩大网络舆论影响范围，提升影响能力，而社交网络上的舆论形态也基本形成。[③]

“新意见领袖作为一个群体出现，他们借助新媒体，把握话语权，依托公众的追捧，在纷繁复杂的网络舆论变化中左右着舆论格

① 张华：《网络社群的崛起及其社会治理意义》，《编辑之友》2017 年第 5 期，第 52 页。

② 张华：《网络社群研究——国家、社会、技术互动的视角》，博士学位论文，复旦大学，2015，第 5 页。

③ 左鹏、解红叶：《基于社交网络的舆论成长与引导研究——以什邡事件为例》，《北京科技大学学报》（社会科学版）2013 年第 3 期，第 46 ~ 50 页。

局，成为一股全新的社会力量。新意见领袖的新动向是商业化、职业化和群体化。群体化是指上下左右的协商。新意见领袖群的崛起对虚拟世界的影响日益强大，对现实世界的作用也日趋明显。”① 近几年，单凌认为，“传统大V式微，在垂直细分领域拥有专业知识和特长的专家成为新的意见领袖”。同时，“网民的表达方式从情绪化、非理性成长为真正的‘无组织的组织’”②。“无组织的组织”不等同于没有组织，与过去等级制的组织不同的是，从被组织的人角度出发，公众可以随意地加入和离开。同时，它也与乌合之众的组织方式不同，尽管技术层面上人人都能组织行动，但是如果想要把简单的分享上升为合作和集体行动，组织者必须唤起群体中每个人都认可的身份，必须有足够强大的愿景和能力将网民团结在一起。③

学者关注到网络评论的集群效应，并分析了其对网络评论传播的正负面影响。集群效应可分为两种：基于共同话题兴趣，或共同观点。王勃分析，网络社区中的弱联结是指单纯的信息与知识交流，而强联结则指经常发生的持久且充满感情的信息互动。④ 当一个新的网民个体处于弱联结的关系下，选择接触陌生群体或个人常常会使其陷入海量信息的漩涡之中，增大用户的操作难度。此类不对称的信息联结通常会限制网络评论在信息交流中的连接器作用。既而，网民用户会倾向于减少与陌生群落或个体的信息接触，转而更加依赖与满足于从志趣相投的聚落获取信息并评论互动，逐渐形成“信息茧房”。从而导致群体内成员与外部世界的交流大幅减少，群内成员拥有相近似

---

① 李良荣、张莹：《新意见领袖论——“新传播革命”研究之四》，《现代传播》2012年第6期，第31～33页。

② 单凌：《中间阶层的觉醒：中国舆论场新生态》，《新闻大学》2017年第3期，第15页。

③〔美〕克莱·舍基：《人人时代：无组织的组织力量》，胡咏、沈满琳译，浙江人民出版社，2015，第39～42页。

④ 王勃：《web3.0语境下微博评论传播效果探析》，《东南传播》2011年第11期，第37～40页。

的观点和看法，网民聚落内同质特征显著，而不同网民聚落间的异质特征明显。[①]

杨斌成分析，在网络群体性事件中，网民群体的负面心理是一个不断积聚、发展和最后释放以致失控的连续过程。网民群体负面心理的运行机制往往表现为：群体思维—群体压力—群体感染—群体极化—群体失控五个阶段。其中作用因素包括从众心理、掌握话语权心理、充当社会监测，以及满足道德批判的优势心理、类推心理、极端心理暗示、泄愤心理。“大多非利益相关者以由此及彼的类推心理进行利益侵害假设，由别人的受侵害现象类推及自身，在社会公权滥用、缺乏必要的行政信任情况下，公众无法通过正常途径化解危机时，就只有通过非理性、非常规的手段强行阻止侵害行为继续发生。于是，‘围观’‘起哄’‘泄愤’等群体非理性行为就屡屡发生。”[②]

近十几年来，中国的网络评论主体从以前的“三低”人群转为“中间阶层”，表现从非理性趋于理性。网络评论发展的初期，常见语言低级暴力、造谣传谣倾向，[③] 网络恶性评论成为常见现象，甚至可能发展成为网络暴力，对社会的负面影响越来越大。[④] 近年来，杨国炜、王小杨认为网民在追寻网络评论的事实判断、价值判断之外，对“专业判断”有相当的需求空间。[⑤] 这方面的研究能够论证知乎、悟空问答、爱问知识人等问答类平台的兴起和繁荣，推动了网民基础

① 陈欣：《从微博评论活动看信息的集群与分裂效应》，《新闻研究导刊》2013 年第 2 期，第 39～41 页。

② 杨斌成：《群体心理学视域中的网民群体心理与舆论引导》，《东南传播》2014 年第 4 期，第 77～79 页。

③ 胡媛：《网上舆论为何不理智——访中国社科院网络与数字传媒研究室主任闵大洪教授》，《法律与生活》2006 年第 13 期。

④ 付俊龙、李金宝：《从网络评论看网民的道德修养》，《新闻爱好者》2012 年第 7 期，第 49～50 页。

⑤ 杨国炜、王小杨：《微传播时代网络评论频道的应对策略》，《中国记者》2012 年第 7 期，第 7 页。

媒介素养的提升，进而反作用于网络评论本身，促进了网络评论广度、深度、质量同步提升。

2017 年，“中间阶层成为网络舆论的主导性群体”，其中“意见表达派”的构成主体从年龄上看是 25 ~ 34 岁的青年人（占比 60. 3%），从学历上看则是大学本科以上的高学历人群（占比达 56. 6%）。这一群体与现实中的中间阶层更为契合，中间阶层对社会热点事件的关注度和表达意愿最高，乐于表达观点，分享转发新闻，在新闻传播中扮演了更积极的角色，成为网络舆论的主导性群体。“在过去充斥着‘三低人群’的网络舆论市场上，中间阶层一直作为‘沉默的少数’而存在。然而近一年的网络热点事件显示，中间阶层开始走上前台，成为网络舆论的主导力量和‘意见表达派’，由此带来了网络舆论场的新变化、新取向。”① 另外，新生代作为评论主体越来越多地出现在舆论场中。“网络新生代”是指伴随互联网成长起来的“90 后”“00 后”，他们是互联网的原住民。“近些年，一些网络热点事件中，网络新生代通过微博、百度贴吧等媒介平台，以他们特有的方式表达观点、影响舆论，展现网络动员与组织的能力。”② 一些年轻的影视明星，公众人物等，拥有众多粉丝，是新生代评论主体之一，成为微博中的大“V”。

三　网络评论传播效果研究

传播效果方面，周宇、魏太亮、廖思琴等通过分类列举法详细探讨了不同类型网络评论在传播效果上的优缺点（见表 3）。

---

① 李良荣、袁鸣徽：《中国新闻传媒业的新生态、新业态》，《新闻大学》2017 年第 3 期，第 2 页。

② 蒲平：《网络新生代的崛起：中国新闻业的新生态》，《新闻大学》2017 年第 3 期，第 21 页。

表3　不同类型网络评论的优缺点（部分）

类型	优点	缺点
新闻评论	①大量网民参与的开放式评论 ②能提交各种文字、图形、图像、动画、音频和视频 ③能对评论进行回复和点赞，也可以针对回复进行回复 ④通过分析大量新闻评论可分析、预测、引导网络舆情	①无法长期保存，新闻一旦下架，连同评论一并消失，只能通过网页快照找回部分信息 ②当有突发性舆情信息的时候，评论信息大量产生，难以发现有价值的信息 ③难以找到自己的评论和别人对自己评论的意见和反馈
网络社区	①解惑答疑 ②启发思维，促进创新 ③将现实问题转化为信息资源	评论及回复数太多，网络社区系统太多，互操作性存在问题，难以搜索特定主题的评论，难以发现真正解决问题的评论
影视评论	①大量网民参与评论和互动，既能对总体进行评论，又能对一个微小的情景做评论 ②可长期保存和呈现；评论与播放进度参照同一时间轴	①影视屏幕无法显示的飞幕 ②除了第一次网络直播，同时在线观影的用户无法实时交流，后面的用户通过时间不停地确认是否有在线交流 ③过多评论会影响观影效果
商品评论	①对商品的直接、真实的使用意见，涉及商品和服务的运输、装帧、内容等，提供购物时的参考，也可以作为商家改进商品和服务质量的依据 ②可进行智能挖掘以用于对商品的推荐	①海量商品评论意见让用户无所适从 ②提供的评论分析和统计或许不是用户真正感兴趣的 ③用户更倾向于发表负面的针对商品的评论，造成商品总体评论不客观
电子文献评论	①表达了读者阅读后的意见，可作为未来读者选择文献的推荐和依据 ②书评是图书馆重要的信息资源	每个人的需求不同，心理状态不同，无法表达客观一致的评论意见

续表

类型	优点	缺点
在线学习平台和慕课评论	①解惑答疑,增强学习效果 ②启发思维,促进创新 ③列举的案例及解答可作为一种教学资源	①评论数太多,难以搜索特定主题的评论,难以发现真正解决问题的评论 ②评论信息的分类粗糙,以国家精品资源共享课为例,分类仅包括教师答疑、课堂交流、综合讨论、实践互助等七个方面

参考资料：周宇、魏太亮、廖思琴，《基于信息构建的网络评论信息的规划与实践》,《情报科学》2016 年第 5 期，第 29 ~ 33 页。

国内学界对网络评论的社会作用结合实例做了较为丰富的研究，从学术角度对网络评论的社会效用价值给予了充分认同及肯定。

早在 2005 年即有学者提出：“今天，网友言论的规模与活跃情况已达到前所未有的程度，不论是国内重大事件，还是国际重大事件，均能快速形成网上舆论，甚至产生巨大的舆论压力，达到任何部门、机构甚至公众人物无法忽视的地步，这种状况在前几年是无法想象的。社会舆论若只在街谈巷议中存在，力量则是有限的，但要以某种媒介集中表现出来，效果就会成倍地放大。”① 一些研究认为网络评论凭借受众言说价值的实现，形成了新闻事实的舆论化。网络评论传播的不仅是新闻事件本身，更重要的是剖析事件隐含的本质、承载的社会情绪和受众参与的传播过程，将个人化的观点通过大众网络媒体展现出来。②

① 殷瑜：《占领网络媒体舆论导向的制高点——浅论网络新闻评论的舆论导向性》，《新闻界》2005 年第 2 期，第 118 ~ 119 页。

② 李倩：《网络评论与受众言说价值实现》，《青年记者》2010 年第 11 期，第 8 ~ 9 页；杨杰：《浅谈网络新闻评论对社会舆论的传达作用》，《法制与社会》2008 年第 16 期，第 247 ~ 248 页。

关于网络评论的舆论引导功能研究方面，有学者认为，网络评论的充分进行，能够增大公共事件中的辟谣传播面和实现可能，“具有促进公民言论自由水平进步、提升社会道德水平、净化网络舆论环境、制止非理性言论及网络暴力的舆论功能”①。面对网络舆论中的民族主义、民粹主义，网络评论具有传播常识、纠正偏见的引导功能。② 黄守洲认为，需要从网络媒体的传播方式创新、网民的媒介素养提升以及网络意见领袖职能提升等多角度合理规范、提升网络评论对社会舆论的引导效果。③

在网络评论的辅助决策管理功能研究方面。有学者认为，网络评论是当今中国表达社情民意的重要窗口之一，所形成的强大的舆论力量成为管理者和决策者不可忽视的依据，对我国政府部门工作的方向、方式、方法均起到深远影响。网络评论作为一种公开的“内参”，政府通过收集网络评论，可以比较直接地获取群众的真实反馈，及时了解政策落实情况，为政策的改进与制定提供依据，有利于实现更科学化的政策决策和社会管理。学术界和评论界认为，改革开放以来中国国家领导人所持的积极开明态度为网络评论的快速蓬勃发展繁荣提供了良好的政治环境。④ 研究认为，网络评论越来越多地作用于线下的现实社会，能够及时敏锐地反映民意，成为意见的“集散地”和社会的“排气阀”。⑤

---

① 杨波：《网络评论在重大主题宣传中的领航作用》，《传媒观察》2009 年第 3 期，第 45 ~ 46 页。

② 刘颂杰：《“带镣而舞”：网络评论专题的兴起及其舆论监督功能——以〈搜狐视线〉、网易〈今语丝〉、〈另一面〉、腾讯〈今日话题〉为例》，第十二届新世纪新闻舆论监督研讨会，2012；杨斯琼：《网络新闻评论的创新与规范研究》，硕士学位论文，东北师范大学，2013。

③ 黄守洲：《提升网络新闻评论的舆论引导职能方式分析》，《新闻研究导刊》2015 年第 23 期，第 165 ~ 166 页。

④ 赵金、闵大洪：《网络舆论，民意表达的平台》，《青年记者》2004 年第 10 期，第 37 ~ 39 页；殷瑜：《占领网络媒体舆论导向的制高点——浅论网络新闻评论的舆论导向性》，《新闻界》2005 年第 2 期，第 118 ~ 119 页。

⑤ 徐洪业：《意见领袖、网络水军和六度空间——社交网络中舆论场的形成和引导研究》，硕士学位论文，北京科技大学，2012。

在网络评论的舆论监督功能研究方面，2002 年的研究成果已经开始探讨网络作为“第四媒体”对现代媒体作为“第四权力”的消解。[①] 网络评论的匿名性促使“沉默的大多数”开始真实发声，网络评论的角色也从评价是非的“中间人”角色逐步丰满到追寻真相和社会正义的“传声筒”，从问题反映者向问题解决推动者渐变。[②] 同时也有学者认为，网络评论和传统媒体的新闻监督、舆论引导功能可以形成互动互补。[③] 网络评论的出现，意味着以往被少数大众传媒把持的话语权和判断权被部分移交到浩如烟海的广大人民手中，改变了以往传媒评论一统天下的局面，形成了舆论监督社会、公众监督舆论“二级监督”的良性循环，从而促进了舆论监督权利的社会化、公开化、民主化。依托网络评论的交互性，网友之间、网友与媒体网站之间，网友与专家学者、权威之间可实现“零门槛”沟通，专业新闻机构通过观照网络评论，能够进一步观察自己所要引导的舆论方向与现实的民意之间是否存在差异，进一步判断自己的舆论导向或议程设置是否合理，以及需要做哪些调整、如何调整等。[④]

广义的网络评论还具有销售商品、增强口碑、促进传播的功能。2017 年这方面的案例研究很多，如以北京明十三陵为例，研究网络评论的陵墓类景区游客满意度。基于酒店品牌的网络评论内容与基于网络评论的扎根理论，分析新生代员工情绪智力结构及其对工作行为

① 何源：《网络中断舆论监督》，《当代传播》（汉文版）2002 年第 6 期，第 64～66 页；殷瑜：《占领网络媒体舆论导向的制高点——浅论网络新闻评论的舆论导向性》，《新闻界》2005 年第 2 期，第 118～119 页。

② 冯仕妍：《网络评论在公共事件中的角色嬗变》，《青年记者》2009 年第 14 期，第 11～12 页；闫旭凤：《微博对网络舆论的影响研究》，硕士学位论文，山西大学，2013。

③ 黄昕：《网络评论的舆论监督功能》，《青年记者》2009 年第 23 期，第 29～30 页；王慧：《党报评论与网络评论的互补》，《新闻战线》2002 年第 11 期，第 54～55 页；刘雪伟：《网络新闻评论对传统新闻评论的突破与互动研究》，硕士学位论文，辽宁大学，2011。

④ 郭严、刘英、孙杨：《发挥网络在突发事件中的舆论引导作用》，《新闻传播》2006 年第 7 期，第 57 页。

的影响机制、对作为网络评论的弹幕在传统电视中的运用与前景等。网络评论作为有效信息，正成为全方位数据挖掘的对象。

四　网络评论的传播渠道研究

网络评论正处于“众媒时代”。早期是 BBS 留言、搜索引擎贴吧、个人博客评论等[①]扁平化、公共广场式的评论媒介渠道，而目前，仅新闻评论渠道就包括：各门户网站新闻跟帖评论，各类资讯类、兴趣类 APP 客户端自媒体原创发文、跟帖评论，各种新闻论坛、帖吧的帖子，微博原发博文及单条微博下的跟帖评论，微信公众号自媒体文章、微信群和朋友圈图文，百度知道、知乎、爱问等问答类平台等。网络评论的媒介渠道向公共广场式平台、私密圈层式平台、专业问答式平台等多元方向纵深发展。公众对态度和意见的表达热情与信息平台之间的对接，以及传统媒体打造的舆论场与民间自发形成的舆论场之间的立场差异存在的对抗塑造了全新的媒介生态——众媒时代。[②]

（一）门户网站的评论现状及发展方向研究

苏蕾认为，网络评论频道的编辑思路主要集中体现在海量信息编辑模式上。[③] 由于大量碎片化的自发网络评论的传播效果有待优化，“聚沙成海”成为媒介渠道放大网络评论传播效果的一个选项。各门户网站纷纷设立了专门的网络评论栏目，搜集各路网友的网络评论文

---

① 周宇、魏太亮、廖思琴：《基于信息构建的网络评论信息的规划与实践》，《情报科学》2016 年第 5 期，第 29 ~ 33 页。

② 潘一凡：《众媒时代：多元的媒介新生态》，《新闻大学》2017 年第 3 期，第 34 页。

③ 苏蕾：《网络评论频道的编辑特征及编辑思路——以新浪网为例》，《编辑之友》2010 年第 2 期，第 86 ~ 88 页。

字“集腋成裘”，整合成为重要的舆论导向工具。[①]

在此前提下，不少学者探讨了网络评论媒介平台自发创新的方式方法、微传播时代网络评论频道的应对策略，如优化栏目设置，拓展网络话语空间，整合传播渠道，强化品牌效应。主流门户网站评论栏目与移动客户端的版式设计、栏目设置、标题制作（如新浪[②]、搜狐、腾讯[③]、网易[④]、凤凰[⑤]、红网[⑥]、新华网[⑦]、人民网[⑧]、人民论坛[⑨]等）都有论文涉猎，甚至是多个网络评论平台的广义横向比较[⑩]和在某一公共舆情事件中的横向比较[⑪]。其探讨了在保留海量信息编辑模式优势的同时，加强网络评论频道的信息策划（注重网络

① 黄燕萍：《网络新闻评论构建公共领域的新特点》，《新闻世界》2009 年第 11 期，第 149 页。

② 苏蕾：《网络评论频道的编辑特征及编辑思路——以新浪网为例》，《编辑之友》2010 年第 2 期，第 86～88 页。

③ 郭巧敏：《众媒时代下网络新闻评论写作模式的变迁——以腾讯网评论栏目〈今日话题〉为例》，《西部广播电视》2016 年第 1 期，第 25～26 页。

④ 陈家馨然：《“互联网＋”时代的网络新闻评论分析——以网易“另一面”为例》，《新闻研究导刊》2016 年第 5 期，第 3～4 页。

⑤ 闫瑞兴：《“互联网＋”时代的网络新闻评论分析——以“凤凰论”为例》，《新闻研究导刊》2015 年第 22 期，第 164～165 页。

⑥ 杨国炜、王小杨：《微传播时代网络评论频道的应对策略》，《中国记者》2012 年第 7 期，第 7 页。

⑦ 郭初、谢良：《网络新闻评论疏导探究——兼及新华网网络评论发展对策》，《新闻战线》2005 年第 7 期，第 74～77 页。

⑧ 赵慧杰：《主流媒体网络评论的表达与实践——以“人民网评”的内容分析为例》，《新闻研究导刊》2016 年第 8 期，第 137～138 页；朱凤玖：《新媒体时代下网络新闻评论的特色分析——以“人民网评”为例》，《新闻世界》2014 年第 1 期，第 131～132 页。

⑨ 张怡：《浅析党报网络评论的可读性——以“人民论坛”纪念抗战胜利 60 周年系列评论为例》，《新闻实践》2006 年第 1 期，第 58 页。

⑩ 许凯：《网络舆情背景下新闻评论的研究分析——以五大门户网站为例》，《信息通信》2015 年第 3 期，第 136～137 页；宋静静：《网络新闻评论频道的头条研究——以腾讯、新浪、网易、搜狐等门户网站为例》，硕士学位论文，山东大学，2010；李鹏炜：《市场细分与国内门户微博战略——以新浪、腾讯、搜狐、网易网为例》，《新闻前哨》2012 年第 6 期，第 14～16 页。

⑪ 刘东建、雷扬：《民间舆论场中十八届三中全会报道的政治修辞逻辑——以搜狐、新浪、腾讯和网易四大门户网站报道为例》，《新闻爱好者月刊》2014 年第 3 期，第 66～69 页。

专题、突发事件、互动环节的策划），会有助于网络评论频道的发展和成长。

同时，学界也关注到互联网浪潮席卷之下，网络评论崛起对传统主流媒体评论的冲击和融合。不少新闻工作者探讨了报网融合背景下报纸评论与网络评论的格局构建，如精选微博等社交平台上的网络评论在报纸上呈现，以纸媒评论为基盘开设网络化的自媒体及报网互动互补等。[①]

（二）微博评论现状及发展方向研究

社交媒体已逐渐成为新闻获取、评论、转发、跳转的重要渠道。[②] 由于微博的“用户创造内容”（Users Generate Content，UGC），微博渠道对网络评论的发展贡献是具有划时代性的。因此，国内学界对微博平台网络评论的研究较为充分。在几种微博产品中，研究人员更多使用新浪微博为实证研究的对象。

新浪微博诞生于2009年，腾讯、搜狐、网易等其他门户网站相继建立同类渠道产品。国内研究早期的重点主题是：微博评论的信息发布及传播特点、传播机制，传统媒体进入微博舆论场对网络评论的影响、微博粉丝研究、基于网络评论的微博营销。赵振宇、谢耘耕、徐颖、张月萍等均较早研究了微博的诞生、沿革、现状、发展趋势及其对网络评论的影响。[③]

① 温婧：《融合背景下报纸评论与网络评论的格局构建——以〈新京报〉评论为例》，《青年记者》2017年第9期，第53～54页。

② 李良荣、袁鸣徽：《中国新闻传媒业的新生态、新业态》，《新闻大学》2017年第3期，第2页。

③ 王晓兰：《2010年中国微博客研究综述》，《国际新闻界》2011年第1期，第24～27页；赵振宇：《日趋多样化的新闻评论发展态势——2010年中国新闻评论回眸》，《新闻战线》2010年第12期，第62～64页；谢耘耕、徐颖：《微博的历史、现状与发展趋势》，《现代传播》2011年第4期，第81～86页；张月萍：《微博客对网络新闻评论的影响》，《新闻大学》2010年第3期，第118页。

研究重点主题包括：一是将微博评论作为一种社会化舆情进行定性、定量及案例的研究。国内有关微博舆情监测的研究多为定量研究，即设计微博舆情监测指标体系，指标的构建大都基于微博舆情的传播特点和主客体关系。对于舆情主体的监测指标主要包括身份、粉丝数、历史被转发数和历史被评论数，客体事件的监测指标主要评价其敏感度和社会危害性。高承实等人认为应对微博舆情监测进行等级分类。关于舆情传播速度的监测，他们提出可利用新浪微博现有的排名功能；对于受众的监测，可以利用受众地区分布进行分析，加之受众情绪评估，重点对事件发生地区的稳定度进行实时监测。[①] 尽管2012 年之前的研究尚未形成系统快捷的舆情判断规则和比较细致的应对策略，但通过在实践中摸索前进，近年来国内相关研究逐步在成熟、趋于体系化。如王国华等人在“基于网络舆情分类研究舆情的应对研究”中提出了不同网络舆情的政府应对策略。[②] 韩运荣[③]和武澎[④]的研究为引导微博舆情的最佳介入时机提出了建议和模型验证。[⑤]

二是在广域、特定范围内的微博环境下对网络评论传播、发展、互动研究及相关数据进行挖掘。针对特定范围内的微博环境，如政务微博及“微博问政”的网络评论样态、传播效果研究。多数学者认为，政务微博与意见领袖微博、媒体微博和企业微博一起，成为微博舆论的主导力量。而政务微博在政府信息公开、网络舆论引导、倾听

① 高承实、荣星、陈越：《微博舆情监测指标体系研究》，《情报杂志》2011 年第 9 期，第 66 ~ 70 页。

② 王国华、冯伟、王雅蕾：《基于网络舆情分类的舆情应对研究》，《情报杂志》2013 年第 5 期，第 1 ~ 4 页。

③ 韩运荣、高顺杰：《微博舆论传播模式探究》，《现代传播》2012 年第 7 期，第 35 ~ 39 页。

④ 武澎、王恒山、刘奇：《微博中突发事件信息发布者被“加关注”的阈值模型研究》，《情报杂志》2012 年第 11 期，第 11 ~ 34 页。

⑤ 周金元、张莎莎、刘桂锋、王振：《国内微博研究综述》，《情报杂志》2013 年第 9 期，第 46 ~ 51 页。

民众呼声、群众政治参与、社会管理创新等方面发挥了独特且积极的作用。由于微博的社交属性，也有学者研究政务微博账号与其粉丝之间的互动行为。[①]

尽管众多学者都认可“微博问政”创新了公民参与公众事务的方式，对推动公民参与政治活动具有一定的意义，但更多学者认为“微博问政”在我国尚存在诸多障碍，如信息鸿沟、微博上的信息超载和微博谣言、微博的字数限制等，[②] 也存在诸如民主性不足、互动性不足、规范性不足、实效性不足等问题。[③] 因此需要从“微博问政”程序、政府信息公开、行政考核机制等角度去规范，[④] 实现微博评论参与社会公共事务的规范化、制度化和程序化。[⑤]

三是特定范围内的网络评论传播主体及受众研究。周金元等人对图情学科的微博用户研究思路进行了梳理：基于社会网络思想将用户行为或关系抽象成节点、线以及方向来研究问题；通过中心度研究对社会网络的整体情况进行评价，识别核心对象；通过相关性分析可以验证方法或指标的有效性；通过聚类分析可以判断研究对象的特征或行为；通过可视化软件实现了研究结果的可视化分析。多数学者将研究目的集中在使研究结果应用于改进微博服务上面。[⑥]

---

① 白建磊、张梦霞：《国内外政务微博研究的回顾与展望》，《图书情报知识》2017 年第 3 期，第 95 ~ 107 页。

② 孙光宁：《公民参与理论视角下的“微博问政”》，《社会主义研究》2011 年第 3 期，第 39 ~ 42 页。

③ 伊士国：《论“微博问政”的法治化》，《中国社会科学院研究生院学报》2016 年第 3 期，第 88 ~ 92 页。

④ 李少文、秦前红：《论微博问政的规范化》，《河南社会科学》2011 年第 4 期，第 100 ~ 105 页。

⑤ 白建磊、张梦霞：《国内外政务微博研究的回顾与展望》，《图书情报知识》2017 年第 3 期，第 95 ~ 107 页。

⑥ 周金元、张莎莎、刘桂锋、王振：《国内微博研究综述》，《情报杂志》2013 年第 9 期，第 46 ~ 51 页。

受2011年微信诞生造成的互联网生态冲击，微博评论研究的重点主题除上述领域外，还新增了微博评论在移动端样态冲击下的变化及微博评论如何转型等。

部分学者重点关注微博的转评赞机制带来的信息和话题的持续裂变效应以及对网络评论发展和传播形态的革新作用。他们认为传统的新闻评论是单向传播的模式，其信息传递的能量较为有限，而微博评论却类似于核能裂变模式，它实现了以一带多，以多带更多的、最大化的裂变式扩散。① 一种全新的网络舆论平台强势崛起，促使“全民评论时代”出现。② 另有多名学者认为，微博在一定程度上增强了网络评论的互动性，有利于多方意见的表达与博弈，扩大了网络评论的影响力；但同时提出了“微博裂变式传播模式的特点以及信息发布规范体系的不完善，使微博成了政治及商业炒作、非理性情绪和谣言滋生扩散的温床”③。

（三）微信等的移动端渠道的网络评论现状及发展方向

2011年上线的微信将“即时化、社交化”融为一体，极大地冲击了中国互联网舆论场的生态。孙玮对微信的研究打破了现有新媒体

---

① 陈欣：《从微博评论活动看信息的集群与分裂效应》，《新闻研究导刊》2013年第2期，第39~41页；殷俊、何芳：《微博在我国的传播现状及传播特征分析》，《河南大学学报》（社会科学版）2011年第3期，第129~134页；赵一鸣：《微博在网络舆论中的传播机制与对策》，《青年记者》2011年第15期；罗小红：《论微博客在网络舆论场形成过程中的作用》，《青年作家》2011年第1期；杨维：《微博在网络舆论形成的作用》，《青年记者》2010年第36期，第81~82页。

② 臧永亮：《微博评论对网络舆论空间的建构》，硕士学位论文，辽宁大学，2012。

③ 顾晓莉：《网络新闻评论的“微”力量——浅析微博对网络新闻评论的影响》，《今传媒》2011年第12期，第46~47页；宋发枝：《微博对网络新闻评论的影响》，《青年记者》2011年第14期，第66~67页；李林坚：《微博客在新媒体时代下对网络新闻评论的影响》，《学理论》2011年第14期，第169~170页；邵羽西：《新媒体时代下的微博客效应》，《中国传媒科技》2013年第6期，第39~40页；刘欣、罗彬：《新媒体环境下“沉默的螺旋”效应再研究——以新浪微博热点事件为例》，《新闻世界》2016年第2期，第52~54页；何芳：《微博传播对我国网络舆论的影响研究》，硕士学位论文，重庆工商大学，2012。

以技术为手段、以社交为功能的基本预设，认为微信将“移动”“场景”这两个原本水火不容的概念集合在一起，创造了人类社会一种前所未有的新“场景”，实现了在同一时刻“置身”于实体、虚拟的多个场景中，置身在多重关系网络中。微信呈现出的“群体的共同在场”，使得五亿多的大众以自我或者“群”的直接参与方式，被编织进整个社会的网络中，而且是以动态、持续、渗透性的实践方式嵌入日常生活。由此，传播、媒介成为建构主体的力量，微信成为人们的一种存有方式。①

多数学者高度肯定了以微信为代表的移动端网络评论的效用。移动端资讯类、社交类等多功能 APP 体现出来的融“即时化、社交化”为一体的特征，正呈现出引爆互联网未来发展的趋势。移动终端的跨网络、跨终端等特点促使微信的传播机制与规律都呈现出新的形态，提升了社会沟通的效率。② 此外，有学者关注到移动端多功能 APP 作为一项新技术，对网络评论的负效应已开始显现。多数学者认为，以微信为代表的移动端多功能 APP 应用对大规模群体交互有先天局限性，在传播频率、传播渠道、传播范围上存在一定限制。相较于微博、贴吧、门户网站跟帖一类的渠道，移动端社交型 APP 网络评论的大众传播能力相对薄弱。③ 针对移动端多功能 APP 的网络评论传播路径、形式方式进行定性定量研究，多数学者研究认为，从传播学角度来看，以微信为代表的移动端社交型 APP 的传播方式以点对点的

---

① 孙玮：《微信：中国人的“在世存有”》，《学术月刊》2015 年第 12 期，第 5 页。

② 任健、王心璐：《国内新媒体学术研究的新态势与新特征》，《编辑之友》2014 年第 5 期，第 61～65 页；付玉辉：《2013 年中国新媒体传播研究综述》，《国际新闻界》2014 年第 1 期，第 35～46 页；孟威、姚金楠：《2013 年网络新媒体研究热点透析》，《当代传播》2014 年第 1 期，第 11～19 页。

③ 吴中堂、刘建徽、唐振华：《微信公众号信息传播的影响因素研究》，《情报杂志》2015 年第 4 期，第 126～130 页；李茂，王一诺：《类 Kik 业务的传播特性与监管治理——以微信为例》，《青年记者》2014 年第 18 期，第 83～84 页。

人际传播为主，具有私密性、准实名制、圈层化特征。[①] 这一特征意味着移动端 APP 应用的强人际交往属性又有助于网络评论取信于受众。[②]

① 方兴东、石现升、张笑容、张静：《微信传播机制与治理问题研究》，《现代传播》2013 年第 6 期，第 125 页；许玉婷、王勇：《微信、来往、易信传播机制对比分析》，《中国报业》2014 年第 18 期，第 31 ~ 32 页；李天龙、李小红：《微信传播特征探析》，《现代教育技术》2015 年第 3 期，第 97 ~ 102 页。

② 赵战花、李永凤：《利器还是钝器："圈子" 视域下的微信营销》，《科学经济社会》2014 年第 2 期，第 161 ~ 165 页；姜胜洪、殷俊：《微信公众平台传播特点及对网络舆论场的影响》，《新闻与写作》2014 年第 4 期，第 43 ~ 46 页；徐英雪、兰芬：《微信：网络舆论战的新利器》，《国防科技》2014 年第 2 期，第 22 ~ 25 页。

B.10
国际网络评论研究的重要观点

张涛甫　赵曙光　冯文丽*

摘　要： 本报告以国际上经常使用的媒介 Facebook 和 Twitter 为载体，阐述了国际社会化媒体中用户个体以及用户群体在信息接触和信息扩散中所扮演的角色及起到的作用。研究揭示了网络评论在社会事件传播中的效果和多元网状社交空间对网络评论发展的影响。

关键词： 社会化媒体　用户行为　传播效果

一　网络评论的用户使用行为研究

（一）网络评论的用户个体使用行为研究

1. 信息接触：对环境的监视与信息的不期而遇

作为大众传播的一项重要的社会功能，环境监视功能在网络评论中的作用体现愈加显著，能够向公众真实、全面地告知社会的变化情

* 张涛甫，复旦大学新闻学院执行院长，教授，研究方向为新闻理论、政治传播、媒介与社会、媒介文化、中国现代报纸副刊史等；赵曙光，南京大学新闻传播学院教授，博士生导师、南京大学紫金传媒研究院（北京）副院长、中国新闻史学会传播学研究委员会副会长、中国青年报·中青在线全媒体社会调查中心联席主任，主要研究方向为媒介经济、数据挖掘；冯文丽，复旦大学新闻学院博士研究生，研究方向为政务传播等。

况。而环境监视，即审视周围的环境、采集和传播新闻，并不局限于媒体，也是人本身的内在需求。[①]

在从事其他网络活动时，偶遇日益成为人们获取社会信息的重要情境，当无意中接触的信息内容与自身潜在的信息需求存在一定关系时，其信息需求迅速被激发，中断正在从事的活动，转而将注意力转移到偶遇的信息上。社会化媒体中评论信息的快速发展为人们的信息偶遇提供了新的情境，汇集众多信息来源和社会关系的社会化媒体将这种无意间获取新闻信息的可能性进一步扩大，使得在无意状态下的信息获取成为使用社会化媒体时的重要信息行为之一。

在使用社会化媒体获取信息时，人们更多的是扮演被动参与者的角色，而不是积极地搜寻信息。对 Twitter 内信息传播的一次大型试验显示，大部分用户扮演的是消极信息消费者的角色，并且不向网络中转发内容。与此同时，Twitter 等社会化媒体使人们成为信息的管理者，可以决定自己的信息来源，更自主地掌控自己的信息获取，并且可以直接从行业专家、组织机构、名人那里直接获得信息，对于自己关注的用户，人们通常会对信息的真实性表示信任。

社会化媒体的网络评论所体现的社交关系的强弱与信息获取之间的关系成为学者关注的研究议题。通常情况下，关系的强弱以二者交互的频率进行衡量。在《弱关系的力量》（*The Strength of Weak Ties*）一文中，格兰诺维特（Granovetter）指出，弱关系最有可能向好友提供一些他们原本难以获取的信息，弱关系促进了不同群之间的信息流动。人们除与一个由强关系构成的群体保持联系、沟通交流外，我们还保持了很多联系不太频繁的弱关系（见图 1、图 2）。[②]

---

① 赵曙光：《高转化率的社交媒体用户画像——基于 500 用户的深方研究》，《现代传播》2014 年第 6 期，第 115～120 页。本报告所引内容大都转自此篇文章。

② 书聿：《Facebook 研究报告全文：重视社交网络“弱关系”》，http://www.360doc.com/content/12/0225/06/59865_189438122.shtml。本报告所有有关 Facebook 的内容均转自此篇文章。

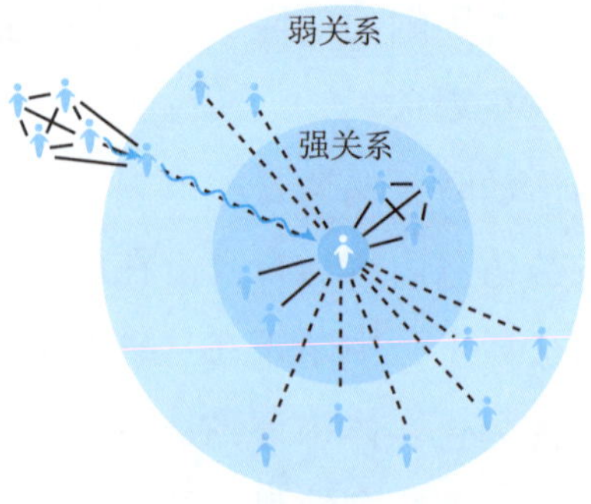

图1　社会化媒体中的强关系和弱关系

在社会化媒体上，人们有着与相似特点的人进行联系的倾向。尽管一个人更有可能分享来自密友的单条信息，但弱关系的集合则肩负了多数信息的传播职责。总体而言，人们从弱关系好友那里获取了更多的信息，弱关系在社会化媒体的网络评论传播中扮演着重要的角色。

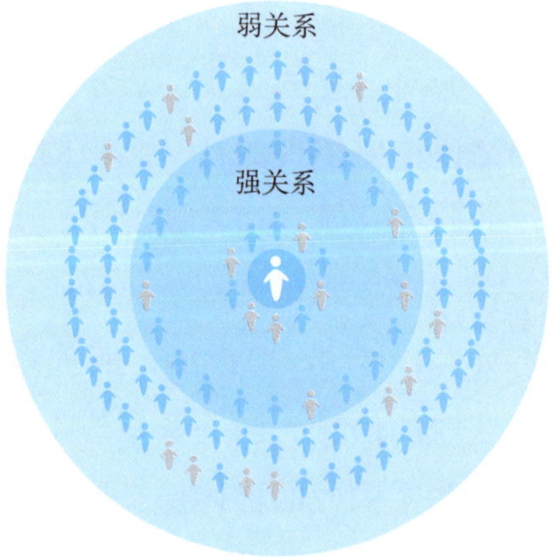

图2　强弱关系与 Facebook 信息分享的数量

社会化媒体使得人们可以在无目的的状态下接触大量网络评论内容，从迎面而来的信息中选择自己需要或感兴趣的内容。Twitter 为人们接触信息提供了更广泛、更多样的来源，同时可以建立不同强弱的社交关系，并与具有影响力的人产生联系。

韦伯（Weber）指出，Twitter 并不是用于观点搜寻的工具，而是发挥着观点浸透和观点提示的功能，试图在网络空间中体现出我们的文化、社会与心理。在使用传统的媒体时，其发布的评论就是我们接触评论的终点，但在网络社交媒体上，评论的接触不再有终点，人和评论呈现出网状分布，人们会同时接触有营养的评论和社会上的闲言碎语，会同时阅读专业评论和朋友的观点，纷繁的信息混杂在一起。而吸引人们的注意力不在于在社会化媒体上创造出一个明显的评论终点，而在于评论可以在特定的情境下浮现出来。

2. 信息扩散：拓展的信息流与传统的影响流

人与人的交流有两种基本模式：限制性交流（Restricted Exchange）和拓展性交流（Generalized Exchange）（见图 3）。限制性交流是指两人参与的交流活动，拓展性交流通常有多人参与，参与者在接收来自他人的信息的同时还会进行信息传递活动。在网络空间中，既可以实现两人之间的限制性交流，如 A2 对 A1 帖子中提出的疑问进行解答，也可以实现多人之间的拓展性交流，A1 与 A2 之间没有绝对的互惠式交流，但 A1 可以从 A3 那里获得相关信息。可见，网络平台的信息交流模式融限制性信息交流模式和拓展性信息交流模式于一体，在多人的共同参与下形成信息的同步扩散。

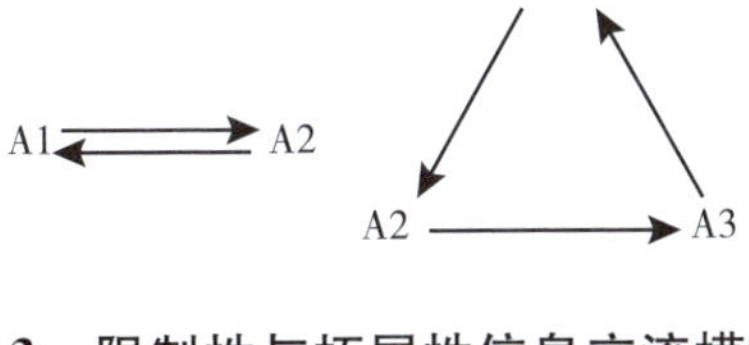

图 3　限制性与拓展性信息交流模式

山岸和库克（Yamagishi & Cook）① 对拓展性信息交流模式展开了进一步的研究，指出拓展性交流模式可以分为群组式拓展性交流（Group-generalized Exchange）和人际网络式拓展性交流（Network-generalized Exchange）。群组式拓展性交流（如网络论坛）强调群组成员共享一个信息池，通过信息交流活动所积累的资源都会汇聚到这个信息池中，进而实现资源共享，而人际网络式拓展性交流（如博客群、社交网络）则没有公共的信息池或沟通渠道，人们主要借助成员之间的人际网络进行资源交换。随着信息传播技术的发展，在网络空间中，融群组式拓展性交流和人际网络式拓展性交流于一体的网络平台变得越来越普遍。如 Facebook 这种社交网站，成员不仅可以在自己搭建的人际网络内与好友进行人际网络式拓展性交流，还可以在群组中与关注相同问题或拥有相同爱好的人进行群组式拓展性交流。

在社会化媒体创造的巨大信息流之中，人们可以为信息流补充信息，可以消费其中的信息，也可以延续或改变信息的传播方向。评论在社会化媒体上的传播离不开用户的广泛参与，用户成为评论传播的重要节点，而传播方式也是多种多样的。注意力、信息活动和影响力评估是人们在社会化媒体上传播评论的重要影响因素。人们会有选择地对社会化媒体上的评论进行关注，对于注意到的评论，发布评论的频率会影响人们接下来的传播行为。

美国的传播学家卡茨和拉扎斯菲尔德（Katz & Lazarsfeld）提出了“两级流动”（Two-step Flow）传播理论，指出，大众传播媒介首先对意见领袖产生影响，然后由意见领袖来影响更多的普通人。希梅尔博等人（Himelboim et al.）通过对新闻组上有关政治的网络讨

---

① Yamagishi, Cook, “Generalized Exchanged and Social Dilemmas,” *Social Psychology Quarterly* 56 (1993): 235 – 248.

论的内容分析指出，网络讨论同样遵守传统大众传播媒介的信息流流向，一小部分人通过引入信息发起讨论，在这些被引入的内容中，相当比例的内容引自传统主流媒体，与此同时，那些引发大量讨论的帖子的发起者同样是很小的一部分人，发挥着意见领袖的功能。

对于社会事件，社会化媒体是否让更多的人在上面分享自己的观点？针对同一社会事件，社会化媒体上人们所关注的重点是否与传统媒体存在一定差异，是否更关注事件背后的政治、经济、社会问题，而不仅仅是事件发生的场面？珀尔和博拉（Poell & Borra）[①] 带着这些问题对社会化媒体上人们的信息行为进行了分析，以 2010 年二十国集团（G20）峰会举办期间的多伦多示威游行为研究情境，选取了 Twitter、Youtube 和 Flickr 三个具有较大影响力的社会化媒体，分别代表文字类、视频类、图片类社会化媒体，采集峰会前、峰会召开期间和峰会后三个平台上的相关内容。除采集 G20 峰会游行示威相关内容外，研究者还重点关注了有关 G20 峰会游行示威的热点内容，即在 Twitter 上转发次数较高的相关微博和在 Youtube 和 Flickr 上观看/浏览次数多的相关内容。另外，研究者还对这三个平台上 G20 峰会游行示威相关内容的贡献者数量进行统计。结果表明，尽管有关 G20 峰会游行示威的内容的数量较大，但内容的贡献者只是一小部分人，约 20% 最活跃用户贡献了超过 50% 的内容。对三个平台进行比较，贡献内容的人数比例在 Flickr 上最低，其中有 2 个最活跃的用户贡献了 40% 的内容，而在 Twitter 上该比例相对较高。可见，社会化媒体上有关社会事件的信息来源并不是多样化的，只有一小部分用户深度地参与到内容贡献之中，大部分用户只是对这些内容进行转发，轻度地参与其中，意见领袖在社会化媒体的信息传播中同样发挥着重

① T. Poell, E. Borra, "Twitter, YouTobe, and Flickr as Platforms of Alternative Journalism: The Social Media Account of The 2010 Toronto G20 Protests," *Journalism* 13 (2012): 695 - 713.

要的作用。社会化媒体与传统主流媒体的不同则在于有关警察的暴力行为的内容更多，且受到较高的关注度。

社会化媒体的影响流还体现在情绪的传播上。具有影响力的公众人物在 Twitter 上发布的信息所包含的情绪直接影响公众的情绪，当公众人物发布带有积极情绪的内容时，公众的回复和转发也是偏向积极的，当公众人物发布带有消极情绪的内容时，公众的回复和转发也是偏向消极的。

（二）网络评论的用户集体使用行为研究

1. 集体行为与信息扩散的融合

“集体行为”（Collective Behavior）这一概念是指在集体力量的共同推动和影响下形成的个人行为，当人们参与集体行为时，常常会对该行为持一种共同的态度，并表现出类似的行为，且是一种情绪上的冲动，彼此间情绪的感染会促进行为在人群中传播开来。互联网在一定程度上为集体行为的形成提供了环境基础，使得集体行为从线下拓展到了线上。

当群体动机鼓励公众在线以网络评论的形式参与公共事务时，公众在社会化网络平台上的发帖行为加剧了其对社会问题采取群体性行动的意愿和冲动。① 2009 年 6 月 25 日，迈克尔·杰克逊去世后，Facebook、Twitter 等社会化媒体迅速成为世界各地歌迷哀悼、缅怀这位歌星的共同场所，并让迈克尔·杰克逊的粉丝们建立起联系，分享他们对于迈克尔·杰克逊去世的悲伤之情。② 麦圭根（McGuigan）③

---

① A. M. Warren, A. Sulaiman, and N. I. Jaafar, “Social Media Effects on Fostering Online Civic Engagement and Building Citizen Trust and Trust in Institutions,” *Government Information Quarterly* 31 (2014): 291 – 301.

② J. Sanderson, P. H. Cheong, “Tweeting Prayers and Communicating Grief Over Michael Jackson Online,” *Bulletin of Science, Technology & Society* 30 (2010): 328 – 340.

③ J. McGuigan, “The Cultural Public Sphere,” *European Journal of Cultural Studies* 8 (2005): 427 – 443.

指出，在互联网营造出的这种“文化公共领域”内，人们可以表达自己的观点、意见，以及展现自己的想象力。值得注意的是，在这一公共领域内，人们所表达的观点并不一定都是经过理性思考的。同样，针对某一事件或议题在网络平台上展开的讨论同样属于集体行为，可见，互联网的多媒体特点为人们开展集体行为提供了多种多样的载体，人们可以通过文字、视频、图片等形式实现计算机中介集体行为（computer-mediated collective behavior），进而实现集体行为与信息扩散的互动。

范吉内肯（van Ginneken）在《集体行为与公众舆论》一书中指出，公众舆论的形成是一个非常活跃的过程，并非是单纯地对个人信息表达进行叠加。公众舆论会受到议题本身变化以及人们赋予议题的感情色彩的影响，并且其演变过程往往会伴随着公众的集体行为。但在此书中，他所提及的公众舆论是指人们在公共场合从事的观点性信息表达，而公众舆情不仅包含观点性信息的表达，还包括事实性信息的表达。但相似的是，公众的集体行为以及网络舆情的形成也是处于动态演变过程之中。基于对网络舆情动态形成过程的认识，在有关网络舆情的研究中，越来越多的学者考虑到时间因素对公众信息表达行为的影响，分析随时间变化公众网络舆情所表现出的特点。菲韦格（Vieweg）在弗吉尼亚校园枪击案后对 Twitter 这一实时信息传播平台上公众的信息表达行为进行了分析，分析对象为事件发生后六天内的 Tweet 内容，结果表明，随着时间的推移，有关该事件的 Tweets 数量呈现出递减趋势，且包含事件情境描述的 Tweets 数量也逐渐减少。

2. 突发公共事件与集体行为

多元化的网络社交平台不仅拓展了公众的日常沟通方式，还成为危机事件发生后人与人之间进行交流的重要渠道。危机传播是传播学领域的重要研究方向之一，传播被视为降低由危机引发的不确定性和风险级别的重要手段，成为危机管理的关键组成部分。[①] 网络社交平台将分布在不同地理位置的公众联结起来，就他们共同关注的危机事件进行交流，进而实现信息的大量汇集。一方面，网络社交平台中普通公众之间的交流成为人们获取事件相关信息的重要来源；另一方面，这种形式的交流也为相当比例的公众提供了信息、情感或是行为上的支持和帮助。

相比于日常生活，在公共危机事件中，尤其是事件在发生后非常短的时间内，公众会对信息表现出更为强烈的需求，希望能在第一时间获取准确的、可靠的相关信息，但由于官方媒体还没有开始报道，人们会倾向于到网络社区、社交网站等社交网络平台上搜寻相关信息。

近年来，随着公共突发事件的增多，除对由组织向公众传递的信息流向进行研究外，一些学者开始注意到公众之间传递的信息流对于全面了解危机事件发生后的公众反应和制定相应策略有效处理危机事件的重要意义。

梅赞（Mythen）对公民评论在风险信息传播过程中所扮演的角色进行了研究。公民评论在很大程度上拓展了风险事件（如"9·11"恐怖袭击事件、伊拉克战争、卡特里娜飓风等）相关信息传播的渠道，并且也使得信息内容和形式更加多元化。但值得注意的是，与新闻媒体相比，公民评论中没有编辑"把关"这一环节，因而使得内容的表达更加自由，且具有不同背景、价值观的人会对风险事件进行自我解读，个人的偏见也会影响公民评论的真实性和客观性。

美国弗吉尼亚校园枪击案发生后，帕连等（Palen, Vieweg, Liu

① Reynolds, Seeger, "Crisis and Emergency Risk Communication as An Integrative Model," *Journal of Health Communication* 10 (2005): 43–55.

& Hughes)[①] 四位学者除进行线下的观察、访谈外，还着重对事件发生数小时内的维基百科页面、Facebook 群组、Flickr 活动、学校网站论坛等网络社交平台进行了研究，发现这些平台为人们传递自己的安危情况、询问亲人/朋友安危情况提供了极大的便利，使人们可以在第一时间发出信息求助或提供信息支持，并让人们在传统媒体报道之前真实地了解事件的相关进展，未受影响的人们也会通过在相关信息下评论来表达自己的关心与祝福。可以说，信息与传播技术的发展为形成高度发达的人际网络提供了可能，极大地促进了公众、信息以及媒介的汇聚。卡斯泰尔（Castells）将这种新的环境称为“流动空间”（space of flows）。对于危机事件，人们也会通过相机对事件进行记录，有学者重点选取了印度洋海啸、伦敦爆炸案、卡特里娜飓风、“9·11”恐怖袭击、弗吉尼亚校园枪击案和明尼苏达塌桥事故六大突发事件，对危机发生后图片社交网站 Flickr 上人们的信息行为进行研究。基于对相关群组内容的分析和成员的访谈，结果表明，人们在危机事件发生后会通过创建或加入群组的方式自愿地聚集起来分享图片信息，图片逐渐成为公民新闻报道这一后危机反应的重要表现形式，图片内容包括事件发生时的情境、危机发生后的社会反应（如救援、哀悼场景等）、网络社交汇聚截图（如 Google 地图、Facebook 群组活动、Second Life 组织的相关活动等）、失踪人员及个人物品等。[②]

上述突发事件中公众的信息行为反应凸显 Web 2.0 时代的“社交汇聚”（Social Convergence）效应。“社交汇聚”这一概念原指危

① Palen, Vieweg, Liu, Hughes, “Collective Intelligence in Disaster: Examination of The Phenomenon in The Aftermath of The 2007 Virginia Tech Shooting,” Proceedings of the 5th International ISCRAM Conference, Washington D. C., USA, May 2008.

② Palen, Vieweg, Liu, Hughes, “Collective Intelligence in Disaster: Examination of The Phenomenon in The Aftermath of The 2007 Virginia Tech Shooting,” Proceedings of the 5th International ISCRAM Conference, Washington D. C., USA, May 2008.

机发生后该地域的人们会自动地聚集起来，且常常伴随物品/服务以及信息的汇聚。基于肯德拉和瓦赫滕多夫（Kendra & Wachtendorf）[①] 对9·11恐怖袭击事件后社交汇聚行为的分析，休斯等人（Hughes et al.）对网络上“9·11”恐怖袭击事件、卡特里娜飓风、弗吉尼亚校园枪击案和南加州山火后的社交汇聚行为展开了研究，分析对象为人们在Facebook、Twitter、Second Life等网络社交平台上发布的信息。结果指出，人们的社交汇聚行为主要包括：为受害者及家属提供帮助、因事件所产生的焦虑情绪、了解事发地的相关情况、对受害者及家属的情感支持以及对救援者的感谢、对受害者的悼念、利用危机获取个人利益的行为、受好奇心理驱动的关注行为等。

（三）新信息扩散模式下的网络评论用户角色升级研究

网络平台的信息扩散模式与信息交流模式使得网络舆情表达的接收者的行为显现出一系列不同于传统媒体信息接收者的特点。网络社区作为网络评论传播的重要平台之一，对于用户来说，他们除作为接收者外，还可能具有反馈者、传递者、搜寻者等多重身份，其行为动机成为学者研究的重点。目前，研究内容主要涉及三个方面：一是对用户的信息接收行为进行研究；二是对用户与观点发送者之间的观点交换行为进行研究；三是将受众的观点获取行为与基于所接收的观点的传播行为结合起来进行研究。对受众多重身份的研究有助于我们更加深刻地理解网络评论的传播模式。

网络空间内观点交换行为属于社会互动的范畴，尤其是对于网络社区而言，观点交换是人们从事的一种重要观点行为。人们在接收发送者传递的观点后会做出一定的回应，进而实现社会互动。新媒体技

---

① Kendra, Wachtendorf, *Reconsidering Convergence and Converger Legitimacy in Response to The World Trade Center Disaster*, Binggley: Emerald Group Publishing Limited, 2003, pp. 97 - 122.

术在一定程度上改变了传统的“传播者—观点—接收者”的人际传播模式。

社交网络平台的多元化发展使得人们不仅可以借助文字进行观点表达，还可以通过上传视频、图片等开展一系列形式多样的网络观点行为，这使得网络舆情受众不仅可以阅读文字观点，还可以浏览视频、图片观点。

相比于日常生活，在公共危机事件中，尤其是事件在发生后非常短的时间内，公众会对观点表现出更为强烈的需求，希望能在第一时间获取准确的、可靠的相关观点，但由于官方媒体还没有开始报道，人们会倾向于到网络社区、社交网站等社交网络平台上搜寻相关观点。

二　网络评论传播效果研究

（一）共同体验与认知效果：集体情境营造与共同意义建构

除从评论扩散和沟通交流的视角分析网络评论外，学者还从意义建构的角度对网络评论的效用进行研究。德尔文（Dervin）提出的意义建构理论（Theory of Sense-making）强调了信息的获取行为与其在社会意义建构中发挥的作用。该理论认为信息寻求是一种主观建构的活动，人与周围环境、他人的交互促成了意义的建构，同时，该理论强调了情境在意义建构中的重要作用。因此，总体来看，意义建构理论认为“情境”、“协作”、“会话”和“意义建构”是学习环境中的四大要素。由于人们无法对不断变化的社会有一个全面的了解，他们需要通过他人了解其他地方、其他领域在发生什么，这其中包含一对一的交流，也包含一对多的交流。

当公共危机事件发生时，人们对现实的意义建构会面临一定的挑战，人们对现实的认知会出现不理性以及无序的问题，但危机时刻又需要人们基于及时的评论对现实形成清晰明确的意义建构，以应对这些甚至会危及生命的危难。与他人的沟通交谈成为人们在危机时段进行意义建构的重要方式。

基于意义建构理论，海维林和扎克（Heverin & Zach）以美国发生的三起较为相似的校园暴力事件为研究背景，对 Twitter 上人们有关暴力事件的评论观点进行分析，探讨 Twitter 在危机事件中是如何作用于人们共同的意义建构的。研究者将信息内容分为信息、观点、技术、情绪和行为几大类，并对信息内容进行编码，记录下信息发布的时间。结果表明，危机发生初期，Twitter 上有关危机事件的信息以信息类内容为主，如枪击的位置、医院的回应、嫌疑犯的描述等，信息成为危机事件发生后人们的最大诉求。随着时间的推移，信息类内容呈减少趋势，而评论类内容呈增加趋势。研究者同时对内容所包含的意义建构进行分析，主要包括信息分享、信息协商、信息搜寻、谈话治疗、分享个人行动、探求/分析事件原因、推断外界对事件的关注情况、事件结果。信息的分享让人们了解到已经发生了什么以及正在发生着什么，而观点的表达以及情绪的表达尽管没有增加有关事件的事实性信息数量，但对于增强人们的集体体验发挥了重要的作用，有效地将个体与集体联系了起来，进而推动共同意义的建构。

“占领华尔街”抗议活动期间，参与抗议活动的人主要通过面对面谈话和 Facebook 获取观点或发布观点。约 64% 的人称在之前的 24 小时里通过 Facebook 获取有关抗议活动的观点，77.3% 的人在社会化媒体上传播有关抗议活动的观点，如转发、分享、点击“喜欢”、更新状态等。

（二）沟通交流与政治参与：公共事务讨论与共同力量的凝聚

一般而言，学者都认可政府利用网络社交平台、网络评论可以改善与公民的沟通，使政府工作更加透明；同时网络评论的应用对促进法律法规更新，发展政府文化起着重要的作用。[①] 沃伦等（Warren et al.）发现政府机构对网络社交平台的运用、对网络评论的积极回馈，良性互动对公众信任倾向有显著的正向影响，这种信任导致了公众对政府机构信任的增加。如果政府机构愿意促进有意义的公众参与，就需要通过在线的公众参与，孕育社会资本，并缩小公众与政府机构之间的心理隔膜，从而提升对政府机构的信任。[②] 因此，政府机构可利用信息通信技术（ICT）和社会化媒体来创造开放的文化，提升政府工作的透明度，并作为反腐的有力工具。[③]。

鉴于智利多次的示威运动都推进了政策或立法的改变，瓦伦祖拉等（Valenzuela, Arriagada, & Scherman）对智利 18 ~ 29 岁年轻人的 Facebook 使用行为和其示威运动参与的相关性进行了研究。其中 Facebook 的使用包含使用频率和使用动机，示威运动的参与即在过去 12 个月中是否参加了如下示威运动，如参加公共示威游行、参加政治论坛和讨论、在请愿书上签字、参加了与政治高层的会议等。分析结果表明，Facebook 的使用频率与示威运动的参与具有显著的正相关关系，Facebook 的使用目的同样与示威运动的参与具有一定的联系，将 Facebook 作为新闻获取渠道和作为社交工具的年轻人参与示威运动的可能性更高，而自我表达动机与参与示威运动之间没有显著相关性。可以

---

① P. V. Sergio, G. M. Isis, F. L. R. Luis, "Understanding Risks, Benefits and Strategic Alternatives of Social Media Applications in the Public Sector," *Government Information Quarterly* 29 (2012): 504 - 511.

② A. M. Warren, A. Sulaiman, N. L. Jaafar, "Social Media Effects on Fostering Online Civic Engagement and Building Citizen Trust and Trust in Institutions," *Government Information Quarterly* 31 (2014): 291 - 301.

③ J. C. Bertot, P. T. Jaeger, J. M. Grimes, "Using ICTs to Create A Culture of Transparency: E-government and Social Media as Openness and Anti-corruption Tools for Societies," *Government Information Quarterly* 27 (2010): 264 - 271. G. Lee, Y. H. Kwak, "An Open Government Maturity Model for Social Media-based Public Engagement," *Government Information Quarterly* 29 (2010): 492 - 503.

说，Facebook 让年轻人这个群体产生了一种共同的力量，加入政治运动。

互联网逐渐成为人们参与政治行动的重要场所，尤其是年轻人，更多通过社交网站、博客等加入网络政治行动，以对政府施加压力，推动政策改革。瓦伦祖拉等人对政治讨论与网络政治行动的参与之间的关系进行了研究，指出网络讨论的规模与线上政治参与有显著的正相关关系，相比于与强关系群体的讨论，与弱关系群体的讨论更有助于推动线上政治参与，讨论之中观点的一致性会对线上政治参与产生积极影响，一致程度越高，线上政治参与的可能性就越大。

社会化媒体使得人与人之间的直接交流和信息的传播可以超越地理界线。莱恩和塞伦（Rane & Salem）针对信息在社会化媒体上的跨国扩散和阿拉伯国家的反抗行动展开研究，指出社会化媒体对于调动和保持集体行动、向世界各地传播示威行动的信息和图片发挥着重要的推动作用，将对行动有较高认同感的群体联结起来，促进他们之间的直接沟通交流，为信息和观点的扩散以及行动的开展奠定基础。

（三）洞察公众参与行为和民意风向

网络社交平台呈现的评论内容可用于洞察公众参与行为和民意风向，从而为公共政策的制定提供依据。[①] 同时，网络评论给现实社会带来直接可见的正面影响，如没有公众通过转发评论行为的直接参与，印尼的台风早期预警系统的传播速度和覆盖面将显著降低，从而加大国家和公众的损失。[②]

---

① E. Ferro, E. N. Loukis, Y. Charalabidis, "Policy Making 2.0: from Theory to Practice," *Government Information Quarterly* 30 (2014): 359 - 368. S. Koussouris, P. Lampathaki, Kokkinakos, "Accelerating Policy Making 2.0: Innovation Directions and Research Perspectives as Distilled from Four Standout Cases," *Government Information Quarterly* 27 (2015): 142 - 153.

② A. T. Chatfield, H. J. Scholl, U. Brajawidagda, "Tsunami Early Warnings via Twitter in Government: Net-savvy Citizens Co-producion of Time-critical Public Information Services," *Government Information Quarterly* 30 (2013): 377 - 386.

学者研究了亚洲、非洲、拉丁美洲各国及地区的网络评论作用于广域社会的影响。多篇学术论文、专著的关键词是网络评论的“民间社会动员”作用“让互联网变得有意义”。[①] 在世界各地，人们依靠互联网来谴责不公正，探讨宗教、民族、人种、性向、小众群体等各方面的社会问题。

学界研究的现象包括：南非的学生通过社交媒体来引起大规模线下抗议，并引发了一场关于教育权利的全国性辩论，并在这个过程中促使政府关闭了大学。美国的黑人活动人士创建了“黑色推特”，通过网络评论揭示系统性、机构性的种族主义对黑人和有色人种的破坏性影响。在 Facebook 和 Twitter 上，各语种的网络评论承载了倡导救助移民、救助战争难民观点的宣传图片、故事和请愿书。如加州大学出版社 2017 年出版的《解读互联网：拉丁美洲的女权主义者和同性恋平权公众人物》中写道，2014 年第十三届拉丁美洲和加勒比女权主义者会议通过建立一系列互联网应用，扩大蓬勃发展的网络社区，推动相关权益运动发展。[②]

除了上述外向性的作用效果，网络评论也具备对一定范围内的社群聚落构建的内向性作用。如洛瑞·基多·洛佩斯（Lori Kido Lopez）利用案例分析了亚裔美国人通过网络评论创造他们的文字和视觉记录，并在他们自己的网络社区展示、记录生活画面，这成了一种宣称自己文化公民身份的政治行为。通过网络评论，他们能够有足够的自主权控制表达和传播的方式和细节，将他们族群的历史和作为公民的经历传播给自己的社区，通过行动主义创造公民身份、加深认同感和凝聚力，而不是等待报纸、书籍、电视台和电影公司来决定亚裔美国

① Gary Osmond, "Tweet Out? Twitter, Archived Data, and The Social Memory of Out LGBT Athletes," *Journal of Sport History* 44 (2017): 322 - 335.

② Elisabeth Jay Friedman, *Interpreting The Internet: Feminist and Queer Counterpublics in Latin America*, California: University of California Press, 2017.

人的故事是否值得公开。①

除了正向作用，也有学者从中性角度探讨了网络评论的作用：它既能如实映射社会现实，如有学者关注特定时间段中伊朗社会通过网络评论展现的社会生态；② 同时也对一些社会公共思潮的形成起到促动作用，如近年来西方发达国家基于穆斯林难民潮和涉宗教恐怖活动频繁的社会大背景产生的“恐穆斯林”“反穆斯林”思潮，③ 再如美国线上的“我是99%”的网络评论及举牌拍照的大型行为艺术，线下的“占领华尔街运动”，都被认为其中有社交网站网络评论“振臂一呼”的“魔力”。④

三　公众接触网络评论的动机与满足研究

布莱舍斯等（Brashers，Adkins，& Meyers）发现在网络交流过程中人与人之间在性别、年龄、社会地位、身份等方面的差异会被弱化，这为人们更加自由、开放地进行信息表达创造了条件。无论性别、种族、社会经济地位，人们都可以在互联网上发表自己的意见，网络的匿名性使得人们在判断这些个人表达时更多的是看内容质量，而不是发言者的社会身份。

社区参与等评论表达行为属于目标导向型行为。目标导向型媒体使用行为的动机可以分为两类：内在动机和外在动机。内在动机是对

---

① Lori Kido Lopez，*Asian American Media Activism：Fighting for Cultural Citizenship*，New York：NYU Press，2016.

② Sara Beth Elson，Douglas Yeung，Parisa Roshan，S. R. Bohandy，Alireza Nader，*Using Social Media to Gauge Iranian Public Opinion and Mood After the 2009 Election*，Santa Monica：RAND Corporation，2012.

③ Cristopher Bail，*Terrified：How Anti-Muslim Fringe Organizations Became Mainstream*，Princeton：Princeton University Press，2015.

④ Paolo Gerbaudo，*Tweets and The Streets：Social Media and Contemporary Activism*，London：Pluto Press，2012.

活动本身发生兴趣而产生的一种行为动机，这种动机多基于个人的兴趣或是所抱有的娱乐心态，如希望体验虚拟世界的多种身份、希望为他人提供支持、希望从参与中获得乐趣等；而外在动机则是指在外在因素影响下表现出的行为倾向，追求活动之外的结果，如寻求问题的解决办法、寻求他人的支持、结交新朋友等。网络舆情表达行为属于目标导向型行为，行为动机会对实际行为产生很大影响。越来越多的学者意识到动机对于网络信息表达行为的重要作用，对公众网络信息表达行为的具体动机进行了研究。

与此同时，网络平台上存在的电子口碑传播（electronic word-of-mouth）现象逐渐引起人们的关注，学者们开始对电子口碑传播的动机进行研究，同样将动机分为内在动机和外在动机。口碑传播是指公众之间关于事件、产品、组织等进行的非正式人际传播。随着互联网的发展，借助网络媒介开展的口碑传播为越来越多的人所接受，相比于传统的面对面进行的口碑传统，电子口碑传播则借助网络社区、博客、邮件、即时聊天工具等计算机中介传播手段实现公众之间的信息交流。电子口碑传播既可以是一对多的传播过程，也可以是一对一的传播过程。电子口碑传播通常是自发的行为，信息发送者无法判断信息的潜在接收者的具体情况，如是否正在搜寻相关信息等。口碑传播的信息有正面信息和负面信息之分，正面的口碑传播包含愉快的、新奇的经历，向他人的推荐等，而负面的口碑传播则包含不愉快的经历、流言、抱怨等。

公众网络评论表达行为的动机也会在特定情境下被激发出来。重大社会新闻、公共危机事件发生后，越来越多的公众倾向于借助网络媒介发布相关信息，发表自己的看法，寻求信息或情感支持等。

四　个人表达与集体行为互动的网络评论内容研究

社会化媒体的评论内容形态与传统媒体评论内容相比，最大的差异在于内容生产主体的变化，公众从单纯的信息接收者转变为兼具信息接收者和生产者的双重身份。对于内容而言，在对公众生产的内容进行研究时，不仅要研究其本身的内容特点，也有必要将公众生产的内容置于整个媒介环境中，探究其与媒体评论的异同、相互之间的影响及相关启示。

科技的发展使得公众从事网络表达的渠道愈加丰富，导致对事件及相关信息的解读也更加多元，基于对新媒体事件的研究，卡斯泰尔（Castells）指出网络评论不再是单纯的“自我传播”（self-communication），即个体接受外部信息并对信息进行处理的过程，而是上升为“大众自传播”（mass self-communication），旨在强调信息和传播技术与社会公众之间的互动以及信息在传播网络中流动的重要意义。

受到环境因素和社会心理因素的影响，人们会更乐于在网络空间内进行自我表达，这使得网络舆情表达内容相比于面对面的交流具有更强的多样性。同时，信息的分享也是一种对信息意义的社会建构，其中蕴含了人们对于信息内容的自我解读。同时，在媒介环境中，人们经过自我解释而产生的对情境的认知与情绪反应之间具有一定的联系。

危机事件已经成为激发公众从事网络舆情表达的重要因素之一。危机后公众在网络空间中的表达行为被视为公众回应事件的策略之一，流露出其对事件的认知、情绪、态度以及因事件形成的行为。危机事件发生后，人们通常会对媒体传递的信息进行自我解读，进而形成对事件的认知，尤其是当事件与自身的相关性较强时，人们会经历非常仔细的解读过程。而网络平台则为公众表达自己的意见和看法提供了便利，很多公众会借助网络社区将有别于媒体报道的危机事件的认知表达出来。

范吉内肯在《集体行为与公众舆论》一书中指出，公众舆论的形成是一个非常活跃的过程，并非是单纯地对个人信息表达进行叠加。公众舆论会受到议题本身变化以及人们赋予议题的感情色彩的影响，并且其演变过程往往伴随着公众的集体行为。

五　多元网状社交空间的评论传播渠道构筑研究

随着信息与传播技术的发展，互联网空间中涌现出越来越多服务于公众表达观点的虚拟社区平台。公众可以借助这些平台分享信息、搜寻信息、发表看法，并借助信息提供情感支持、行动支持等。在众多网络平台中，公众的评论传播行为并不是诸如从计算机系统中提取相关信息的人与技术之间的互动，而是一种社会互动，与面对面接触时所进行的口语表达不同的是，网络空间的社会互动是借助文字表达来实现的。

网络社交平台的多元化发展不仅为人们营造出更加广阔的社交空间，也搭建起以公众为主体的庞大评论网络。伯内特（Burnett）将网络社区比作“信息社区”（information neighborhood），指出在网络社区中，人们可以根据自己的兴趣或关注的问题获得所需要的观点。同时，学者们也认为，网络社区这一信息社区形式不仅仅包含了大量的观点资源，更重要的是，它是由众多社会成员共同组成的，其中有相互熟悉的人，也有很多不相识的陌生人。网络社区在一定程度上可以说是社交资源和观点资源的集合，随着社会交往元素的渗透，社交资源和观点资源呈现出网络化发展态势，并实现了社交网络与观点网络的交融与互动，蕴含在人际关系和评论内容中的社交因素则成为促进网络社交平台发展的关键。

多元化的网络社交平台不仅拓展了公众的日常沟通方式，还成为危机事件发生后人与人之间进行交流的重要渠道。传播被视为降低由危机引发的不确定性和风险级别的重要手段，已成为危机管理的关键组成部分。网络社交平台将分布在不同地理位置的公众联结起来，就他们共同关注的危机事件进行交流，进而实现评论的大量汇集。一方面，网络社交平台中普通公众之间的交流成为人们获取事件相关信息的重要来源；另一方面，这种形式的交流也为相当比例的公众提供了观点、情感或是行为上的支持和帮助。

随着公共突发事件的增多，除对由组织向公众传递的信息流向进行研究外，一些学者已开始注意到公众之间传递的信息流对于全面了解危机事件发生后的公众反应和制定相应策略有效处理危机事件的重要意义。信息与传播技术的发展为高度发达的人际网络的形成提供了可能，极大地促进了公众、观点以及媒介的汇聚。突发事件中公众的评论行为反应凸显了 Web 2.0 时代的“社交汇聚”（Social Convergence）效应。“社交汇聚”原指危机发生后该地域的人们会自动地聚集起来，且常常伴随物品/服务以及信息的汇聚。随着网络社交平台的多元化发展，“社交汇聚”已逐渐被拓展到网络环境中，因此在广义上也可指在危机事件发生后，公众、信息与媒介在网络空间的汇聚及人们从事的相关活动。

附　　录

Appendix

B.11 调研方法

本书定量研究采用问卷吧在线问卷调查系统对网络评论用户、内容及网络评论效果进行研究，调查对象为全国网民。调查方法如下。

一　样本量确定

根据有效样本的计算公式，单个省市有效样本量的计算方法如下：

$$N = Z^2\sigma^2/d^2$$

Z 为置信区间 Z 统计量，本次调查取置信度 95%，保证准确度，对应 Z 值为 1.96；

σ 为总体标准差，一般取 0.5；

d 为抽样误差范围，本次调查取5%，以保证调查精确度。

则单个省/区/直辖市样本量：

$$N = Z^2\sigma^2/d^2 = (1.96)^2 \times (0.5)^2/(0.05)^2 \approx 384$$

由于调查需要在31个省区市中开展，调查将总有效样本量定为11904人。

同时，该调研根据中国互联网络信息中心（CNNIC）发布的第40次《中国互联网络发展状况统计报告》中网民人口结构统计数据，对被调查者的性别、年龄、学历和居住地设置配比，在调查中配额误差保证在5%以内，并将有效调查样本量适度扩展至12000人。

二 执行情况

本次调查共回收问卷12000份，样本人口统计特征具体分布情况如表1。

表1 问卷执行情况

人口统计特征		样本比例(%)	CNNIC网民比例(%)
性别	男	53.1	52.4
	女	46.9	47.6
年龄	19岁及以下	20.4	22.5
	20~29岁	28.8	29.7
	30~39岁	26.2	23.0
	40~49岁	13.1	14.1
	50~59岁	6.5	5.8
	60岁及以上	4.9	4.8

续表

人口统计特征		样本比例(%)	CNNIC 网民比例(%)
学历	小学及以下	14.7	16.0
	初中	35.4	37.9
	高中/中专/技校	25.7	25.5
	大专	9.5	9.1
	大学本科及以上	14.7	11.6
居住地	城市	74.9	73.3
	农村	25.1	26.7

为了获得客观真实的数据，编写组建立了较为系统的质量控制方法。调查督导在调查过程中，按照100%的比例检查以下内容：接触表的合理性、甄别问卷及随机表的正确性、不同问卷答案的类似程度、封闭题有无遗漏、多问和错问、问卷前后关联部分的一致性、受访者回答与其个人背景信息的符合性。调查执行结束后，督导对数据进行复核，发现不合格的问卷，按照表2的标准进行处理。

表2　调查质量控制标准

<table>
<tr><th>情况Ⅰ</th><th>对应措施Ⅰ</th><th>情况Ⅱ</th><th>对应措施Ⅱ</th><th>情况Ⅲ</th><th>对应措施Ⅲ</th></tr>
<tr><td>全部合格</td><td></td><td></td><td></td><td></td><td></td></tr>
<tr><td rowspan="3"><5%</td><td rowspan="3">继续抽取20%，扩大到40%</td><td>合格</td><td>对复核中出现不合格的问卷进行作废补访</td><td></td><td></td></tr>
<tr><td rowspan="2"><5%</td><td rowspan="2">继续抽取20%，扩大到60%</td><td><15%</td><td>扩大到100%，对复核中出现不合格的问卷进行作废补访，并且多做5份问卷作为备份</td></tr>
<tr><td>≥15%</td><td>作废剩余的40%，对不合格问卷进行补访，并且多做5份问卷作为备份</td></tr>
</table>

续表

情况Ⅰ	对应措施Ⅰ	情况Ⅱ	对应措施Ⅱ	情况Ⅲ	对应措施Ⅲ
<5%	继续抽取20%，扩大到40%	≥5%并且<15%	继续抽取30%，扩大到70%	<15%	扩大至100%复核，对复核中出现不合格的问卷进行作废补访，并且多做5份问卷作为备份
				≥15%	作废剩余30%，对不合格问卷进行补访，并且多做5份问卷作为备份
		≥15%	扩大到100%	任何情况	对复核中出现不合格的问卷进行作废补访，并且多做5份问卷作为备份
≥5%并且<15%	继续抽取30%，扩大到50%	合格	对复核中出现不合格的问卷进行作废补访，多做10份问卷作为备份		
		<5%	继续抽取30%，扩大到80%	<15%	扩大至100%复核，补访不合格样本，并且多做10份问卷作为备份
				≥15%	作废剩余的20%与扩展的30%问卷，对不合格问卷进行补访，并且多做10份问卷作为备份

续表

<table>
<tr><th>情况Ⅰ</th><th>对应措施Ⅰ</th><th>情况Ⅱ</th><th>对应措施Ⅱ</th><th>情况Ⅲ</th><th>对应措施Ⅲ</th></tr>
<tr><td rowspan="2">≥5%
并且
<15%</td><td rowspan="2">继续抽取 30%，扩大到 50%</td><td>≥5%
并且
<15%</td><td>扩大到 100%</td><td>任何情况</td><td>对复核中出现不合格的问卷进行作废补访，并且多做 10 份问卷作为备份</td></tr>
<tr><td>≥15%</td><td>作废剩余问卷，进行问卷补访，并且多做 10 份问卷作为备份</td><td></td><td></td></tr>
<tr><td>≥15%</td><td>问卷全部作废</td><td></td><td></td><td></td><td></td></tr>
</table>

三　调查问卷

网络评论调查研究问卷

尊敬的先生/女士：

您好！感谢您参与我们的调查。

目前，我们正在进行关于网络评论的调查研究项目，希望能够听取您的意见和看法，希望您能够如实回答下面的问题。我们会严格保护您的个人隐私。

多谢您的支持与合作！

甄别问卷

1. 您在上网浏览信息的过程中是否关注网络评论？【单选】

不关注	1【回答 2】
偶尔关注	2【跳转到内容部分 1 题】
经常关注	3【跳转到内容部分 1 题】
总是关注	4【跳转到内容部分 1 题】

2. 您不关注网络评论的理由是？【多选】（随机排列选项）【跳转到个人背景信息】

太忙没时间看	1
只需要知道新闻中的信息，不需知道他人观点	2
网络上的评论意见水平低，有效信息量不大	3
打开电脑手机经常陷入碎片化信息海洋，疲劳反感	4
更偏好通过其他渠道获取信息，如书籍、视频节目、直播等	5
希望对社会事件、议题等有独立判断，不希望被他人观点绑架	6
没有渠道获取或未注意过网络评论	7
其他（请注明：________________）	8

主体问卷一　内容部分

1. 2017 年，您在上网时，浏览过以下哪个领域的评论内容？【多选】

社会领域	1
经济领域	2
政治领域	3
文化领域	4
科技领域	5
娱乐领域	6
教育领域	7
卫生领域	8
军事领域	9
外交领域	10
国际领域	11
没有在网上看过以上任何领域的评论内容	12（结束答题）

【仅呈现题 1 中被选中的选项】

2. 您对浏览过的网络内容关心程度如何？【每行单选】

领域	非常不关心	不关心	一般	关心	非常关心
社会领域	1	2	3	4	5
经济领域	1	2	3	4	5
政治领域	1	2	3	4	5
文化领域	1	2	3	4	5
科技领域	1	2	3	4	5
娱乐领域	1	2	3	4	5
教育领域	1	2	3	4	5
卫生领域	1	2	3	4	5
军事领域	1	2	3	4	5
外交领域	1	2	3	4	5
国际领域	1	2	3	4	5

【仅呈现题 1 中被选中的选项】

3. 您对浏览过的网络内容满意程度如何？【每行单选】

领域	非常不满意	不满意	一般	满意	非常满意
社会领域	1	2	3	4	5
经济领域	1	2	3	4	5
政治领域	1	2	3	4	5
文化领域	1	2	3	4	5
科技领域	1	2	3	4	5
娱乐领域	1	2	3	4	5
教育领域	1	2	3	4	5
卫生领域	1	2	3	4	5
军事领域	1	2	3	4	5
外交领域	1	2	3	4	5
国际领域	1	2	3	4	5

【仅呈现题3中选择“非常不满意”和“不满意”的选项】

4. 您对浏览过的网络内容不满意的原因是?【多选】

（1）针对社会领域，您对相关网络评论不满意的原因是：

不容易获取更多相关内容	1
观点过于极端	2
欠缺多元化的视角	3
太多负面内容	4
太多无效内容	5
内容过于单一	6
说教味太重	7
给自己带来消极情绪	8
不能解决实际问题	9

（2）针对经济领域，您对相关网络评论不满意的原因是：

内容太专业	1
不容易获取更多相关内容	2
观点过于极端	3
欠缺多元化的视角	4
太多负面内容	5
太多无效内容	6
内容过于单一	7
说教味太重	8
给自己带来消极情绪	9
不能解决实际问题	10

（3）针对政治领域，您对相关网络评论不满意的原因是：

不容易获取更多相关内容	1
观点过于极端	2
欠缺多元化的视角	3
太多负面内容	4
太多无效内容	5
内容过于单一	6
说教味太重	7
给自己带来消极情绪	8
不能解决实际问题	9

（4）针对文化领域，您对相关网络评论不满意的原因是：

不容易获取更多相关内容	1
观点过于极端	2
欠缺多元化的视角	3
太多负面内容	4
太多无效内容	5
内容过于单一	6
说教味太重	7
给自己带来消极情绪	8
不能解决实际问题	9

（5）针对科技领域，您对相关网络评论不满意的原因是：

内容太专业	1
不容易获取更多相关内容	2
观点过于极端	3
欠缺多元化的视角	4
太多负面内容	5

续表

太多无效内容	6
内容过于单一	7
说教味太重	8
给自己带来消极情绪	9
不能解决实际问题	10

（6）针对娱乐领域，您对相关网络评论不满意的原因是：

不容易获取更多相关内容	1
观点过于极端	2
欠缺多元化的视角	3
太多负面内容	4
太多无效内容	5
内容过于单一	6
说教味太重	7
给自己带来消极情绪	8
不能解决实际问题	9

（7）针对教育领域，您对相关网络评论不满意的原因是：

不容易获取更多相关内容	1
观点过于极端	2
欠缺多元化的视角	3
太多负面内容	4
太多无效内容	5
内容过于单一	6
说教味太重	7
给自己带来消极情绪	8
不能解决实际问题	9

（8）针对卫生领域，您对相关网络评论不满意的原因是：

不容易获取更多相关内容	1
观点过于极端	2
欠缺多元化的视角	3
太多负面内容	4
太多无效内容	5
内容过于单一	6
说教味太重	7
给自己带来消极情绪	8
不能解决实际问题	9

（9）针对军事领域，您对相关网络评论不满意的原因是：

很多国外网站上不了,无法直接接触国际观点	1
与日常生活相关性不大	2
不容易获取更多相关内容	3
观点过于极端	4
欠缺多元化的视角	5
太多负面内容	6
太多无效内容	7
内容过于单一	8
说教味太重	9
给自己带来消极情绪	10
不能解决实际问题	11

（10）针对外交领域，您对相关网络评论不满意的原因是：

很多国外网站上不了,无法直接接触国际观点	1
与日常生活相关性不大	2
不容易获取更多相关内容	3
观点过于极端	4

续表

欠缺多元化的视角	5
太多负面内容	6
太多无效内容	7
内容过于单一	8
说教味太重	9
给自己带来消极情绪	10
不能解决实际问题	11

（11）针对国际领域，您对相关网络评论不满意的原因是：

很多国外网站上不了，无法直接接触国际观点	1
与日常生活相关性不大	2
不容易获取更多相关内容	3
观点过于极端	4
欠缺多元化的视角	5
太多负面内容	6
太多无效内容	7
内容过于单一	8
说教味太重	9
给自己带来消极情绪	10
不能解决实际问题	11

【仅呈现题1中被选中的选项】

5. 针对您浏览过的网络内容，您是如何互动参与的？【每行单选】

领域	浏览了网上相关内容	转发了网上相关内容	评论了网上相关内容	点赞了网上相关内容
社会领域	1	2	3	4
经济领域	1	2	3	4
政治领域	1	2	3	4
文化领域	1	2	3	4
科技领域	1	2	3	4
娱乐领域	1	2	3	4
教育领域	1	2	3	4
卫生领域	1	2	3	4
军事领域	1	2	3	4
外交领域	1	2	3	4
国际领域	1	2	3	4

6.【仅选中题 1 中选择 1 的选项】以下 2017 年发生的社会领域事件中，您在网上关注/参与这些事件的情况是?【每行单选】

2017 年社会事件	没关注	浏览了网上相关的评论	转发了和该事件有关的网络内容	评论了和该事件有关的网络内容	点赞了和该事件有关的网络内容
杭州保姆纵火案	1	2	3	4	5
红黄蓝幼儿园虐童事件	1	2	3	4	5
江歌案	1	2	3	4	5
唐山“教科书式老赖”事件	1	2	3	4	5
江西一“戒网瘾”学校被曝暴力体罚学生	1	2	3	4	5
宁波老虎咬人事件	1	2	3	4	5
山东辱母杀人案	1	2	3	4	5
章莹颖案件	1	2	3	4	5
四川九寨沟地震	1	2	3	4	5
榆林产妇跳楼	1	2	3	4	5

7.【仅选中题1中选择2的选项】以下2017年发生的经济领域事件中，您在网上关注/参与这些事件的情况是?【每行单选】

2017年经济事件	没关注	浏览了网上相关的评论	转发了和该事件有关的网络内容	评论了和该事件有关的网络内容	点赞了和该事件有关的网络内容
八部委发文力促分享经济发展	1	2	3	4	5
比特币疯涨,国内关闭比特币交易	1	2	3	4	5
2017年中央经济工作会议明确经济由高速增长转向高质量发展	1	2	3	4	5
我国第三支柱个人储蓄性养老保险和商业养老保险正式进入制度建设启动阶段	1	2	3	4	5
营改增一周年,累计减税6993亿元	1	2	3	4	5
房地产市场迎来严厉调控,多个热点城市不断限购、限贷等	1	2	3	4	5
国务院明确人工智能发展战略	1	2	3	4	5
中国首个区块链标准发布	1	2	3	4	5
乐视危机爆发,贾跃亭出国未归	1	2	3	4	5
2017年双十一交易额达1682亿元,创历史新高	1	2	3	4	5

8. 【仅选中题 1 中选择 3 的选项】以下 2017 年发生的政治领域事件中，您在网上关注/参与这些事件的情况是?【每行单选】

2017 年政治事件	没关注	浏览了网上相关的评论	转发了和该事件有关的网络内容	评论了和该事件有关的网络内容	点赞了和该事件有关的网络内容
十九大召开	1	2	3	4	5
金砖国家峰会在厦门举行	1	2	3	4	5
“一带一路”国际合作高峰论坛在北京举行	1	2	3	4	5
香港回归 20 周年	1	2	3	4	5
民法总则通过实施，开启了我国公民权利保障法治化的新时代	1	2	3	4	5
国家监察体制改革试点在全国摊开	1	2	3	4	5
世界政党对话共建美好世界	1	2	3	4	5
中共中央、国务院决定设立雄安新区	1	2	3	4	5
国务院印发《全国国土规划纲要(2016 ~ 2030 年)》	1	2	3	4	5
孙政才严重违纪被查处	1	2	3	4	5

9. 【仅选中题 1 中选择 4 的选项】以下 2017 年发生的文化领域事件中，您在网上关注/参与这些事件的情况是?【每行单选】

2017 年文化事件	没关注	浏览了网上相关的评论	转发了和该事件有关的网络内容	评论了和该事件有关的网络内容	点赞了和该事件有关的网络内容
多项措施出台,全民阅读工作迈出坚实步伐	1	2	3	4	5
《朗读者》等"现象级"文化综艺节目获公众点赞	1	2	3	4	5
《人民的名义》《白鹿原》等热播影视剧引领阅读潮流	1	2	3	4	5
名家相继去世引公众追思(著名语言学家、"汉语拼音之父"周有光先生,《西游记》总导演、制片人杨洁女士,著名文学家、诗人余光中先生)	1	2	3	4	5
新华书店成立 80 周年	1	2	3	4	5
《中华传统文化百部经典》首批 10 部正式出版	1	2	3	4	5
北大教授一门网络课程价值 3000 万,内容付费成文化消费新增长点	1	2	3	4	5
党的十九大文件及学习辅导读物热销	1	2	3	4	5
第 24 届北京国际图书博览会成功举办	1	2	3	4	5
《电影产业促进法》实施以来开首张罚单,326 家影院被处罚	1	2	3	4	5

10. 【仅选中题1中选择5的选项】以下2017年发生的科技领域事件中，您在网上关注/参与这些事件的情况是?【每行单选】

2017年科技事件	没关注	浏览了网上相关的评论	转发了和该事件有关的网络内容	评论了和该事件有关的网络内容	点赞了和该事件有关的网络内容
“墨子号”圆满实现目标	1	2	3	4	5
“天舟一号”完成多项应用	1	2	3	4	5
百度无人驾驶汽车从五环开到雄安	1	2	3	4	5
国产大飞机C919首飞成功	1	2	3	4	5
可燃冰试采取得重大突破	1	2	3	4	5
移动支付规模近150亿元,居全球首位	1	2	3	4	5
共享单车改变中国	1	2	3	4	5
“一箭双星”发射北斗三号	1	2	3	4	5
“复兴号”首发,中国高铁再揽世界第一	1	2	3	4	5
“造岛神器”“天鲲号”下水	1	2	3	4	5

11. 【仅选中题1中选择6的选项】以下2017年发生的娱乐领域事件中，您在网上关注/参与这些事件的情况是?【每行单选】

2017年娱乐事件	没关注	浏览了网上相关的评论	转发了和该事件有关的网络内容	评论了和该事件有关的网络内容	点赞了和该事件有关的网络内容
鹿晗关晓彤公布恋情	1	2	3	4	5
宋慧乔宋仲基结婚	1	2	3	4	5
反腐剧《人民的名义》热播	1	2	3	4	5
《孤芳不自赏》抠图遭轰	1	2	3	4	5
薛之谦人设崩塌	1	2	3	4	5
《中国有嘻哈》爆火	1	2	3	4	5
《战狼2》创票房奇迹	1	2	3	4	5
奚梦瑶维密摔跤	1	2	3	4	5
《演员的诞生》大火	1	2	3	4	5
周立波因"涉嫌非法持有毒品、非法持有武器、非法持有枪支以及危险驾驶"被抓	1	2	3	4	5

12.【仅选中题1中选择7的选项】以下2017年发生的教育领域事件中，您在网上关注/参与这些事件的情况是？【每行单选】

2017年教育事件	没关注	浏览了网上相关的评论	转发了和该事件有关的网络内容	评论了和该事件有关的网络内容	点赞了和该事件有关的网络内容
国务院印发《国家教育事业发展"十三五"规划》	1	2	3	4	5
全国两会强调"公平""优质"教育	1	2	3	4	5
《民办教育促进法》修正案终获通过，"促进"还是"促退"引争议	1	2	3	4	5

续表

2017 年教育事件	没关注	浏览了网上相关的评论	转发了和该事件有关的网络内容	评论了和该事件有关的网络内容	点赞了和该事件有关的网络内容
经国家教材委员会审查通过的义务教育道德与法治、语文和历史三科教材在全国中小学起始年级投入使用	1	2	3	4	5
新高考综合改革试点在上海、浙江顺利完成了第一届学生的高考，高考改革试点工作平稳落地	1	2	3	4	5
小学生性教育读本引争议	1	2	3	4	5
沅江弑杀老师校园惨案引深思	1	2	3	4	5
全面放开二孩政策让早幼教迎来黄金时代	1	2	3	4	5
Python 编程语言进入小学教材	1	2	3	4	5
教育部正式发布了国家“双一流”正式名单	1	2	3	4	5

13. 【仅选中题 1 中选择 8 的选项】以下 2017 年发生的卫生领域事件中，您在网上关注/参与这些事件的情况是？【每行单选】

2017 年卫生事件	没关注	浏览了网上相关的评论	转发了和该事件有关的网络内容	评论了和该事件有关的网络内容	点赞了和该事件有关的网络内容
国务院批复同意设立“中国医师节”	1	2	3	4	5
衡阳三百名“老兵”医闹，央视就该事件进行专题报道	1	2	3	4	5
白岩松再谈“医德”：中国医改必须加速，将医生从道德窘境中解放出来	1	2	3	4	5
北京进行医改，取消药品加成、挂号费和诊疗费，增设医事服务费，调整医疗服务价格，破除“以药养医”	1	2	3	4	5
劝阻吸烟致死案一审判补 1.5 万元	1	2	3	4	5
全部省份接入国家异地就医结算系统	1	2	3	4	5
HPV 疫苗在中国上市，接种更方便价格更经济	1	2	3	4	5
酝酿 33 年《中医药法》“落地”，中医药事业迎来春天	1	2	3	4	5
家庭医生签约服务覆盖面持续扩大	1	2	3	4	5

续表

2017 年卫生事件	没关注	浏览了网上相关的评论	转发了和该事件有关的网络内容	评论了和该事件有关的网络内容	点赞了和该事件有关的网络内容
BAT 三巨头相继发布医疗 AI 产品——百度医疗 AI 计划、阿里健康协同万里云进行的医疗 AI 产品“Doctor You”、腾讯医疗 AI 影像产品矩阵“腾讯觅影”	1	2	3	4	5

14. 【仅选中题 1 中选择 9 的选项】以下 2017 年发生的军事领域事件中，您在网上关注/参与这些事件的情况是？【每行单选】

2017 年军事事件	没关注	浏览了网上相关的评论	转发了和该事件有关的网络内容	评论了和该事件有关的网络内容	点赞了和该事件有关的网络内容
中国国产 055 型万吨驱逐舰首舰下水	1	2	3	4	5
建军 90 周年举行盛大阅兵	1	2	3	4	5
中国对外军售的快速发展	1	2	3	4	5
中俄“海上联合 - 2017”波罗的海军演	1	2	3	4	5
中印洞朗对峙	1	2	3	4	5
中国军工举行“装甲与反装甲日”活动	1	2	3	4	5
首艘国产航母下水	1	2	3	4	5

续表

2017 年军事事件	没关注	浏览了网上相关的评论	转发了和该事件有关的网络内容	评论了和该事件有关的网络内容	点赞了和该事件有关的网络内容
“东风”系列洲际导弹的多型号突破	1	2	3	4	5
中国空军作战飞机首次飞越对马海峡	1	2	3	4	5
中国人民解放军驻吉布提保障基地正式启用，该基地是中国第一个海外综合保障基地	1	2	3	4	5

15.【仅选中题 1 中选择 10 的选项】以下 2017 年发生的外交领域事件中，您在网上关注/参与这些事件的情况是？【每行单选】

2017 年外交事件	没关注	浏览了网上相关的评论	转发了和该事件有关的网络内容	评论了和该事件有关的网络内容	点赞了和该事件有关的网络内容
习近平主席出席达沃斯世界经济论坛年会并发表人类命运共同体演讲	1	2	3	4	5
习主席出席亚太经合组织第二十五次领导人非正式会议	1	2	3	4	5
2017 年中国外交开篇之举/习近平 2017 年首次出访	1	2	3	4	5
中俄元首 5 次会晤	1	2	3	4	5

续表

2017 年外交事件	没关注	浏览了网上相关的评论	转发了和该事件有关的网络内容	评论了和该事件有关的网络内容	点赞了和该事件有关的网络内容
十九大后，习近平主席首次出访就选择了越南、老挝两个邻国，传递出构建周边命运共同体的明确信号	1	2	3	4	5
中华人民共和国正式与巴拿马建交	1	2	3	4	5
李克强总理出席东亚合作领导人系列会议，推动中国、东盟关系从成长期迈向成熟期	1	2	3	4	5
特朗普总统对华进行国事访问，双方就各领域合作达成一系列重要共识	1	2	3	4	5
2017 年外交部那些霸气表态/2017 年外交部十大经典成语回应	1	2	3	4	5
萨德事件使中韩关系交恶	1	2	3	4	5

16.【仅选中题 1 中选择 11 的选项】以下 2017 年发生的国际领域事件中，您在网上关注/参与这些事件的情况是？【每行单选】

2017年国际事件	没关注	浏览了网上相关的评论	转发了和该事件有关的网络内容	评论了和该事件有关的网络内容	点赞了和该事件有关的网络内容
美国新一任总统特朗普上台	1	2	3	4	5
英国脱欧	1	2	3	4	5
美联储升息	1	2	3	4	5
韩国总统朴槿惠"亲信干政"丑闻曝光	1	2	3	4	5
土耳其公投	1	2	3	4	5
叙利亚2017年最致命一个月	1	2	3	4	5
朝鲜核导试验,半岛局势趋紧	1	2	3	4	5
美国决定退出应对气候变化的《巴黎协定》	1	2	3	4	5
美国拉斯维加斯一露天音乐会发生枪击事件,致59死527伤,成为美国现代史上伤亡最惨重的枪击案	1	2	3	4	5
卡塔尔断交风波加深中东裂痕	1	2	3	4	5

主体问卷二　用户接触行为

1. 您通常通过哪些设备浏览相关内容?【单选】

台式电脑	1
笔记本电脑	2
手机	3
其他(请注明:________________)	4

2. 您平时通过哪些渠道浏览网络评论类信息?【多选】

门户新闻网站	1	人民日报	1
		新华网	2
		新浪	3
		网易	4
		搜狐	5
		凤凰网	6
		腾讯	7
		央视门户	8
		其他(请注明:________)	9
新闻客户端	2	人民日报	1
		新华社	2
		今日头条	3
		一点资讯	4
		澎湃	5
		看天下	6
		虎嗅	7
		36 氪	8
		钛媒体	9
		南方周末	10
		其他(请注明:________)	11
微博	3	经济大 V	1
		政治大 V	2
		娱乐大 V	3
		旅游大 V	4
		生活大 V	5
		军事大 V	6
		其他(请注明:________)	7

续表

微信	4	政府部门官网公众号	1
		主流媒体官方公众号	2
		科技公司官方公众号	3
		搞笑类公众号	4
		生活类公众号	5
		情感类公众号	6
		其他(请注明:__________)	7
视频网站	5	腾讯视频	1
		爱奇艺	2
		优酷	3
		土豆	4
		百度视频	5
		芒果 TV	6
		搜狐	7
		其他(请注明:__________)	8
问答平台	6	知乎	1
		百度贴吧	2
		果壳网	3
		百度知道	4
		其他(请注明:__________)	5
论坛类平台	7	天涯社区	1
		猫扑贴贴	2
		新浪论坛	3
		搜狐社区	4
		水木社区	5
		其他(请注明:__________)	6
广播音频类平台	8	喜马拉雅	1
		荔枝 FM	2
		考拉 FM	3
		蜻蜓 FM	4
		豆瓣 FM	5
		其他(请注明:__________)	6

续表

直播类网站或 APP	9	央视等主流媒体直播	1
		抖音	2
		快手	3
		火山小视频	4
		斗鱼	5
		小咖秀	6
		其他(请注明:________)	7
其他(请注明:________________):	10	其他(请注明:__________)	1

3. 您一般在什么时间浏览网络评论?【每行单选】

时间	经常在这个时间看	偶尔看	从来不在这个时间看
工作日 - 上下班的路上	1	2	3
工作日 - 午休	1	2	3
工作日 - 上班时间	1	2	3
工作日 - 吃午饭或晚饭的时候	1	2	3
工作日 - 晚上空闲时间	1	2	3
工作日 - 睡前	1	2	3
休息日 - 上午(11:00 以前)	1	2	3
休息日 - 中午(11:00 ~ 14:00)	1	2	3
休息日 - 下午(14:00 ~ 18:00)	1	2	3
休息日 - 晚上(18:00 ~ 22:00)	1	2	3
休息日 - 睡前	1	2	3

4. 通常情况下,您单次浏览网络评论类信息的花费时长是多久?【单选】

15 分钟以内	1
15～30 分钟	2
30 分钟～1 小时	3
1～2 小时	4
2 小时以上	5
没有固定时长，想起来就看两眼	6

5. 您为什么会浏览网络评论类信息？【多选】

网络上的评论意见更加丰富多元	1
可以便捷地参与互动	2
能够看到其他网民的反馈	3
观点比事实更有意思	4
网站或手机主动推送	5

6. 若没有收到推送，您为什么会主动在网上搜索评论类信息？【多选】

不会主动搜索	1【选此项时，为单选】
对一个事件有自己的强烈观点，想寻找赞同支持者	2
对一个事件/议题等不了解或困惑，想参考网络评论做判断	3
想参与一个事件的网络讨论，想自己发表评论	4
热衷相关评论类社群（如论坛、贴吧、知乎），对热点事件习惯性想了解他人观点	5
其他（请注明：__________）	6

7. 什么情况下，您会在网络空间发表自己的观点与其他网民互动？【可多选】

从未互动	1【选此项时，为单选】
对他人评论认同点赞	2
对他人评论反驳争论	3
追随自己喜欢的意见领袖发声	4
只求当下表达抒发某种强烈的情绪	5
其他（请注明：________________）	6

8. 什么原因会促使您主动关闭评论栏或屏蔽某些评论（包括点击屏蔽按钮或心理上）【可多选】

不会主动屏蔽	1【选此项时，为单选】
尽管言论自由，但我强烈反对这些评论的观点	2
被过多评论刷屏	3
认为这些评论存在恶意污蔑诽谤、地域/性别/年龄等歧视攻击	4
认为这些评论是水军、广告或色情暴力等垃圾有害信息	5
不关心或不爱看评论	6
其他（请注明：______________）	7

9. 对下列各主题的网络评论类信息，您的兴趣程度分别如何？【每行单选】

主题	非常感兴趣	一般	偶尔关注一下	从来不看
领导人活动	1	2	3	4
重要会议	1	2	3	4
政府政策	1	2	3	4
媒体评论	1	2	3	4
社会热点	1	2	3	4
民生新闻	1	2	3	4
财经新闻	1	2	3	4
娱乐新闻	1	2	3	4
体育新闻	1	2	3	4

续表

主题	非常感兴趣	一般	偶尔关注一下	从来不看
国际新闻	1	2	3	4
科技新闻	1	2	3	4
军事新闻	1	2	3	4
名人轶事	1	2	3	4
历史解读	1	2	3	4
与自己工作学习相关的信息	1	2	3	4
与自己兴趣爱好相关的信息	1	2	3	4
其他(请注明:__________)	1	2	3	4

10. 对下列各种题材的网络评论类信息，您的兴趣程度分别如何?【每行单选】

题材	非常感兴趣	一般	偶尔关注一下	从来不看
文字短评	1	2	3	4
图片评论	1	2	3	4
音视频评论	1	2	3	4
动画评论	1	2	3	4
弹幕评论	1	2	3	4
其他(请注明:__________)	1	2	3	4

11. 对下列各种类型的网络评论类信息，您的兴趣程度分别如何?【每行单选】

类型	非常感兴趣	一般	偶尔关注一下	从来不看
网络媒体社论	1	2	3	4
评论员专栏	1	2	3	4
网络随笔与网络杂文	1	2	3	4
碎片化评论(如新闻跟帖、微博评论等)	1	2	3	4

续表

类型	非常感兴趣	一般	偶尔关注一下	从来不看
图片评论	1	2	3	4
音视频评论	1	2	3	4
弹幕评论	1	2	3	4
其他(请注明:__________)	1	2	3	4

主体问卷三　传播效果

1. 您平时会浏览/关注以下哪些网络内容?【多选】

新闻标题	1
新闻摘要	2
新闻正文	3
新闻正文后的网友留言	4
微博内容	5
微博评论	6
微信文章	7
微信文章后的网友留言	8
视频标题	9
视频内容	10
视频弹幕	11
视频内容下的网友留言	12
知乎问答类发文	13
论坛主题帖	14
论坛回帖	15
广播音频内容	16
广播音频下的网友留言	17
直播内容	18
直播弹幕	19
直播内容下的网友留言	20
其他(请注明:__________)	21

2. 您认为以下哪些网络内容属于网络评论?【多选】
(仅显示题1中被选中的选项)

3. 您认为网络评论的重要性体现在哪些方面?【多选】

能够了解其他网民、朋友的观点	1
评论是对新闻的补充,帮助了解新闻	2
助力网友社交,构建网络社群	3
引领舆论,引导公众,能够影响事件发展	4
其他(请注明:____________)	5

4. 您认为网络评论类信息有什么特点?【多选】

丰富新闻内容	1
营造讨论氛围	2
观点多元	3
覆盖面更广	4
文字、视频等形态多样	5
更愿意接触与自己相同的观点	6
与他人互动更便捷	7
其他(请注明:____________)	8

5. 网络评论能够反映出社会的真实情况吗?【单选】

反映很多现实问题	1
只反映出一部分问题,仍有一些问题被诸多因素限制无法反映	2
大部分现实问题都无法反映	3

6. 您平时是否会转发/评论网络内容？【单选】

只看正文，不看评论	1
只浏览正文和评论，自己不参与转发和评论	2
偶尔参与转发评论	3
经常参与转发评论	4

7. 2017 年，您在网上参与了以下哪些话题的讨论？【多选】

经济事件	1	2017 年中央经济工作会议	1
		营改增一周年累计减税 6993 亿元	2
		时隔五年，全国金融工作会议再次召开	3
		比特币从疯狂暴涨到紧急关停	4
		房地产市场迎最严厉调控	5
		中国首个区块链标准发布	6
政治事件	2	十九大召开	1
		“一带一路”国际合作高峰论坛在北京举行	2
		设立雄安新区	3
		香港回归 20 周年	4
		金砖国家峰会在厦门举行	5
军事外交	3	习主席出席亚太经合组织第二十五次领导人非正式会议	1
		建军 90 周年	2
		驻韩美军部署“萨德”系统	3
		特朗普访华	4
		中印洞朗对峙	5
		中华人民共和国正式与巴拿马建交	6
科技事件	4	中国高铁、卫星成为国家科技名片	1
		苹果应用商店出台新政策限制微信功能	2
		我国创造出世界上第一台光量子计算机	3
		袁隆平超级杂交水稻创纪录	4
		柯洁大战 AlphaGo	5

续表

文化事件	5	海昏侯墓考古发掘失传1800年之久的《齐论语》	1
		第24届北京国际图书博览会成功举办	2
		北大教授一门网络课程价值3000万,内容付费成文化消费新增长点	3
		《我在故宫修文物》等纪录片引起纪录片热潮	4
		《西游记》总导演杨洁、诗人余光中等文化名人去世	5
娱乐事件	6	反腐剧《人民的名义》热播	1
		王源参加联合国总部活动	2
		《战狼2》热映	3
		鹿晗公开恋情	4
		娱乐圈明星出轨吸毒等事件	5
国际事件	7	美国新一任总统特朗普上台	1
		英国脱欧	2
		朴槿惠被弹劾	3
		朝鲜多次进行核导试验	4
		伊朗宣布极端组织“伊斯兰国”被剿灭	5

8. 您观看网络评论的时候会求证哪些类型网络评论信息的真伪?【多选】【选择求证时继续回答9,否则跳转到10】

	不求证	求证
娱乐信息	1	2
健康养生	1	2
国家政策	1	2
社会新闻	1	2
科技信息	1	2
文化信息	1	2
其他(请注明:__________)	1	2

9. 您会通过何种渠道求证信息的真伪?【多选】

寻找原帖	1
寻找官方网站求证	2
寻找专业人士求证	3
其他(请注明:________________)	4

10. 您对目前网络评论类信息的总体评价是?【单选】

信息真伪混杂,不能辨别信息	1
参差不齐,有待优化	2
丰富多彩,挺有意思	3
网络精华在评论	4
传播正能量,塑造主流价值观	5
其他(请注明:________________)	6

11. 您对网络评论内容的评价是?【单选】

非常满意	1
比较满意	2
一般	3
不太满意	4
非常不满意	5

12. 您对“十八大”以来网络空间生态治理效果的评价是?【单选】

显著变好	1
有所变好	2
没什么变化	3
有所变差	4
显著变差	5

13. “十八大”以来您对网络评论负面内容变化的评价是？【每行单选】

网络评论内容类型	显著减少	有所减少	没什么变化	有所增加	显著增加
煽动抗拒、破坏宪法和法律、行政法规实施	1	2	3	4	5
煽动颠覆国家政权，推翻社会主义制度	1	2	3	4	5
煽动分裂国家、破坏国家统一	1	2	3	4	5
煽动民族仇恨、民族歧视，破坏民族团结	1	2	3	4	5
捏造或者歪曲事实，散布谣言，扰乱社会秩序	1	2	3	4	5
封建迷信、淫秽、色情、赌博、暴力、凶杀、恐怖，教唆犯罪	1	2	3	4	5
公然侮辱他人或者捏造事实诽谤他人	1	2	3	4	5
损害国家机关信誉	1	2	3	4	5
其他（请注明：________）	1	2	3	4	5

14. 您对网络评论的浏览习惯是？【单选】

总是会参考某固定单一平台的评论内容	1【跳转到16】
通常会同时参考多个平台的评论内容	2
没有固定参考平台	3

15. 您是否会更换浏览评论的平台?【多选】

基本不会更换浏览平台	1【选此项为单选】
原平台内容已经无法满足对内容涉猎的需求	2
原平台内容质量下降,只能选择其他同类平台	3
对某类平台的好感度直线下降,更换其他类型的平台	4
其他(请注明:____________)	5

16. 丰富多样的网络评论类信息在以下方面对您的影响程度如何?【每行单选】

	影响非常大	影响一般	几乎没影响
情绪	1	2	3
自己对某个问题的观点	1	2	3
改变自己的行为	1	2	3
拓展自己的视野	1	2	3
其他(请注明:__________)	1	2	3

17. 网络评论对社会舆论的影响程度如何?【单选】

没有影响	1
小范围内形成舆论	2
大范围内形成舆论	3
形成强势舆论,影响事件发展	4

18. 网络评论对事件传播的影响程度如何?【单选】

没有影响	1
一定程度上扩大事件的传播范围	2
一定程度上加快事件的传播速度	3
短时间在全国范围内推动事件传播	4

19. 网络评论对解决现实问题有何帮助?【单选】

被指向者迫于舆论压力,对事件有很大帮助	1
有影响,但帮助不大	2
没有影响,只是网民在唱独角戏	3
没有帮助,反而形成负面影响	4

20. 当某个网络舆论事件被热议时,您会如何做?【单选】

等待官方正式披露信息	1
在网络上寻找更多信息,关注网络评论,并发表评论	2
通过报纸、电视等其他媒介获取更多信息	3
和身边的朋友亲人就此事进行探讨,从而获取更多信息	4

21. 当某些网络评论所彰显的价值取向与自身观点不同时,面对舆论压力,您一般会【单选】

坚持自己观点	1
寻找依据来支撑自己的观点	2
保持沉默	3
接受大众观点	4

个人背景信息

1. 您目前居住在?【单选】

北上广深等一线城市	1	154(7.7%)
二线城市	2	512(25.6%)
三线城市	3	564(28.2%)
四线城市(含县城)	4	236(11.8%)
乡镇及农村地区	5	534(26.7%)

2. 您所在地区？【单选】

东部	1
中部	2
西部	3

3. 您的性别？【单选】

男	1	1048(52.4%)
女	2	952(47.6%)

4. 您的年龄？【单选】

19岁及以下	1	450(22.5%)
20~29岁	2	594(29.7%)
30~39岁	3	460(23%)
40~49岁	4	282(14.1%)
50~59岁	5	116(5.8%)
60岁及以上	6	96(4.8%)

5. 您的学历？【单选】

小学及以下	1	320(16%)
初中	2	758(37.9%)
高中/中专/技校	3	510(25.5%)
大专	4	180(9.1%)
大学本科及以上	5	232(11.6%)

6. 您的职业是?【单选】

1. 工人	2. 农民	3. 农民工
4. 军人	5. 学生	6. 城市白领
7. 机关干部	8. 自由职业者	9. 离退休人员
10 其他(请注明:__________)		

7. 您的月收入是?【单选】

无收入	1
1500 元及以下	2
1501 ~ 3000 元	3
3001 ~ 5000 元	4
5001 ~ 10000 元	5
10001 ~ 20000 元	6
20001 ~ 30000 元	7
30000 元以上	8

Abstract

With the development of technology, Internet has become an indispensable platform for inter-personal communication. On February 27, 2014 at the 1st meeting of the Office of the Central Leading Group for Cyberspace Affairs, General Secretary Xi Jinping brought up the vision of developing China into a cyber power, and systematically described the context, mission, and requirement of the important thought of developing China into a cyber power. On April 19, 2016, at the symposium on cybersecurity and IT application, General Secretary Xi Jinping emphasized, "With a sense of duty to society and the people, we must lawfully step up our governance of cyberspace, develop better online content, strengthen positive publicity, and work to foster a positive, healthy, upright online culture. We need to use our core socialist values as well as the fine achievements of human civilization to nurture people's hearts and nourish the society, ensuring that positive energy and mainstream values prevail. By doing so, we will be able to create a clean and upright cyberspace for Internet users, especially young ones."

Online commentary is the gripper of building China into a cyber power, and also one of the key fields to promote the communication, guidance, influence, and credibility of online public opinion. *Annual Report on China's Online Commentary Development* (2018) project has been initiated by the Online Commentary Bureau of the National Internet Information Office, and hosted by Professor Zhao Shuguang from Zijin Media Research Institute (Beijing) of Nanjing University, together with experts from News Research Center of People's Daily, Institute of Journalism of

Shanghai Academy of Social Sciences, School of Journalism and Communication of Renmin University, Journalism School of Fudan University, School of New Media of Peking University, and School of Communication and Design of Sun Yat-sen University. Research on online commentary has been conducted for the first time and this Annual Report On China's Online Commentary Development Research (2018) has been compiled. As the first blue book to dive into research in this field, this book also combed through the development of online commentary before 2017, in order to lay groundwork for further research in the future.

The research methods this book used include both qualitative and quantitative methods, such as literature review, in-depth interviews, focus groups, sample survey, and big data analysis. This book absorbed existing research findings, took advantage of official and industrial research data, and discussed online commentary from the aspects including Communication disseminators, users, channels, content, effect, policy, law and regulations, as well as theory.

Keywords: Online Commentary; Network Power; Media Channel; Communicaion Effect

Contents

Ⅰ General Report

Abstract: In recent years, with the development of Internet technology and the growth of Internet users, online commentary has become more and more prominent in the network public opinion, and received a great deal of attention from the academic community and the industry. The general report defines the connotation of online commentary in this report, and combed the development phase of online commentary, and introduced the main types of online commentary in China from different standards and dimensions, and summarized the development environment, status and characteristics of online commentary from the perspective of policy, industry, technology and users.

Keywords: Online Commentary; Online Communication; Internet Users; Integrated Network Governance

Ⅱ Topical Reports

Abstract: This report divides disseminators of online commentary into three categories, which is the media gatekeepers, institutions and self-media, according to the standards of professional degree, team size and sustainability of commentary. After evaluating disseminators' active degree of online commentary in 2017, the research found that the top four monthly lists of online commentary were the professional news website which represented by the People's Daily Online, the Xinhua net and the CNTV, and the agency news website which represented by the China. com. cn. Different disseminators showed relatively different style characteristics in terms of topic selection, position expression, discourse characteristics, and audience relations. In the future, disseminators of online commentary need to be further based on the dissemination of the mainstream values, to promote social positive energy, to lead the socialist values, and to follow the rule of network communication, to pay attention to the needs and experience of the netizens, to expand the ways of communication and to enrich the means of communication.

Keywords: Disseminators; Media Gatekeepers; Organizations; We-media

Abstract: In the Internet environment, the user's status and right to speak is clearly enhanced, which affects the dissemination and development of online commentary in some way. This report explained the user's scale and structure of our country's online commentary group through online sample survey, and summarized the different attributes user's difference in online commentary contact of behaviors and habits and preferences through cross-analysis, and clearly depicted the typical user portrait of online commentary dissemination.

Keywords: User Structure; User Behavior; User Profile

Abstract: The development of online commentary media channels is closely related to the history of the birth and development of the Internet in China. This report divides the development phase of online commentary channels into the starting phase, growth phase, flourishing phase and stationary phase, and described the development of each phase in detail. This report also classified existing media channels and summarized media characteristics of different types of web portals and social media platforms. At the same time, the evolution of online commentary media channels is inseparable from the technical support of Internet development. This report continues to explore the technological path changes behind the media channels, and comprehensively analyzed the influencing factors of technology, users, and capital to media channels in the evolution of China's online commentary.

Keywords: Online Commentary; Media Channel; Commentary System; Weibo; Wechat

Abstract: In the era of network information explosion, the online commentary has become the focus of users and platform. Firstly, this report defined the scope of online commentary. Secondly, this report analyzed the users' attention and satisfaction on different subjects and topics. Thirdly, this report selected focus events in political, economic, social, cultural, entertainment, international and other fields, and analyzed user's emotional attitude and contact behavior according to online commentary.

Keywords: Online Commentary; Communication Content; Focus Event

Abstract: Through the online survey of the online commentary users, this report analyzed the users' awareness, cognitive features, attitude, engagement and participation characteristics, and explored other influence factors. According to the survey results, traditional and popular media channels have higher awareness of users. "convenient, rich, diverse" has become the endorsement of online commentary, and engagement is highly influenced by concentration of attention. In addition, this report also analyzed the impact of online commentary on users' cognition, behavior and on event development trend.

Keywords: User Cognition; User Behavior; Communication Effect

Ⅲ Policy and Regulations

Abstract: Looking back on the extraordinary 5 years since the eighteenth CPC National Congress, General Secretary Xi Jinping has great foresight and grasps the trend. Basing on our country's Internet development, he puts forward a series of new concepts, new ideas, new strategies, and systematically expounds the important theoretical and practical problems related to network security and informatization, and formed a important thought of building China into a netwcrk power with rich connotation, extensive knowledge and scientific system.

Keywords: Network Governance; Network Security; Policy, Law and Regulation; Network Power

Abstract: This report mainly introduced online content building and management work in the US, Russia, main countries and districts in Europe and other countries in Asia from the laws, regulation and inspection aspects, which provides references for China.

Keywords: Online Commentary; Legislation; Supervision

Ⅳ Theory Reports

B. 9 Review of Domestic Online Commentary Theory

Taofu Zhang, Shuguang Zhao and Wenli Feng / 206

Abstract: This report analyze the focus and discussion points of Internet reviews in academia and industry in 2000 – 2017 Using Bibliometric analysis. From the perspective of psychology, the authors discussed the psychology and behavior of user and user groups in online commentary environment. This report expounds the influence of online commentary on social development from different angles and fields, and reviewed the evolution of online commentary communication channels through the longitudinal research, and theoretically introduced and forecasted the developing direction of online commentary.

Keywords: Bibliometric Analysis; Communication Effect; User Behavior; Communication Chanel

B. 10 Important Opinions of International Online Commentary Theory

Taofu Zhang, Shuguang Zhao and Wenli Feng / 230

Abstract: This report chose the Facebook and Twitter as carriers, and expounded the role played by individual users and user groups in information contact and information diffusion of international social media. The research revealed the effect and development of online commentary in the communication of social events and multiple netted social spaces.

Keywords: Social Media; User Behavior; Communication Effect

皮书起源

“皮书”起源于十七、十八世纪的英国，主要指官方或社会组织正式发表的重要文件或报告，多以“白皮书”命名。在中国，“皮书”这一概念被社会广泛接受，并被成功运作、发展成为一种全新的出版形态，则源于中国社会科学院社会科学文献出版社。

皮书定义

皮书是对中国与世界发展状况和热点问题进行年度监测，以专业的角度、专家的视野和实证研究方法，针对某一领域或区域现状与发展态势展开分析和预测，具备原创性、实证性、专业性、连续性、前沿性、时效性等特点的公开出版物，由一系列权威研究报告组成。

皮书作者

皮书系列的作者以中国社会科学院、著名高校、地方社会科学院的研究人员为主，多为国内一流研究机构的权威专家学者，他们的看法和观点代表了学界对中国与世界的现实和未来最高水平的解读与分析。

皮书荣誉

皮书系列已成为社会科学文献出版社的著名图书品牌和中国社会科学院的知名学术品牌。2016年，皮书系列正式列入“十三五”国家重点出版规划项目；2013~2018年，重点皮书列入中国社会科学院承担的国家哲学社会科学创新工程项目；2018年，59种院外皮书使用“中国社会科学院创新工程学术出版项目”标识。

中国皮书网

（网址：www.pishu.cn）

发布皮书研创资讯，传播皮书精彩内容

引领皮书出版潮流，打造皮书服务平台

栏目设置

关于皮书：何谓皮书、皮书分类、皮书大事记、皮书荣誉、

皮书出版第一人、皮书编辑部

最新资讯：通知公告、新闻动态、媒体聚焦、网站专题、视频直播、下载专区

皮书研创：皮书规范、皮书选题、皮书出版、皮书研究、研创团队

皮书评奖评价：指标体系、皮书评价、皮书评奖

互动专区：皮书说、社科数托邦、皮书微博、留言板

所获荣誉

2008 年、2011 年，中国皮书网均在全国新闻出版业网站荣誉评选中获得“最具商业价值网站”称号；

2012 年,获得“出版业网站百强”称号。

网库合一

2014 年，中国皮书网与皮书数据库端口合一，实现资源共享。

权威报告 · 一手数据 · 特色资源

皮书数据库

ANNUAL REPORT(YEARBOOK) DATABASE

当代中国经济与社会发展高端智库平台

所获荣誉

- 2016年，入选“‘十三五’国家重点电子出版物出版规划骨干工程”
- 2015年，荣获“搜索中国正能量 点赞2015”“创新中国科技创新奖”
- 2013年，荣获“中国出版政府奖 · 网络出版物奖”提名奖
- 连续多年荣获中国数字出版博览会“数字出版 · 优秀品牌”奖

成为会员

通过网址www.pishu.com.cn访问皮书数据库网站或下载皮书数据库APP，进行手机号码验证或邮箱验证即可成为皮书数据库会员。

会员福利

- 使用手机号码首次注册的会员，账号自动充值100元体验金，可直接购买和查看数据库内容（仅限PC端）。
- 已注册用户购书后可免费获赠100元皮书数据库充值卡。刮开充值卡涂层获取充值密码，登录并进入“会员中心”—“在线充值”—“充值卡充值”，充值成功后即可购买和查看数据库内容（仅限PC端）。
- 会员福利最终解释权归社会科学文献出版社所有。

数据库服务热线：400-008-6695
数据库服务QQ：2475522410
数据库服务邮箱：database@ssap.cn
图书销售热线：010-59367070/7028
图书服务QQ：1265056568
图书服务邮箱：duzhe@ssap.cn

社会科学文献出版社 SOCIAL SCIENCES ACADEMIC PRESS (CHINA) 皮书系列
卡号：341568718661
密码：

S 基本子库
SUB DATABASE

中国社会发展数据库（下设 12 个子库）

全面整合国内外中国社会发展研究成果，汇聚独家统计数据、深度分析报告，涉及社会、人口、政治、教育、法律等 12 个领域，为了解中国社会发展动态、跟踪社会核心热点、分析社会发展趋势提供一站式资源搜索和数据分析与挖掘服务。

中国经济发展数据库（下设 12 个子库）

基于"皮书系列"中涉及中国经济发展的研究资料构建，内容涵盖宏观经济、农业经济、工业经济、产业经济等 12 个重点经济领域，为实时掌控经济运行态势、把握经济发展规律、洞察经济形势、进行经济决策提供参考和依据。

中国行业发展数据库（下设 17 个子库）

以中国国民经济行业分类为依据，覆盖金融业、旅游、医疗卫生、交通运输、能源矿产等 100 多个行业，跟踪分析国民经济相关行业市场运行状况和政策导向，汇集行业发展前沿资讯，为投资、从业及各种经济决策提供理论基础和实践指导。

中国区域发展数据库（下设 6 个子库）

对中国特定区域内的经济、社会、文化等领域现状与发展情况进行深度分析和预测，研究层级至县及县以下行政区，涉及地区、区域经济体、城市、农村等不同维度。为地方经济社会宏观态势研究、发展经验研究、案例分析提供数据服务。

中国文化传媒数据库（下设 18 个子库）

汇聚文化传媒领域专家观点、热点资讯，梳理国内外中国文化发展相关学术研究成果、一手统计数据，涵盖文化产业、新闻传播、电影娱乐、文学艺术、群众文化等 18 个重点研究领域。为文化传媒研究提供相关数据、研究报告和综合分析服务。

世界经济与国际关系数据库（下设 6 个子库）

立足"皮书系列"世界经济、国际关系相关学术资源，整合世界经济、国际政治、世界文化与科技、全球性问题、国际组织与国际法、区域研究 6 大领域研究成果，为世界经济与国际关系研究提供全方位数据分析，为决策和形势研判提供参考。

法律声明